Beweisvereitelung im Zivilprozess

Europäische Hochschulschriften

European University Studies

Publications Universitaires Européennes

Reihe II **Rechtswissenschaft**

Series II Law

Série II Droit

Band/Volume **5901**

Ina Lutz

Beweisvereitelung im Zivilprozess

PL ACADEMIC RESEARCH

Bibliografische Information der Deutschen Nationalbibliothek
Die Deutsche Nationalbibliothek verzeichnet diese Publikation in der Deutschen Nationalbibliografie; detaillierte bibliografische Daten sind im Internet über http://dnb.d-nb.de abrufbar.

Zugl.: Bonn, Univ., Diss., 2016

D 5
ISSN 0531-7312
ISBN 978-3-631-71497-3 (Print)
E-ISBN 978-3-631-71498-0 (E-PDF)
E-ISBN 978-3-631-71499-7 (EPUB)
E-ISBN 978-3-631-71500-0 (MOBI)
DOI 10.3726/ b10635

PL Academic Research ist ein Imprint der Peter Lang GmbH.
Peter Lang – Frankfurt am Main · Bern · Bruxelles · New York · Oxford · Warszawa · Wien

Diese Publikation wurde begutachtet.

www.peterlang.com

Meiner Familie

Vorwort

Vorliegende Arbeit wurde im Sommersemester 2016 von der Rechts- und Staatswissenschaftlichen Fakultät der Rheinischen Friedrich-Wilhelms-Universität Bonn als Dissertation angenommen.

Ein besonderer Dank gilt meinem Doktorvater, Herrn Prof. (em.) Dr. Eberhard Schilken, für die thematische Anregung, seine konstruktiven Anmerkungen und Hinweise sowie die rundum hervorragende Unterstützung während der Promotion.

Die Arbeit ist in meiner Zeit als wissenschaftliche Mitarbeiterin am Institut für deutsches und internationales Zivilprozessrecht sowie Konfliktmanagement entstanden. Herrn Prof. Dr. Moritz Brinkmann danke ich für die zügige Erstellung des Zweitgutachtens und auch für die vielfältige Unterstützung und jederzeitige Diskussionsbereitschaft während dieser Zeit.

Für die freundschaftliche und herzliche Atmosphäre danke ich dem gesamten Lehrstuhlteam, insbesondere Herrn Dr. Simon Rosenberg für zahlreiche heitere Mittagspausen und seine Gesellschaft und Frau Gabriele Knott für ihr stets offenes Ohr und die lebenswichtige Kaffeeversorgung. Sehr gerne denke ich an diese Zeit zurück.

Herzlich danken möchte ich auch meinen Freunden, die mich verständnisvoll und hilfsbereit durch diese Zeit begleitet haben.

Mein ganz besonderer Dank gilt Herrn Vitali Rinas. Durch seine Liebe, unermüdliche Unterstützung und Motivation hat er einen großen Teil zum Gelingen dieser Arbeit beigetragen.

Den größten Dank schulde ich meiner Familie: Meinen Eltern, Lilli und Michael Lutz, meinem Bruder, Christian Alexander Lutz und meinen Großeltern, Frieda und Viktor Wotschel. Sie haben mir diese Ausbildung ermöglicht und mich auf meinem bisherigen Lebensweg vorbehaltlos unterstützt, gefördert und gefordert. Ihnen widme ich diese Arbeit.

Bonn, im Oktober 2016 Ina Lutz

Inhaltsverzeichnis

Abkürzungsverzeichnis

BGH	Bundesgerichtshof
HRR	Höchstrichterliche Rechtsprechung
iVm	in Verbindung mit
JW	Juristische Wochenschrift
KF	KammerForum – Mitteilungen der Rechtsanwaltskammer Köln
MBO	Musterberufsordnung für die deutschen Ärztinnen und Ärzte
OGHZ	Entscheidungen des Obersten Gerichtshof für die Britische Zone in Zivilsachen
RegE PatRG	Regierungsentwurf Patientenrechtegesetz
RG	Reichsgericht
ROHG	Reichsoberhandelsgericht
st. Rspr.	ständige Rechtsprechung
WarnRspr	Die Rechtsprechung des Reichsgerichts auf dem Gebiete des Zivilrechts, soweit sie nicht in der amtlichen Sammlung der Entscheidungen des Reichsgerichts abgedruckt ist, Hrsg. Otto Warneyer
ZAkDR	Zeitschrift der Akademie für Deutsches Recht

A. Einleitung

I. Einführung in die Problemstellung

Es kann nicht Aufgabe der staatlichen Gerichte sein, *„der ungerechten oder gewissenlos geführten Sache zum Sieg zu verhelfen"*.[1] Diese Aussage bringt die Problemstellung der Beweisvereitelung sehr deutlich auf den Punkt.

Das Zivilprozessrecht dient der Herbeiführung richtiger Entscheidungen. Maßstab für die Richtigkeit einer Entscheidung ist das Gesetz. Im Rahmen dieser Vorgaben muss eine Entscheidung jedoch nicht nur richtig, sondern auch gerecht sein.[2]

Unabhängig davon, welchen Zweck man dem Zivilprozess zusprechen will, herrscht hier ein Spannungsverhältnis zwischen vollkommener Gerechtigkeit und Rechtssicherheit[3]. Grundsätzlich soll derjenige Recht bekommen, der tatsächlich Recht hat.[4] Dies kann aber nicht immer der Fall sein. Recht muss man nicht nur haben, man muss es auch beweisen können.[5] Schaut man auf die Beweislastregeln, sieht man sehr schnell, dass derjenige, der Recht hat, trotzdem nicht Recht bekommt, wenn er sein Recht bzw. seinen Anspruch im Prozess nicht nachweisen kann. Es kann auch deshalb zu Abweichungen von diesem Grundsatz kommen, weil sich eine Partei bei der Prozessführung ungeschickt verhält. Jedoch ist es nicht Aufgabe des Zivilprozesses, eine soziale Funktion dahingehend zu erfüllen, die schwächere Partei zu unterstützen. Dies ist bereits durch die Regelungen chancengleicher Zugangsvoraussetzungen durch Prozesskostenhilfe, den Anwaltszwang und die richterliche Hinweispflicht ausreichend verwirklicht.[6] Ein darüber hinausgehender sozialer Zweck des Zivilprozesses existiert nicht.[7]

---

1 Baumbach / Lauterbach / Hartmann, ZPO, Einl. III, Rdnr. 54.

2 BVerfG NJW 1976, 1391 (1391); BVerfG NJW 1979, 1925 (1927); *Schmidt,* Teilbarkeit und Unteilbarkeit, S. 107.

3 *Herschel,* JZ 1967, 727 (732); *Schilken,* Zivilprozessrecht, Rdnr. 8; *Siegert,* NJW 1958, 1025 (1025).

4 *Meyer,* JR 2004, 1 (6).

5 *Laumen,* NJW 2002, 3739 (3743).

6 MünchKomm ZPO / *Rauscher,* Einl., Rdnr. 13; *Schilken,* Zivilprozessrecht, Rdnr. 16, *ders.,* Kollektiver Rechtsschutz, S. 27.

7 *Meyer,* JR 2004, 1 (4); *Schilken,* Zivilprozessrecht, Rdnr. 16; *ders.,* Kollektiver Rechtsschutz, S. 26 f.

Der Konflikt zwischen Gerechtigkeit und Rechtssicherheit wird deshalb zu Gunsten der Rechtssicherheit entschieden, die eines der höchsten Rechtsgüter darstellt[8]. Denn das Ziel der Wahrheitsfindung[9] im Prozess bedeutet nicht Wahrheitsfindung um jeden Preis.[10] Insbesondere gewährt der Prozess nicht die absolute Wahrheit an sich, sondern nur „verfahrensgemäße“[11] oder „prozessuale“[12] bzw. „materielle“[13] Wahrheit.

Das Ziel der Wahrheitsfindung darf nicht verabsolutiert werden,[14] jedoch muss ein missbilligenswertes Verhalten in Bezug auf die Beweisführungsmöglichkeiten des beweisbelasteten Gegners im Rahmen des Möglichen berücksichtigt werden. *Stürner* hat dies einst sehr prägnant formuliert: „Im Prozeßverlust wegen Aufklärungserschwerung als Sanktion steckt mehr Gerechtigkeit als im Prozeßverlust des Opfers der Erschwerung wegen eines non liquet.“[15]

Die Unstreitigkeit eines Sachverhalts ist eine sehr seltene Ausnahme. Stellen die Parteien eines Rechtsstreites unterschiedliche Geschehensabläufe dar und sind entscheidungserhebliche Tatsachen damit streitig, kommt es für ein stattgebendes Urteil im Prozess in der Regel vor allem darauf an, ob der erforderliche Beweis durch die beweisbelastete Partei erbracht werden kann, denn bestrittene Tatsachen dürfen ohne Beweis grundsätzlich nicht berücksichtigt werden[16]. Dabei sind nach der grundsätzlichen ungeschriebenen Beweislastregel die Voraussetzungen derjenigen Normen, ohne deren Anwendung das Begehren einer Partei im Prozess nicht erfolgreich sein kann, von dieser zu beweisen.[17] Es ist also festzuhalten, dass das Obsiegen im Prozess oftmals davon abhängt, ob die beweisbelastete

---

8 Baumbach / Lauterbach / Hartmann, ZPO, Einl. III, Rdnr 43.

9 *Adloff,* S. 285; *Schilken,* Kollektiver Rechtsschutz, S. 24; *Stürner,* Aufklärungspflicht, S. 43.

10 *Gaul,* AcP 168, 28 (50).

11 *Arens,* ZZP 69 (1983), 1 (12).

12 *Brinkmann*, S. 8.

13 *Stürner,* Aufklärungspflicht, S. 50.

14 *Brehm*, S. 27.

15 *Stürner,* ZZP 98 (1985), 237 (255).

16 *Bruns*, § 32, S. 239, Rdnr. 166a.

17 Vgl. etwa RGZ 78, 432 (435); BGHZ 89, 263 (269); BGHZ 99, 391 (398); BGHZ 129, 6 (9 f.); BGH NJW 1981, 2513 (2514); BGH NJW 1986, 2426 (2427); BGH NJW 1987, 2923 (2924); BGH NJW 1999, 860 (861); BGH VersR 2001, 1030; OLG Hamburg VersR 2000, 190 (191); OLG Naumburg VersR 2002, 313 (315); *Jauernig / Hess,* Zivilprozessrecht, S. 203, Rdnr. 11; *Katzenmeier,* Arzthaftung, S. 419; *Rosenberg / Schwab / Gottwald,* Zivilprozessrecht, § 115 Rdnr. 7; *Schilken,* Zivilprozessrecht, Rdnr. 503; *Uhlenbruck,* NJW 1965, 1057 (1061); MünchKomm BGB / *Wagner,* § 823, Rdnr. 801.

Partei den erforderlichen Beweis im Prozess erbringen kann. Deshalb kommt es immer wieder vor, dass die Gegenpartei eine Beweisführung, die zu ihrem Unterliegen im Prozess führen könnte, auf verschiedenste Art und Weise verhindert. Würde man ein solches Verhalten unberücksichtigt lassen, hätte das zur Folge, dass die beweisbelastete Partei den erforderlichen Beweis unverschuldet nicht erbringen kann, sodass es zu einem „non liquet" kommt und die Gegenpartei durch unrechtmäßiges Verhalten den Prozess gewinnt. Grundsätzlich trägt die beweisbelastete Partei die Gefahr eines non liquet. Der Unterschied bei der Beweisvereitelung ist jedoch der, dass das non liquet durch ein Verhalten der Gegenpartei verursacht wurde. Der beweisbelasteten Partei in einem solchen Fall zu helfen, gebietet das Rechtsgefühl.[18] Denn wer seinem an sich beweispflichtigen Gegner die Beweisführung schuldhaft unmöglich macht, darf sich nicht dadurch verteidigen, dass er sich auf die Beweislast des Gegners beruft und geltend macht, die streitige Tatsache sei nicht bewiesen.[19] Bei einer Entscheidung ohne Berücksichtigung einer Beweisvereitelung besteht die Gefahr einer ungerechten bzw. unrichtigen Entscheidung, da es immer sein kann, dass die unbewiesene Behauptung wahr ist, jedoch lediglich nicht bewiesen werden konnte.[20] Dieses Risiko liegt bei jeder Beweislastentscheidung vor, denn es kann immer vorkommen, dass der dem Prozess zugrunde liegende Sachverhalt, der für die richterliche Entscheidung maßgeblich ist, nicht in allen Einzelheiten aufgeklärt werden kann.[21] Insbesondere wegen des Justizgewährungsanspruchs darf das Gericht jedoch auch bei Unaufklärbarkeit des Sachverhaltes eine Sachentscheidung nicht verweigern.[22]

Die unterschiedliche Behandlung dieses Risikos bei der Beweisvereitelung im Vergleich zu sonstigen Beweislastentscheidungen hat ihren Grund jedoch darin, dass die durch das materielle Recht vorgegebene Beweislastverteilung und das dadurch intendierte Verfahrensergebnis zumindest gefährdet, möglicherweise sogar umgekehrt werden[23]. Die beweisbelastete Partei ist in einem solchen Fall schutzwürdig, sodass es auf der Hand liegt, dass beweisvereitelndes Verhalten berücksichtigt werden muss. Während die Vorenthaltung und Vernichtung von

---

18 *Peters,* ZZP 82 (1969), 200 (201).

19 *Gerhardt,* AcP 169 (1969), 289 (290).

20 *Prölss,* S. 95.

21 *Rosenberg,* Die Beweislast, S. 1 f.

22 *Baumgärtel,* Beweislastpraxis, S. 100, Rdnr. 133; *Blomeyer,* Zivilprozeßrecht, S. 418; *ders.,* JZ 1955, 605 (605); *Musielak,* Grundlagen der Beweislast, S. 19; *Rosenberg / Schwab / Gottwald,* § 115, Rdnr. 2; *Prütting,* Gegenwartsprobleme der Beweislast, S. 124 ff.; *Schumann,* ZZP 81 (1968), 79 (79 ff.).

23 *Reinhard,* NJW 1994, 93 (94).

Beweismitteln im Strafprozess gewissermaßen üblich ist,[24] stellt sich für den Zivilprozess die Frage, wie eine Berücksichtigung beweisvereitelnden Verhaltens aussehen kann. Eine „Aufklärungsgemeinschaft der Prozessparteien“[25] ist abzulehnen, da die Prozessparteien gerade keine Gemeinschaft bilden, sondern vielmehr durch Gegensätzlichkeit gekennzeichnet sind.[26] Eine Möglichkeit der zwangsweisen Durchsetzung einer Duldung oder Mitwirkung bei der Beweisaufnahme gibt es nicht, es sei denn, es bestehen materiell-rechtliche Duldungs- oder Mitwirkungspflichten, die im Klagewege durchgesetzt werden können.[27] In den wenigsten Fällen einer Beweisvereitelung wird ein solcher Anspruch jedoch bestehen. Ein genereller Prozessverlust der beweisvereitelnden Partei scheidet ganz offensichtlich aus, da er eine zu starre, zu unflexible und im Einzelfall ungerechte Folge darstellt.[28] Gleichwohl kommt eine Berücksichtigung zu Lasten der beweisvereitelnden Partei in Betracht, wodurch ein teilweiser, aber auch ein vollständiger Prozessverlust der beweisvereitelnden Partei als Folge ihres Verhaltens möglich ist.[29]

II. Gang der Untersuchung

Die vorliegende Arbeit soll zunächst die Begründung bzw. Herleitung des Beweisvereitelungsverbotes darstellen, das eine über die im Gesetz bereits bestehenden Regelungen hinausgehende Geltung für alle Beweisarten beansprucht. Im Folgenden sollen die Tatbestandsvoraussetzungen und die Rechtsfolgen einer Beweisvereitelung herausgearbeitet werden. Bei den Tatbestandsmerkmalen einer Beweisvereitelung soll das Augenmerk insbesondere darauf gerichtet sein, ob diese in einer Weise konkretisiert werden können, dass der Tatbestand eingeschränkt werden kann und dadurch von vornherein weniger Fälle darunter zu fassen sind, sodass ein ausufernder Anwendungsbereich und Ausschlusstatbestände vermieden werden können. Insbesondere im Hinblick auf die Gefahr einer Haftungsausuferung ist die Betrachtung einer Einschränkung des Tatbestandes der Beweisvereitelung geboten.[30]

---

24 *Paulus*, Rechtsgeschichtliche und rechtsvergleichende Betrachtungen, S. 4.
25 *von Hippel*, S. 222.
26 *Peters*, Ausforschungsbeweis im Zivilprozeß, S. 108.
27 *Wussow*, NJW 1969, 1401 (1406).
28 BGH NJW-RR 2009, 995 (996).
29 *Prütting*, Gegenwartsprobleme der Beweislast, § 5, S. 32.
30 *Katzenmeier*, JZ 2004, 1031 (1032).

Die Beweisvereitelung im Arzthaftungsrecht soll im Hinblick auf die eingetretenen Änderungen durch das Patientenrechtegesetz und die Auswirkungen auf die Rechtsfolgen einer Beweisvereitelung beleuchtet werden.

Im weiteren Verlauf der Untersuchung soll dann überprüft werden, ob eine für alle Beweisarten einheitliche gesetzliche Regelung über die Beweisvereitelung erforderlich bzw. sachdienlich ist.

Es soll darüber hinaus ein Formulierungsvorschlag für eine entsprechende Vorschrift entwickelt werden, deren Verfassungsmäßigkeit in einem letzten Schritt untersucht werden soll.

B. Rechtsgrundlage des Verbotes der Beweisvereitelung

I. Einführung

Eine generelle Regelung über die Beweisverteilung im Zivilprozess gibt es weder im Bürgerlichen Gesetzbuch noch in der Zivilprozessordnung. Der erste Entwurf zum BGB hatte solche Regelungen in den §§ 193–198 BGB vorgesehen: Beweislast des Gläubigers für die anspruchsbegründenden Tatsachen, Beweislast des Schuldners für die Tatsachen, welche den Anspruch aufheben oder hemmen (§ 193); Beweislast für besondere Tatsachen, welche die regelmäßige Wirkung eines Tatbestandes ausschließen, insbesondere den Mangel der Geschäftsfähigkeit, den Mangel der Willensfreiheit oder der besonders vereinbarten Form beim Rechtsgeschäft (§ 194); Beweislast dessen, der sich auf ein Rechtsgeschäft beruft, für die Beobachtung der gesetzlichen Form (§ 195) und für den Inhalt des Rechtsgeschäfts gegenüber dem Einwand der vereinbarten Bedingung oder Befristung (§ 196); Beweislast für Bedingungseintritt oder –ausfall für den, der hieraus Rechte herleitet (§ 197); Beweislast für das Gegenteil vermuteter Tatsachen (§ 198).[31] Diese Regelungen gelangten allerdings nicht ins Gesetz. Als Grund hierfür wird angeführt, dass für die Regelung der Beweislast „logische Gründe sowie Billigkeits- und Zweckmäßigkeitsrücksichten" maßgebend seien, die nicht in generellen Vorschriften abschließend geregelt werden könnten. Des Weiteren ergebe sich die „Beweispflicht" bei „richtiger Fassung und Auslegung der Rechtssätze" von selbst.[32] *Rosenberg* beschreibt dies als ausgleichende Gerechtigkeit, die ein Gebot für den Gesetzgeber darstelle, welches dieser beim Aufbau der Rechtsnormen berücksichtigt und verwirklicht habe.[33]

So finden sich im BGB nur einzelne ausdrückliche Regelungen über die Beweislast, wie zum Beispiel bei der Haftung des vollmachtlosen Stellvertreters gemäß § 179 Abs. 1 BGB, bei der Annahme als Erfüllung gemäß § 363 BGB, beim Sachmangel im Rahmen des Verbrauchsgüterkaufs gemäß § 476 BGB oder bei der außerordentlichen fristlosen Kündigung aus wichtigem Grund gemäß § 543 Abs. 4 Satz 2 BGB.

---

31 *Mugdan*, S. 360 f.

32 *Blomeyer*, Beweislast und Beweiswürdigung, S. 4 f.; *Brüggemeier*, S. 614, Fn. 12.

33 *Rosenberg*, Beweislast, S. 116 f.

Außerdem gibt es viele Vorschriften, die durch ihre Wortformulierung eine konkludente Regelung über die Beweislast treffen, so zum Beispiel § 280 Abs. 1 Satz 2, § 286 Abs. 1 und 4 BGB für das Vertretenmüssen und § 442 Abs. 1 Satz 1 BGB („Die Rechte des Käufers wegen eines Mangels sind ausgeschlossen, wenn…").

Auch in der ZPO finden sich Regelungen über die Beweiskraft von Urkunden in den §§ 415 ff. und in 371 a ZPO.[34]

II. Definition und gesetzliche Regelungen

Eine allgemeine Regelung oder Definition der Beweisvereitelung hält das Gesetz nicht bereit. Lediglich einige Einzelfälle sind für einzelne Beweisarten geregelt (§§ 371 Abs. 3 ZPO beim Beweis durch Augenschein, § 427 ZPO, § 441 Abs. 3 Satz 3 und § 444 ZPO beim Beweis durch Urkunden, § 446 und § 453 Abs. 2 ZPO beim Beweis durch Parteivernehmung).

Von Beweisvereitelung spricht man, wenn eine Partei die Beweisführung ihres beweispflichtigen Gegners schuldhaft unmöglich macht oder erschwert.[35] Unter Beweisvereitelung fällt aber auch das zeitlich frühere Verhindern der Entstehung eines Beweismittels, wobei das Erfordernis der Beweisführung dem Vereitelnden bereits erkennbar gewesen sein muss.[36] Allgemeiner formuliert, versteht man unter Beweisvereitelung ein Tun oder Unterlassen, ohne welches die Aufklärung eines Sachverhaltes möglich gewesen wäre.[37] Es muss nicht notwendig die Beweisführung der primär beweisbelasteten Partei verhindert oder erschwert werden. Unter Beweisvereitelung kann auch ein Verhalten fallen, durch das der Beweis

---

34 *Schilken*, Zivilprozessrecht, Rdnr. 505.

35 BGH VersR 1960, 844 (846); BGH NJW 1986, 59 (60); BGH NJW 1993, 1391 (1393); BGH NJW 1997, 3311 (3312); BGH NJW 1998, 79 (81); BGH NJW 2002, 825 (827); BGH NJW 2004, 222 (222); BGH NJW 2006, 434 (436); BGH NJW 2008, 982 (985); BGH NZBau 2009, 117 (119); OLG Köln NZV 1992, 365 (366); *Baumgärtel*, Festschrift Kralik, S. 63, 68; *Graf*, S. 61; *Laumen*, in ZPO - Komm, § 286, Rdnr. 76; *Musielak*, Grundkurs ZPO, § 6, S. 298, Rdnr. 469; *ders.*, Grundlagen der Beweislast, S. 133; MünchKomm ZPO / *Prütting*, § 286, Rdnr. 80; *ders.*, Gegenwartsprobleme der Beweislast, § 15, S. 186; *Schrader*, Juris PraxisReport extra 2009, 128 (128); *Ulenbruck*, NJW 1965, 1057 (1063).

36 BGH NJW 1997, 3311 (3312); BGH NJW 2004, 222 (222); *Baumgärtel*, Festschrift Kralik, S. 69; Prütting / Gehrlein / *Laumen* ZPO, § 286, Rdnr. 92.

37 BGH VersR 1960, 844 (846); *Baumgärtel*, Festschrift Kralik, S. 63; *ders.*, Beweislastpraxis, S. 81, Rdnr. 109; *Laumen*, MDR 2009, 177 (177); Prütting / Gehrlein / *Laumen* ZPO, § 286, Rdnr. 95.

des Gegenteils verhindert oder erschwert wird.[38] Vom Beweis des Gegenteils spricht man, wenn eine gesetzliche Vermutung eingreift, welche die Beweislast zu Ungunsten der gegnerischen Partei verschiebt, indem diese die Unrichtigkeit der Vermutung voll beweisen muss.[39] Bei der Vernichtung von Beweismitteln muss es sich nicht um eine Vernichtung im Sinne einer vollständigen Zerstörung handeln. Es reicht bereits aus, dass die Beweisfunktion des Beweismittels beseitigt wird, indem das Beweismittel zum Beispiel verändert oder umgebaut wird, so etwa bei der Beseitigung einer Gefahrenstelle auf einem Fußgängerweg durch die Gemeinde.[40]

III. Historische Entwicklung der Regeln zur Beweisvereitelung

Soweit ersichtlich taucht die Beweislastumkehr wegen verschuldeter Beweishinderung erstmals in einer Entscheidung des Reichsoberhandelsgerichtes[41] auf. Im Anschluss an die Entscheidungen des ROHG[42] führte bereits das Reichsgericht in seinem Urteil vom 19.11.1987[43] aus: „In der oberstrichterlichen Rechtsprechung ist ferner der Grundsatz stets (mit Recht) zur Geltung gebracht, daß derjenige, welcher seinem an sich beweispflichtigen Gegner die Beweisführung schuldhafterweise unmöglich mache, sich nicht durch Berufung auf die den Gegner treffende Beweislast verteidigen dürfe; daß vielmehr ihm gegenüber die betreffende gegnerische Behauptung als wahr zu gelten habe, falls es ihm nicht gelinge darzulegen, daß dieselbe unrichtig sei."

Die vom ROHG kreierte und vom Reichsgericht fortgeführte Rechtsprechung wurde vom Bundesgerichtshof[44] übernommen.[45]

Zunächst ging die Rechtsprechung stets von einer Beweislastumkehr aus,[46] bis sie die Formel der „Beweiserleichterungen bis hin zur Beweislastumkehr"

38 BGH NJW 2006, 434 (436); Prütting / Gehrlein / *Laumen* ZPO, § 286, Rdnr. 92.

39 *Schilken,* Zivilprozessrecht, Rdnr. 482.

40 BGH Beschl. vom 11.03.1993 - III ZR 182/91.

41 Im Folgenden: ROHG.

42 ROHG 6, 102 (104 f.); ROHG 14, 238 (242); ROHG 15, 302 (304); ROHG 19, 102 (103); ROHG 21, 255 (261).

43 RGZ 20, 5 (6), wo es um die Verwendung von Kohleteer ging, dessen vertraglich zugesicherte Eigenschaft (Wasserfreiheit) nicht mehr feststellbar war.

44 Im Folgenden: BGH.

45 Siehe nur BGH VersR 1955, 344 (*Tupferfall*); BGHZ 3, 162; BGHZ 6, 224; BGH NJW 1960, 821; BGH VersR 1968, 58; BGH JZ 1971, 29.

46 RGZ 60, 147 (152 f.); BGHZ 6, 224 (227); BGH NJW 1986, 59 (60 f.).

entwickelte und damit die möglichen Rechtsfolgen erweiterte.[47] Im Schrifttum stieß die Formel der Rechtsprechung zum Teil zunächst auf heftige Kritik.[48] Einige Stimmen in der Literatur haben sich jedoch der Lösung der Rechtsprechung über die Beweislastumkehr – zum Teil mit Einschränkungen[49] – angeschlossen.[50]

Insbesondere auf die Entwicklung der Rechtsprechung des Bundesgerichtshofs in Bezug auf die Beweisvereitelung wird unten[51] noch genauer einzugehen sein.

IV. Beispiele für beweisvereitelndes Verhalten aus der Rechtsprechung

Die Erscheinungsformen der Beweisvereitelung sind sehr weit gefächert. So spricht *Paulus* richtigerweise von einer „Sammelbezeichnung".[52] Beweisvereitelung kann durch unterschiedliche Verhaltensweisen, zu verschiedenen Zeitpunkten und bezüglich aller Beweisarten vorkommen.[53] Sowohl der Hauptbeweis als auch der Gegenbeweis können vereitelt werden.[54] Dabei ist zu berücksichtigen, dass die

---

47 BGH NJW 1976, 1315 (1316); BGH NJW 1986, 59 (61); BGH NJW 1996, 315 (317); BGH NJW 1998, 79 (81); BGH NJW 2002, 825 (827); BGH NJW 2004, 222 (222); BGH NJW 2006, 434 (436); BGH NZBau 2009, 117 (120).

48 *Baumgärtel,* Festschrift Universität zu Köln, S. 175; *ders.,* Beweislastpraxis, S. 42, Rdnr. 63; *Baumgärtel / Wittmann,* JA 1979, 113 (115); *Musielak,* Grundlagen der Beweislast, S. 135; *ders.,* in Festgabe Bundesgerichtshof, S. 211, 218; *Musielak / Stadler,* Grundfragen des Beweisrechts, S. 151, Rdnr. 264; *Peters,* ZZP 82 (1969), 200 (217); *Prütting,* Gegenwartsprobleme der Beweislast, § 15, S. 188; *Schmidt,* JuS 1975, 430 (434); *Stürner,* ZZP 98 (1985), 237 (254); *Thole,* JR 2011, 327 (333, 334); *Weber,* S. 212, 221, 240; Zöller / *Greger,* ZPO, Vor § 284, Rdnr. 22.

49 So *Baumgärtel,* Festschrift Kralik, S. 73 und *Walter,* Freie Beweiswürdigung, S. 244, die eine Beweislastumkehr nur dann annehmen wollen, wenn die Senkung des Beweismaßes im Rahmen der freien Beweiswürdigung der Beweisnot der beweisbelasteten Partei nicht abzuhelfen vermag.

50 *Blomeyer,* AcP 158 (1959/60), 97 (99 f.); *Prölss,* S. 93 ff.; *Schneider,* Beweis und Beweiswürdigung, S. 37; *Schönke,* ZAkDR 1939, 193 (194); *Wahrendorf,* S. 128 f.

51 Siehe hierzu die Ausführungen unten auf S. 87 f.

52 *Paulus,* AcP 197 (1997), 136 (138); *ders.,* in Rechtsgeschichtliche und rechtsvergleichende Betrachtungen, S. 4.

53 BGH VersR 1965, 91 (92); *Baumgärtel,* Festschrift Kralik, S. 63; *ders.,* Beweislastpraxis, S. 81, Rdnr. 109; *Konzen,* S. 240; *Prütting,* Gegenwartsprobleme der Beweislast, § 15, S. 187.

54 BGH NJW 2006, 434 (436); *Adloff,* S. 292; *Laumen,* MDR 2009, 177 (178); MünchKomm ZPO / *Prütting,* § 286, Rdnr. 80.

Begriffe Gegenbeweis und Beweis des Gegenteils voneinander abzugrenzen sind. Der Gegenbeweis ist der Beweis der für das konkrete Tatbestandsmerkmal nicht beweisbelasteten Partei für das Nichtvorliegen des Tatbestandsmerkmals.[55] Der Beweis des Gegenteils ist dagegen die Widerlegung einer Vermutung (§ 167, 292 ZPO).[56] Auch in Verfahren mit Amtsermittlungsgrundsatz können die Grundsätze über die Beweisvereitelung herangezogen werden.[57] Für das Verfahren der freiwilligen Gerichtsbarkeit ist dies vom BGH ausdrücklich entschieden worden.[58] Als relevante Verhaltensweisen kommen sowohl ein aktives Tun - zum Beispiel die Vernichtung von Beweismitteln - als auch ein Unterlassen[59] - zum Beispiel das Vorenthalten einer ladungsfähigen Anschrift[60] - in Betracht. Als möglicher Zeitpunkt kommt für die Vereitelung einer Beweisführung ein bereits begonnener Prozess in Betracht.[61] Aber auch vorprozessuale Handlungen können beweisvereitelnde Wirkung haben, denn die Interessenlage ist oft sehr ähnlich. So zum Beispiel, wenn ein Käufer ein vermeintlich mangelhaftes Kfz-Bauteil durch einen Dritten austauschen lässt und nicht dafür sorgt, dass das mangelhafte Teil vom Dritten aufbewahrt wird, sodass über die Mangelhaftigkeit im Prozess kein Beweis mehr erhoben werden kann.[62] Beweisvereitelung kann durch vorsätzliches oder fahrlässiges Verhalten erfolgen.[63] Bei vorsätzlichem Handeln sind zwei verschiedene Konstellationen zu unterscheiden: Die Beweisvereitelung erfolgt zwar vorsätzlich, jedoch nicht gezielt im Hinblick auf die Beweissituation; die Beweisvereitelung

---

55 *Rosenberg / Schwa / Gottwald,* § 109, Rdnr. 13.

56 *Rosenberg / Schwab / Gottwald,* § 109, Rdnr. 14.

57 Musielak / *Borth / Grandel,* § 30 Rdnr. 8; FamFG-Komm / *Prütting,* § 27 Rdnr. 10.

58 BGH FamRZ 2009, 1130 (1132); BGH NJW 2010, 1351 (1353).

59 BGH VersR 1955, 344 (344).

60 BGH NJW 2004, 1503 (1504); BGH NJW 2008, 982 (984).

61 BGH NJW 1986, 59 (60); BGH NJW 1998, 79 (81); BGH NJW 2004, 222 (222); BGH NJW 2006, 434 (436); BGH NZBau 2009, 117 (119); Bay. VerGH BayVerwBl 2002, 398 f.; *Baumgärtel,* Festschrift Kralik, S. 63; *Beckhaus,* S. 156; Prütting / Gehrlein / *Laumen* ZPO, § 286, Rdnr. 94; *Musielak,* Grundkurs ZPO, S. 298, Rdnr. 469; *ders.,* Grundlagen der Beweislast, S. 134; *Musielak / Stadler,* Grundfragen des Beweisrechts, S. 97, Rdnr. 183; *Oberheim,* Jus 1997, 61 (63); *Paulus,* AcP 197 (1997), 136 (138); *Prütting,* Gegenwartsprobleme der Beweislast, § 15, S. 186 f.; *Rosenberg / Schwab / Gottwald,* § 115, Rdnr. 20; *Schwab,* Zivilprozessrecht, § 9, Rdnr. 523; *Wahrendorf,* S. 125.

62 BGH NJW 2006, 434 (436).

63 BGH NJW 1986, 59 (60); BGH NJW 1998, 79 (81); BGH NJW 2006, 434 (436); BGH NZBau 2009, 117 (119); *Beckhaus,* S. 156; *Paulus,* AcP 197 (1997), 136 (138); *Prütting,* Gegenwartsprobleme der Beweislast, § 15, S. 186; *Schwab,* Zivilprozessrecht, § 9, Rdnr. 525.

erfolgt vorsätzlich sowohl bezüglich des beweisvereitelnden Verhaltens als auch bezüglich der Beweissituation.[64] Bei fahrlässigem Verhalten kann insbesondere für die Entscheidung, ob eine Beweisvereitelung vorliegt, die Frage maßgeblich sein, ob dem späteren Beweisgegner die Beweissicherung allein oblag und auch nur ihm möglich war, oder ob auch der Beweisführer sich um die Beweissicherung hätte sorgen können oder sogar müssen.[65]

Grundsätzlich sollte bei fahrlässigem Verhalten nicht voreilig von Beweisvereitelung gesprochen werden. Es sollten höhere Anforderungen gestellt werden als bei vorsätzlichem Verhalten.[66] Bei der Beweisvereitelung durch fahrlässiges Verhalten muss dem Beweisvereitelnden zumindest erkennbar gewesen sein, dass das von ihm vernichtete, nicht erhobene oder nicht aufbewahrte Beweisstück in einem späteren Prozess verwertet werden könnte.[67]

Um die Problematik, die bei der Beweisvereitelung durch fahrlässiges Verhalten besteht, deutlich zu machen, sei folgender Fall geschildert: In einem bereits rechtshängigen Prozess kann ein Zeuge nicht gehört werden, da er bei einem fahrlässig durch die nicht beweisbelastete Partei verursachten Unfall im Straßenverkehr zu Tode gekommen ist. In einem solchen Fall kann offensichtlich nicht von einer Beweisvereitelung die Rede sein, da das fahrlässige Verhalten keinerlei Bezug zu dem Prozess aufweist.

Eine Partei, die ein Beweismittel nur fahrlässig beseitigt hat, muss dies unter Umständen trotzdem bei der Beweiswürdigung gegen sich gelten lassen.[68] Dies gilt aber nur, wenn die Partei damit hätte rechnen müssen, dass das Beweismittel in einem späteren Prozess Bedeutung für die Beweisführung erlangt.[69] Entsprechend entfällt der Verschuldensvorwurf, wenn der spätere Beweisgegner nicht oder nicht mehr mit einer prozessualen Klärung zu rechnen braucht.[70]

Der häufigste Fall der Beweisvereitelung durch fahrlässiges Verhalten liegt in dem Versäumnis, einen Beweisgegenstand für einen späteren oder einen bereits begonnen Prozess zu verwahren bzw. Beweise zu sichern. Dabei kann eine

64 *Weber*, S. 212 f.

65 *Peters*, ZZP 82 (1969), 200 (219).

66 *Peters*, ZZP 82 (1969), 200 (219).

67 *Baumgärtel*, Festschrift Kralik, S. 69; *Gerhardt*, AcP 169 (1969), 289 (311); *Laumen*, MDR 2009, 177 (178); *Musielak*, Grundkurs ZPO, § 6, S. 298, Rdnr. 470.

68 BGH VersR 1955, 344 (345); BGH VersR 1968, 58 (60).

69 BGH VersR 1968, 58 (60); BGH ZIP 1985, 312 (314); *Peters*, ZZP 82 (1969), 200 (219).

70 *Peters*, ZZP 82 (1969), 200 (220).

Beweisvereitelung auch dann angenommen werden, wenn der Beweisgegenstand durch einen Dritten nicht aufgehoben bzw. gar kein Beweis gesichert wird.[71]

Wie die vorstehenden Ausführungen zeigen, sind die praktischen Beispiele der Beweisvereitelung sehr vielfältig.

1. Vorprozessuale Beweisvereitelung

Eine vorprozessuale Beweisvereitelung wurde in der Rechtsprechung beispielsweise beim *Tupferfall*[72] angenommen, bei dem es für die Frage des Behandlungsfehlers auf die Größe des Tupfers ankam, der in der Wunde zurückgelassen wurde, jedoch bei der Nachoperation vom Arzt weggeworfen wurde, sodass er für eine Beweisführung nicht mehr zur Verfügung stand. Ein weiteres Beispiel für eine vorprozessuale Beweisvereitelung ist die Verhinderung weiterer sachverständiger Feststellungen durch eine Ersatzvornahme ohne ausreichende Schadensdokumentation und ohne Beteiligung des Gegners an der Schadensfeststellung trotz vorheriger Zusicherung der Beteiligung.[73] Im genannten Fall bestand das beweisvereitelnde Verhalten in einer Ersatzvornahme ohne vorherige ausreichende Dokumentation des behaupteten Mangels. In dem Fall hatte der Besteller eines Werkes eine Ersatzvornahme durchgeführt, ohne die behaupteten Mängel vorher zu dokumentieren. Dem Besteller hätte hier bereits wegen der Notwendigkeit der Ersatzvornahme die Möglichkeit eines nachfolgenden Prozesses und damit auch die Möglichkeit der Erforderlichkeit einer Beweisführung erkennbar sein müssen, weshalb hier eine Beweisvereitelung richtigerweise anzunehmen ist. Weitere Beispiele für vorprozessuales beweisvereitelndes Verhalten sind die Zerstörung eines Testaments bei bestrittener Einhaltung der Formvorschriften,[74] die Beseitigung eines Holzmastes, bei fraglicher Verletzung einer Verkehrssicherungspflicht[75], der Verstoß durch eine Bank gegen die Pflicht der getrennten Verwaltung von Geldern[76], sodass anschließend die ursprünglichen Eigentumsverhältnisse nicht mehr festgestellt werden konnten, und die vom Fahrzeugeigentümer verschuldete Nichtaufbewahrung eines vermeintlich fehlerhaften Teils eines PKW bei bestrittener Mangelhaftigkeit.[77]

71 BGH NJW 1994, 1594 (1596); BGH VersR 1968, 58 (60); *Blomeyer,* Beweislast und Beweiswürdigung, S. 11; *Paulus,* AcP 197 (1997), 136 (138); *Prölss,* S. 95.

72 BGH VersR 1955, 344.

73 BGH NZBau 2009, 117.

74 OGHZ 1, 268.

75 BGH VersR 1958, 762.

76 RGZ 87, 434 (440).

77 BGH NVZ 2006, 82.

Auch beim Unterlassen einer gebotenen Bestandsaufnahme über den Wohnungszustand durch die Behörde bei einer behördlichen Einweisung wurde eine Beweisvereitelung von der Rechtsprechung bejaht.[78]

2. Prozessuale Beweisvereitelung

Eine Beweisvereitelung während eines bereits laufenden Prozesses sieht die Rechtsprechung in der Nichtbenennung einer Zeugenadresse,[79] der nicht erfolgten Entbindung von der Schweigepflicht einer Bank,[80] der Verweigerung des Betretens eines Grundstücks durch das Gericht oder einen Sachverständigen[81], der nicht erfolgten Entbindung eines Dritten von einem diesem zustehenden Zeugnisverweigerungsrecht[82], in dem Fällen eines Baumes, dessen Ast einen PKW beschädigt haben soll[83], der Verleitung eines von der beweisbelasteten Partei benannten Zeugen durch die nicht beweisbelastete Partei, sich unauffindbar zu machen,[84] oder der Verweigerung einer zumutbaren Untersuchung durch einen medizinischen Sachverständigen.[85] Hierbei kann es zum Beispiel um die Weigerung zur Entnahme einer Blutprobe im Vaterschafts- bzw. Abstammungsprozess gehen. Eine Vereitelung der Beweisführung wurde hier angenommen, weil zur Weigerung die Vereitelung einer zwangsweisen Entnahme wegen Auslandsaufenthalts hinzukam.[86] Weigert sich der als Vater in Anspruch Genommene, sich eine Blutprobe durch einen Arzt entnehmen zu lassen, kann die Vaterschaft nicht festgestellt werden. Erfolgt diese Weigerung unberechtigt, ist der Prozessgegner schutzwürdig. Zu seinen Gunsten kann das Gericht nach den Grundsätzen über die Beweisvereitelung davon ausgehen, dass die Begutachtung keine schwerwiegenden Zweifel an der Vaterschaft ergeben hätte.[87] Unberechtigt ist eine Verweigerung, wenn die Untersuchung zumutbar ist und ohne Nachteile für die Gesundheit des Untersuchenden durchgeführt werden kann.[88] Ohne Nachteil für die Gesundheit ist die Untersuchung nur dann, wenn nennenswerte Schäden

78 BGH NJW 1996, 315 (317).
79 BGH NJW 1960, 821 (821).
80 BGH NJW 1967, 2012 (2012 f.).
81 OLG Koblenz NJW 1968, 897.
82 BGH NJW-RR 1996, 1534 (1534).
83 OLG Bremen MDR 2008, 1061.
84 RG in WarnRspr. 1911, Nr. 54, S. 59.
85 BGH VersR 1958, 785.
86 BGH NJW 1986, 2371 (2372).
87 BGH NJW 1986, 2371 (2372).
88 MünchKomm ZPO / *Zimmermann*, § 372 a, Rdnr. 13.

praktisch ausgeschlossen werden können.[89] Vor der Anwendung der Grundsätze über die Beweisvereitelung sind jedoch ein vorheriger Hinweis an den Beweisvereitelnden sowie eine Fristsetzung erforderlich.[90] Der als Vater in Anspruch Genommene berief sich darauf, das Gericht habe nicht alle Umstände gewürdigt. Das Gericht hat diesen Einwand nicht berücksichtigt, weil er die unterbliebene Begutachtung unberechtigt verweigert hat und sich dies sonst zu Lasten der beweisbelasteten Partei ausgewirkt hätte.[91]

Ein weiteres Beispiel für eine prozessuale Beweisvereitelung ist die Verhinderung der Erschütterung des für die Gegenpartei sprechenden Anscheinsbeweises.[92] Ist für die Erschütterung eine Handlung erforderlich, welche von der beweisvereitelnden Partei unberechtigterweise nicht vorgenommen wird, liegt ein schuldhaftes Verhalten vor, das als Beweisvereitelung gewertet werden kann.[93]

Auch die Weigerung, erforderliche Unterlagen für die Beweiserhebung an einen Sachverständigen herauszugeben, kann eine Beweisvereitelung darstellen.[94]

Ebenso wurde eine Beweisvereitelung beim Abriss eines Hauses, über das ein Sachverständigengutachten noch erstellt werden sollte, durch die neuen Grundstückseigentümer von der Rechtsprechung bejaht.[95]

V. Überblick über die in Rechtsprechung und Literatur vertretenen Rechtsgrundlagen

Über die Rechtsgrundlage der Beweisvereitelung bestehen sehr divergierende Ansichten in Rechtsprechung und Literatur.

So wird das Beweisvereitelungsverbot zum Teil als Auswirkung bestehender materiell-rechtlicher Pflichten auf das Prozessrecht gesehen.[96]

---

89 MünchKomm ZPO / *Zimmermann*, § 372 a, Rdnr. 16.

90 BGH NJW 1986, 2371 (2372); BGH NJW 1993, 1391 (1393); *Kieninger*, FPR 2011, 376 (379); *Schlosser*, in Festschrift Großfeld, S. 1012 f.

91 BGH NJW 1986, 2371 (2372).

92 BGH NJW 1998, 79 (81); *Adloff*, S. 292.

93 BGH NJW 1998, 79 (81); hier ergab sich die nebenvertragliche Pflicht aus dem zwischen den Parteien geschlossenen Werkvertrag.

94 BGH NJOZ 2001, 8 (9 f.); LG Köln NJW-RR 1994, 1487.

95 OLG Naumburg OLG-NL 1999, 23 (23 f.).

96 *Blomeyer*, AcP 158 (1959/1960), 97 (102 ff.); *ders.*, Beweislast und Beweiswürdigung, S. 11 f; *ders.*, Zivilprozeßrecht, § 73, S. 370 ff. *Konzen*, S. 212.

Zum Teil wird auch das Verbot des venire contra factum proprium, das wiederum eine spezielle Ausprägung des Grundsatzes von Treu und Glauben darstellt,[97] als Rechtsgrundlage herangezogen.[98]

Eine weitere denkbare Rechtsgrundlage könnte sich aus § 254 Abs. 1 Satz 1 BGB ergeben.[99] Der Geschädigte soll danach diejenigen Schäden nicht geltend machen können, die er wegen der von ihm erfolgten Beweisvereitelung selbst zu verschulden hat.[100]

Auch auf die Prozessförderungspflicht wird teilweise das Verbot der Beweisvereitelung gestützt.[101] Aus der Förderungspflicht ergebe sich auch die Pflicht der Parteien, alles Erforderliche dafür zu tun, dass das Gericht den Prozessstoff unverzüglich vollständig sammeln kann[102], oder zumindest eine irgendwie geartete Mitwirkungspflicht beider Parteien bei der Sachverhaltsaufklärung[103].

Als weitere Rechtsgrundlagen werden der Grundsatz der Waffengleichheit[104] und der Anspruch auf effektiven Rechtsschutz[105] herangezogen.

---

97 BGH NJW 1987, 1482 (1483); *Baumgärtel*, ZZP 69 (1956), 89 (122), der das Verbot des venire contra factum proprium nur bei vor- oder außerprozessualen Handlungen, die zum prozessualen Handeln im Gegensatz stehen, für anwendbar hält; *Gerhardt*, AcP 169 (1969), 289 (304); Baumbach / Lauterbach / Hartmann, ZPO, Einl III, Rdnr. 54; *Musielak*, Festgabe Bundesgerichtshof, S. 223; MünchKomm BGB / *Roth / Schubert*, § 242, Rdnr. 103; *Schneider*, MDR 1969, 9 f. *ders.*, Beweis und Beweiswürdigung, S. 37.

98 *Arens*, ZZP 96, (1983), 1 (24); *Baumgärtel*, Beweislastpraxis, S. 51, Rdnr. 78; *ders.*, ZZP 69 (1956), 89 (106); *Gerhardt*, AcP 169 (1969), 289 (304 ff.), der dies im Ergebnis jedoch durch Rückgriff auf materiell-rechtliche Tatbestände wieder einschränkt; *Gross*, S. 434; *Musielak / Stadler*, Grundfragen des Beweisrechts, S. 100 f., Rdnr. 189 a. E.; *Rosenberg / Schwab / Gottwald*, Zivilprozessrecht, § 115, Rdnr. 20; *Schneider*, MDR 1969, 4 (9 f.).

99 *Blomeyer*, AcP 158 (1959/60), 97 (103), zieht diese Möglichkeit in Betracht, verwirft sie allerdings zu Gunsten der Herleitung aus dem Verbot des venire contra factum proprium; *Maassen*, S. 174.

100 *Maassen*, S. 174.

101 OLG Koblenz NJW 1968, 897 (897); *Bruns*, § 32, S. 272, Rdnr. 181; *Krautstrunk*, S. 267, will das Beweisvereitelungsverbot auf die Verletzung von prozessualen Mitwirkungspflichten stützen; *Peters*, ZZP 82 (1969), 200 (206 ff.); *ders.*, Ausforschungsbeweis im Zivilprozeß, 103 ff.; *Stürner*, Aufklärungspflicht, S. 92 ff.

102 Baumbach / Lauterbach / Hartmann, ZPO, Grdz § 128, Rdnr. 12.

103 *Weber*, S. 250.

104 *Blomeyer*, Zivilprozeßrecht, S. 393 f.; *Nolte*, Betriebliche Dokumentation, S. 250 ff.

105 *Stürner*, NJW 1979, 2334 (2336).

Auch das Recht auf Beweis könnte als Grundlage für die Begründung des Beweisvereitelungsverbotes dienen.[106]

Eine mögliche Herleitung des Beweisvereitelungsverbotes für alle Beweisarten der ZPO und für die vom Gesetz nicht erfassten Fälle stellt des Weiteren die analoge Anwendung der gesetzlichen Regelungen über die Beweisvereitelung dar.[107] Neben der analogen Anwendung kommt die Übertragung des in den gesetzlich geregelten Fällen zum Ausdruck kommenden Rechtsgedankens auf ähnlich gelagerte Fälle in Betracht. Vor allem die Rechtsprechung[108], aber auch Stimmen in der Literatur,[109] stützen die Anwendung der Grundsätze über die Beweisvereitelung auf andere als die im Gesetz geregelten Fälle auf den in § 444 ZPO zum Ausdruck kommenden Rechtsgedanken des Beweisvereitelungsverbotes.

Die Vielfalt der möglichen Rechtsgrundlagen ist u. a. ein Grund dafür, dass weder bei den Tatbestandsmerkmalen noch bei den Rechtsfolgen Einigkeit herrscht, denn die Rechtsgrundlage gibt zum Einen Aufschluss über die Rechtsnatur einer Rechtsfigur und legt zum Teil auch Regeln für deren Anwendung fest. Die Frage, welche Rechtsgrundlage für die Herleitung des Beweisvereitelungsverbotes einschlägig ist, wird im Folgenden noch zu klären sein.[110]

VI. Vorfrage: Bestehen einer Handlungspflicht als Voraussetzung

Bei der Anwendung der Grundsätze über die Beweisvereitelung stellt sich die Frage, ob für eine Würdigung zu Lasten der beweisvereitelnden Partei eine Pflicht zu einem bestimmten Handeln bestehen muss, denn beim Fehlen einer materiellen Pflicht können im Prozess nicht ohne Weiteres negative Schlüsse aus dem Unterlassen der nicht gebotenen Handlung gezogen werden. Diese Frage soll im Weiteren noch geklärt werden.[111]

---

106 Siehe hierzu die Ausführungen auf S. 48 f.

107 OLG Koblenz NJW 1968, 897 (897); *Konzen*, S. 240; *Krapoth*, S. 18 ff.; *Michalski*, NJW 1991, 2069 (2969); MünchKomm ZPO / *Prütting*, § 286, Rdnr. 90; *ders.*, Gegenwartsprobleme der Beweislast, § 15, S. 188.

108 BGH NJW 1978, 2154 (2156); BGH NJW 1998, 79 (81); BGH NJW 2002, 825 (827); BGH NJW 2006, 434 (436); BGH NJW 2007, 3130 (3131); OLG Bremen MDR 2008, 1061 (1961).

109 *Gehrlein*, ZPO-Reform, § 10, Rdnr. 33; *Lepa*, NVZ 1992, 129 (135).

110 Siehe hierzu die Ausführungen auf der nächsten Seite unter Punkt B. VII.

111 Siehe hierzu unten S. 57 f.

VII. Diskussion der möglichen Rechtsgrundlagen

Eine gesetzliche Regelung über ein allgemeines Beweisvereitelungsverbot gibt es in der ZPO nicht. In Literatur und Rechtsprechung ist jedoch allgemein anerkannt, dass ein Beweisvereitelungsverbot auch ohne gesetzliche Regelung im Zivilprozess über die geregelten Fälle hinaus für alle Beweisarten der ZPO gilt.[112]

Für die dogmatische Herleitung eines solchen Beweisvereitelungsverbotes gibt es verschiedene Ansätze. Diese sollen im Folgenden dargestellt werden. Grundsätzlich ist die Qualifizierung der Herleitung des Beweisvereitelungsverbotes nicht präjudizierend für die Art und Weise der Berücksichtigung bzw. für die anzuwendende Rechtsfolge im Prozess. Aus dem Schutzzweck bzw. der Art der Herleitung lassen sich jedoch Schlüsse im Hinblick darauf ziehen, wen oder was das Beweisvereitelungsverbot schützen soll. Grundsätzlich kommt es bei einer Abwägung im Verfahrensrecht auf die gegensätzlichen Interessen der Parteien an und nur gelegentlich auf Belange Dritter oder öffentliche Interessen.[113] Es stellt sich also die Frage, ob rein prozessuale Gesichtspunkte zu berücksichtigen sind, weil das Beweisvereitelungsverbot den reibungslosen Ablauf des Prozesses schützen soll, oder ob es vor allem auch darauf ankommt, die Interessen der Parteien zu berücksichtigen, weil auch diese geschützt werden sollen. Daraus können sich Schlüsse ergeben beispielsweise für die Voraussetzungen beim Verschulden oder für die Berücksichtigung einer bloß fahrlässigen Beweisvereitelung.[114]

1. Rückgriff auf materiell-rechtliche Pflichten / Wertungen

Bei der Fragestellung über das Erfordernis einer Handlungspflicht für die Anwendung der Grundsätze über die Beweisvereitelung[115] geht es darum, ob eine Handlungspflicht vorliegen muss, damit überhaupt eine Würdigung zu Lasten

---

112 BGHZ 72, 132 (139 f.); BGH NJW 1986, 59 (60); BGH NJW-RR 1988, 962 (964 f.); BHG NJW-RR 1996, 1534 (1534); *Baumgärtel*, Festschrift Kralik, S. 63 f.; *Gehrlein*, ZPO-Reform, S. 139, Rdnr. 33; *Weber*, S. 211; a. A. *Theuerkauf*, MDR 1962, 449 (450), der eine nachteilige Würdigung bei einer Weigerung des richterlichen Augenscheins am Körper des Beklagten für unzulässig hält, weil dieser im Gegensatz zum Kläger gegen seinen Willen in den Rechtsstreit hineingezogen worden sei.

113 *Schilken*, Abwägung im Recht, S. 57.

114 aA *Lepa*, NZV 1992, 129 (135), der keine praktischen Folgen der Rechtsgrundlage der Beweisvereitelung sieht und *Oberheim*, Jus 1997, 61 (62), der eine Entscheidung für eine Herleitung als entbehrlich ansieht, weil das Institut der Beweisvereitelung inzwischen gewohnheitsrechtlich anerkannt sei.

115 Siehe dazu unten S. 57 f.

der beweisvereitelnden Partei möglich ist, d. h. also im Umkehrschluss, ob die Würdigung zu Lasten der beweisvereitelnden Partei beim Fehlen einer solchen Handlungspflicht ausscheidet. In Abgrenzung hierzu geht es vorliegend um die Frage, ob das Beweisvereitelungsverbot aus einer bestehenden materiell-rechtlichen Pflicht der beweisvereitelnden Partei hergeleitet werden kann, welche sich auf das Prozessrechtsverhältnis der Parteien auswirkt.

a) Herleitung

Teilweise wird das Beweisvereitelungsverbot als Auswirkung materiell-rechtlicher Pflichten auf das Prozessrecht gesehen.[116] So wird zum Teil vertreten, dass bei einer Beweislastumkehr im Arzthaftungsprozess stets die Aufgaben- und Pflichtenrolle des Arztes berücksichtigt werden müsse, welche insbesondere maßgeblich für ein Eingreifen einer Beweislastumkehr sei.[117] Die Anknüpfung an diese Pflichtenstellung wird damit begründet, dass die von der Rechtsprechung gebrauchten Begriffe wie Treu und Glauben, Billigkeit und Unzumutbarkeit einen Opferschutz des Patienten schaffen, der dem zivilen Haftpflichtrecht jedoch fremd sei.[118] Billigkeitserwägungen allein seien des Weiteren nicht ausreichend, als dass sie eine Beweislastregel legitimieren könnten.[119] Im Grunde sei doch jede Beweislastentscheidung unbillig, da sie ohne Rücksicht auf die wahre – aber eben nicht aufklärbare – Sachlage ergehe.[120] Mit Wahrheitsfindung habe eine Beweislastentscheidung wenig zu tun; vielmehr sei es bloßer Zufall, wenn sie der wahren Rechtslage entspricht.[121] Dogmatisch überzeugender und mit dem System des Haftpflichtrechts vereinbar sei somit die Anknüpfung an die Pflichtenstellung des Arztes im Rahmen der Schadenszurechnung.[122]

Zum Teil knüpft aber auch die Rechtsprechung bei der Berücksichtigung beweisvereitelnden Verhaltens an materielle Normen an. So hat der BGH zur Verletzung der Streupflicht, die durch Satzung auf die Straßenanlieger übertragen wurde, ausgeführt, eine Umkehr der Beweislast für die Ursächlichkeit zwischen Verletzungshandlung und Rechtsgutverletzung sei möglich, wenn und soweit

116 *Blomeyer*, AcP 158 (1959/1960), 97 (102 ff.); *ders.*, Beweislast und Beweiswürdigung, S. 11 f; *ders.*, Zivilprozeßrecht, § 73, S. 370 ff. *Konzen*, S. 212.

117 *Katzenmeier*, in JZ 2004, 1032 (1032).

118 *Katzenmeier*, in JZ 2004, 1032 (1032).

119 *Katzenmeier*, Arzthaftung, S. 461 f. *Reinhardt*, NJW 1994, 93 (97).

120 *Schmidt*, Teilbarkeit und Unteilbarkeit, S. 163.

121 *Musielak*, Grundlagen der Beweislast, S. 20; *Schmidt*, Teilbarkeit und Unteilbarkeit, S. 163.

122 *Katzenmeier*, in JZ 2004, 1032 (1032).

Wesen und Inhalt der materiellen Schutznorm es gebieten, dem Schädiger auf Grund der von ihm geschaffenen unklaren Beweislage die Aufklärung des Sachverhaltes und ihre Risiken aufzuerlegen.[123]

Unabhängig von den Besonderheiten im Arzthaftungsprozess wird vertreten, dass es bei einem Verstoß gegen materiell-rechtliche Pflichten zur Schaffung, Aufbewahrung oder Vorlage von Beweismitteln der beweisbelasteten Partei nicht mehr zuzumuten sei, die Beweislast aufrechtzuerhalten.[124]

b) Kritik

Die Anknüpfung an materiell-rechtliche Pflichten erfolgt aus dem Grund, dass die von der Rechtsprechung geschaffene Beweislastregel in Bezug auf die Beweisvereitelung aus Billigkeitsgesichtspunkten resultiert, die für eine Beweislastregel nicht ausreichen. Die von der Rechtsprechung entwickelten Grundsätze zur Berücksichtigung einer Beweisvereitelung sind jedoch nicht schon allein deshalb abzulehnen, weil sie sich auf Billigkeits- und Gerechtigkeitsgedanken stützen. Wie *Leipold* schon ganz richtig feststellte, wäre es „geradezu unnatürlich, wenn das Streben nach konkreter Gerechtigkeit, das im materiellen Recht zu einer Fülle von Tatbestandsverfeinerungen, aber auch von echten Neuschöpfungen durch die Rechtsprechung geführt hat, vor dem Gebiet des Beweisrechts haltmachen würde."[125] Jedoch können die allgemeinen Beweislastregeln nicht beliebig abgeändert werden, da sonst ein Prozess nicht mehr vorhersehbar und kalkulierbar und somit die Rechtssicherheit in erheblichem Maße gefährdet wäre.[126]

Im Falle der Billigkeitserwägungen der Rechtsprechung in Bezug auf die Würdigung beweisvereitelnden Verhaltens stehen diese im Einklang mit dem Gesetz, da dieses selbst in §§ 371 Abs. 3, 427, 441 Abs. 3 Satz 3, 444, 446, 453 Abs. 2 ZPO die Würdigung zu Lasten der beweisvereitelnden Partei vorsieht, und sind somit nicht zu beanstanden.

Gegen die Anknüpfung der Beweisvereitelung an die Verletzung materiell-rechtlicher Pflichten wird eingewendet, dieser Ansatz sei zu eng, da sich die Anwendung der Grundsätze über die Beweisvereitelung auf die Fälle beschränkt, in denen eine derartige Rechtsbeziehung besteht.[127] Vor allem aber in Fällen, in denen solche Rechtsbeziehungen nicht bestehen, stellt sich die Frage, wie eine

123 BGH NJW 1984, 432 (433).

124 *Blomeyer,* Beweislast und Beweiswürdigung, S. 11.

125 *Leipold,* Beweismaß und Beweislast im Zivilprozeß, S. 21 f.

126 *Prütting,* KF 1989, 3 (16).

127 *Gerhardt,* AcP 169 (1969), 289 (299); *Stürner,* Aufklärungspflicht, S. 155.

Beweisvereitelung berücksichtigt werden soll. Die Beschränkung der Sanktion einer Beweisvereitelung ausschließlich bei bestehenden materiell – rechtlichen Pflichten zur Schaffung, Aufbewahrung oder Vorlage von Beweismitteln ist unbefriedigend.

Des Weiteren wird eingewendet, dass das materielle Recht die Folge einer Pflichtverletzung selbst regele, indem es eine Schadensersatzpflicht normiere. Dies spreche gegen zusätzliche, über das materielle Recht hinausgreifende Folgerungen für die konkrete Beweislast im Prozess, denn aus der Pflichtverletzung lasse sich keine unmittelbare Verbindung zur prozessualen Beweissituation ableiten.[128]

Hiergegen wird jedoch wiederum eingewendet, dass materiell-rechtliche Normen sehr wohl auch prozessuale Konsequenzen haben können, denn dass die für die prozessuale Berücksichtigung der Beweisvereitelung erforderliche Wertung aus dem materiellen Recht stammt, stelle keine Besonderheit dar.[129] Worauf es bei der Anknüpfung an materiell-rechtliche Pflichten ankomme, sei die Frage nach der Überdehnung des Schutzbereichs der Pflicht. Dies sei am Beispiel der ärztlichen Dokumentationspflicht gezeigt: Verfolgt die Dokumentationspflicht neben therapeutischen Zielen das Nachvollziehen des Behandlungsablaufs, so dient sie damit auch der Sicherung der materiellen Rechte auf Schadensersatz und Schmerzensgeld des Patienten. Dient die Dokumentationspflicht jedoch grundsätzlich der Beweisgewinnung und ist damit prozessbezogen, kommt neben der Möglichkeit, eine Verletzung gegen diese Pflicht im Prozess zu berücksichtigen hinzu, dass eine Berücksichtigung auch dann möglich ist, wenn im Zeitpunkt der Pflichtverletzung noch gar kein Prozess absehbar war.[130]

c) Ergebnis

Zwar mag es sein, dass materiell-rechtliche Normen auch prozessuale Konsequenzen zeitigen können; jedoch ändert dies nichts daran, dass bei einem Rückgriff auf materiell-rechtliche Normen oder Wertungen eine Anwendung der Grundsätze über die Beweisvereitelung nur dann in Frage kommt, wenn eine Rechtsbeziehung zwischen den Parteien besteht und materiell-rechtliche Pflichten aus dieser Rechtsbeziehung resultieren. Die Fälle der Beweisvereitelung sind jedoch meistens dadurch gekennzeichnet, dass gerade keine materiell-rechtliche Pflicht zur Aufbewahrung, Schaffung oder Sicherung von Beweismitteln besteht.

---

128 *Baumgärtel*, Festschrift Kralik, S. 66; *ders.*, Beweislastpraxis, S. 85 f., Rdnr. 115; *Gerhardt*, AcP 169 (1969), 289 (300); *Weber*, S. 231 Fn. 72.

129 *Matthies*, JZ 1986, 959 (961).

130 *Matthies*, JZ 1986, 959 (961).

Die Herleitung des Beweisvereitelungsverbotes aus dem Rückgriff auf materiell-rechtliche Wertungen bzw. Pflichten stellt keine umfassende und vollständige Lösung dar und ist somit abzulehnen.

2. Grundsatz von Treu und Glauben (venire contra factum proprium)

a) Herleitung

Auch im Zivilprozessrecht gilt zwischen den Parteien des Prozesses der Grundsatz von Treu und Glauben,[131] insbesondere in der speziellen Ausprägung des Verbotes des venire contra factum proprium.[132] Das Beweisvereitelungsverbot wird deshalb zum Teil aus dem Verbot des venire contra factum proprium hergeleitet.[133] Die erforderliche Rechtsbeziehung bei seiner Anwendung im Rahmen der Beweisvereitelung ist im Prozessrechtsverhältnis zu sehen.[134] *Baumgärtel* hat dies sehr prägnant in einer Rezension aus dem Jahre 1969 formuliert: „Das für den materiell-rechtlichen Bereich geltende Prinzip von Treu und Glauben macht vor der Tür des Gerichtssaals, in dem es um die Feststellung und Durchsetzung des materiellen Rechts geht, nicht halt."[135] Die für die Beweisvereitelung verantwortliche Person stelle sich mit ihrem früheren Verhalten in Widerspruch, wenn sie sich in einem späteren Prozess auf die fehlende oder unzulängliche Beweisführung der

---

131 BGH MDR 1995, 306; *Konzen*, S. 80; *Musielak*, Grundlagen der Beweislast, S. 140; *Musielak / Stadler*, Grundfragen des Beweisrechts, S. 100, Rdnr. 189; *Theuerkauf*, MDR 1962, 449 (450); Baumbach / Lauterbach / Hartmann, ZPO, Einl III, Rdnr. 54.

132 BGH NJW 1987, 1482 (1483); *Baumgärtel*, ZZP 69 (1956), 89 (122), der das Verbot des venire contra factum proprium nur bei vor- oder außerprozessualen Handlungen, die zum prozessualen Handeln im Gegensatz stehen, für anwendbar hält; *Gerhardt*, AcP 169 (1969), 289 (304); Baumbach / Lauterbach / Hartmann, ZPO, Einl III, Rdnr. 54; *Musielak*, Festgabe Bundesgerichtshof, S. 223; MünchKomm BGB / *Roth / Schubert*, § 242, Rdnr. 103; *Schneider*, MDR 1969, 9 f. *ders.*, Beweis und Beweiswürdigung, S. 37.

133 *Arens*, ZZP 96, (1983), 1 (24); *Baumgärtel*, Beweislastpraxis, S. 51, Rdnr. 78; *ders.*, ZZP 69 (1956), 89 (106); *Gerhardt*, AcP 169 (1969), 289 (304 ff.), der dies im Ergebnis jedoch durch Rückgriff auf materiell-rechtliche Tatbestände wieder einschränkt; *Gross*, S. 434; *Musielak / Stadler*, Grundfragen des Beweisrechts, S. 100 f., Rdnr. 189 a. E.; *Rosenberg / Schwab / Gottwald*, Zivilprozessrecht, § 115, Rdnr. 20; *Schneider*, MDR 1969, 4 (9 f.).

134 *Gerhardt*, AcP 169 (1969), 289 (310); MünchKomm BGB / *Roth / Schubert*, § 242, Rdnr. 103.

135 *Baumgärtel*, AcP 169 (1969), 181 (181).

beweisbelasteten Partei berufe.[136] Denn schließlich ist es auf gerade diese Partei zurückzuführen, dass der erforderliche Beweis nicht erbracht werden kann.

Ein widersprüchliches Verhalten liegt vor, wenn Vorteile in Anspruch genommen und die dazugehörigen Nachteile abgewehrt werden.[137] Bei einer Beweisvereitelung können Vorteile nur mittelbar in Form eines günstigen Urteils gezogen werden, welches bei einer Entscheidung nach Beweislastkriterien zuungunsten der beweisbelasteten Partei ergehen würde.[138]

Jemand, der gegen eine Aufklärungspflicht verstoßen und dadurch einen Beweis vereitelt hat, verstößt mit der Einlegung der Berufung oder allgemeiner gesprochen mit der Einlegung eines Rechtsmittels gegen ein für ihn nachteiliges Urteil gegen das Gebot von Treu und Glauben.[139] Insbesondere deshalb, weil es in seinem Verantwortungsbereich liegt, dass der Sachverhalt nicht aufgeklärt werden kann.

Auch *Schneider* will die Beweisvereitelung mit dem Gebot von Treu und Glauben lösen.[140] Er sieht den Vorteil dieser Lösung darin, dass die Frage nach dem Verschulden nicht gestellt werden müsse,[141] welches im Einzelfall sehr schwer nachzuweisen ist.[142] Dabei sei die Beweisvereitelung allein im jetzigen Verhalten (nicht schon im früheren Verhalten) zu sehen und das frühere Verhalten könne isoliert betrachtet völlig einwandfrei sein.[143] Einen weiteren Vorzug dieser Lösung sieht *Schneider* darin, dass das Rechtsinstitut des venire contra factum proprium durch Rechtsprechung und Literatur hinreichend fortgebildet und ausgeprägt ist, sodass alle auftretenden Fälle der Beweisvereitelung gut lösbar sind.[144]

Auch *Gerhardt* hält die Lösung über das Verbot treuwidrigen Verhaltens für die am besten geeignete Möglichkeit der Berücksichtigung einer Beweisvereitelung im Prozess.[145] Insbesondere seien dadurch Beweisobjekt und Wertungsvorgang bei der richterlichen Beweiswürdigung konkretisiert und gewisse Wertungsrichtlinien

---

136 *Gerhardt,* in AcP 169 (1969), 289 (307).

137 MünchKomm BGB / *Roth / Schubert,* § 242, Rdnr. 319.

138 *Gerhardt,* AcP 169 (1969), 289 (304 f.).

139 BGH NJW 1987, 1482 (1483).

140 *Schneider,* MDR 1969, 4 (9).

141 *Schneider,* MDR 1969, 4 (9); so wohl auch *Gerhardt,* AcP 69 (1969), 289 (307), der allerdings nicht vom *Verschulden,* sondern von *Arglist* spricht.

142 *Beckhaus,* S. 161.

143 *Schneider,* MDR 1969, 4 (10).

144 *Schneider,* MDR 1969, 4 (10).

145 *Gerhardt,* AcP 169 (1969), 289 (304).

aufgestellt, die mit Hilfe der vorhandenen gesetzlichen Regelungen weiter präzisiert werden können.[146]

Durch die Herleitung des Verbotes der Beweisvereitelung aus dem Verbot des venire contra factum proprium sei der Tatbestand der Beweisvereitelung begrenzt, was im Hinblick auf eine Beweisvereitelung durch gerechtfertigtes Verhalten als begrüßenswert erscheint.[147]

Hat sich der Beweisgegner im Prozess auf ein bestimmtes Beweismittel bezogen, darf er sich nicht weigern, dieses im Prozess zur Verfügung zu stellen.[148]

Auch die gesetzlich geregelten Fälle der Beweisvereitelung stellen nach diesem Ansatz nichts anderes dar, als besondere Ausformungen und Ausprägungen des allgemeinen Grundsatzes der Unzulässigkeit eines venire contra factum proprium.[149]

b) Kritik

aa) Fehlen von klaren Kriterien für Voraussetzungen beweisvereitelnden Verhaltens

Kritik wurde an dieser Herleitung geübt, weil sie keine Klarheit schaffe und das Beweisvereitelungsverbot nur unzureichend erkläre.[150] Vielmehr belasse sie die Rechtsentwicklung zum Beweisvereitelungsverbot in einem unübersichtlichen und komplexen Gemenge von materiellem Recht und Prozessrecht und stelle kein klares Regel-Ausnahme-System dar, da § 242 BGB dies wegen seines Auffangcharakters nicht erfordere.[151] Wie schon bei der Kritik gegen die Herleitung des Beweisvereitelungsverbotes durch den Rückgriff auf materiell-rechtliche Pflichten greife auch hier das Argument, dass bloße Billigkeitserwägungen nicht ausreichen, um eine Beweislastsonderregel zu rechtfertigen.[152]

Die Berufung auf das Gebot von Treu und Glauben wurde sogar als „Notlösung" bezeichnet, da sie nicht festlegt, unter welchen Voraussetzungen eine Beweisvereitelung im Prozess zu berücksichtigen ist und damit zu weit greift[153]. Eine

146 *Gerhardt,* AcP 169 (1969), 289 (316).
147 *Gerhardt,* AcP 169 (1969), 289 (316).
148 *Peters,* ZZP 82 (1969), 200 (208).
149 *Gerhardt,* AcP 169 (1969), 289 (306).
150 *Stürner,* ZZP 98 (1985), 237 (242); *Wahrendorf,* S. 127.
151 *Stürner,* ZZP 98 (1985), 237 (242).
152 S. 37 f.; siehe dort insbes. Fn. 119.
153 *Konzen*, S. 232.

solche Rechtsunsicherheit dürfe es jedoch gerade im Hinblick auf die Beweislast nicht geben.[154]

bb) *Frage der Anwendbarkeit des § 242 BGB in Bezug auf die Beweislastverteilung*

Weiterhin wird § 242 BGB generell für die Beweislastverteilung für unanwendbar erklärt. Die Beweislastverteilung sei eine prozessrechtliche Institution und bestehe nicht im Interesse der Parteien, sondern vielmehr für die Gewährleistung der Sicherheit der Prozessentscheidung und für das Vorgehen des Richters auf dem Weg zur richtigen Entscheidung. Zwar dürften die Parteien prozessuale Institutionen nicht missbrauchen; prozessuale Obliegenheiten und Pflichten der Parteien bestünden jedoch nur gegenüber dem Gericht, nicht gegenüber der gegnerischen Partei, die sich damit nicht auf widersprüchliches Verhalten ihr gegenüber berufen könne.[155]

Zwar ist der Grundsatz von Treu und Glauben nach § 242 BGB grundsätzlich im Zivilprozessrecht mangels vergleichbarer Regelung analog anwendbar,[156] jedoch kann dies nicht dazu führen, dass die Beweislastregeln hierdurch verändert werden. Diese müssen bereits vor einem möglichen Prozess feststehen und dürfen nicht während eines Prozesses abgeändert werden.[157,158] Ein solches Vorgehen würde zu einer Rechtsunsicherheit führen, die für die späteren Parteien unzumutbar ist.

cc) *Beweisvereitelung ohne Verschuldenserfordernis*

Problematisch für die beweisbelastete Partei kann sich in einem Prozess der Beweis des Verschuldens der beweisvereitelnden Partei darstellen. Dies kann eine unüberwindbare Hürde darstellen. Deshalb wird zum Teil vertreten, ein Verschulden sei für eine Beweisvereitelung nicht erforderlich.[159]

---

154 *Prölss*, S. 91.

155 *Theuerkauf*, MDR 1962, 449 (451).

156 BGHZ 31, 77 (83) = NJW 1960, 194; BGHZ 112, 345 (349) = NJW 1991, 1176; BGH NJW 1987, 138; ablehnend *Zeiss*, S. 19; auch *Konzen*, S. 236 ff.

157 BGH MDR 2004, 1055 f.; *Baumgärtel*, Festschrift Kralik, S. 72; *Prütting*, Gegenwartsprobleme der Beweislast, § 3, S. 20, 184 ff.; *Laumen*, NJW 2002, 3739 (3741); *ders.*, MDR 2009, 177 (179); *Prütting*, Gegenwartsprobleme der Beweislast, § 15, S. 189; *Theuerkauf*, MDR 1962, 449 (450).

158 Siehe hierzu ausführlich unten auf S. 93 f.

159 BGH NJW 1993, 1391 (1393); *Rosenberg*, Die Beweislast, S. 191 ff.

Bei der Herleitung des Beweisvereitelungsverbotes aus dem Verbot des venire contra factum proprium stellt sich die Verschuldensfrage gar nicht erst. Das bedeutet, dass das Verschulden kein Tatbestandsmerkmal für eine Beweisvereitelung darstellt.

Wie später noch zu zeigen sein wird,[160] kann jedoch auf das Verschulden als Voraussetzung beweisvereitelnden Verhaltens nicht verzichtet werden, da es ein maßgebliches Kriterium für die Berücksichtigung der Beweisvereitelung im Prozess darstellt.[161]

dd) Eingriff in die Beweislastverteilung der ZPO

Eine konsequente Anwendung des Verbotes des venire contra factum proprium hätte zur Folge, dass ein System von Rücksichtspflichten zum Schutz eines (vielleicht auch nur zukünftigen) Prozessgegners geschaffen würde, welches die gesamte Beweislastverteilung aufweichen und umgehen würde.[162] Eine Lösung mit einer so weitreichenden Konsequenz für die Verteilung der Beweislast kommt als geeignete Handhabe für eine Beweisvereitelung nicht in Frage.

c) Ergebnis

Die Herleitung des Beweisvereitelungsverbotes aus dem Verbot des venire contra factum proprium kann aus den genannten Gründen nicht überzeugen.

3. § 254 Abs. 1 Satz 1 BGB

Eine weitere Herleitung könnte sich aus der Parallele zu § 254 Abs. 1 Satz 1 BGB ergeben.[163] Der Geschädigte soll danach diejenigen Schäden nicht geltend machen können, die er wegen seines beweisvereitelnden Verhaltens selbst zu verschulden hat.[164]

---

160 S. 68 f.

161 *Wahrendorf*, S. 127; zustimmend *Baumgärtel*, Festschrift Kralik, S. 68; *ders.*, Beweislastpraxis, S. 87, Rdnr. 119.

162 *Konzen*, S. 240; zustimmend *Baumgärtel*, Festschrift Kralik, S. 68 und auch *Wahrendorf*, S. 127, Fn. 485, der von einer „Ausuferung" spricht.

163 *Blomeyer*, AcP 158 (1959/60), 97 (103), zieht diese Möglichkeit in Betracht, verwirft sie allerdings zu Gunsten der Herleitung aus dem Verbot des venire contra factum proprium; *Maassen*, S. 174.

164 *Maassen*, S. 174.

§ 254 BGB wird teilweise und zutreffend als gesetzliches Verbot des venire contra factum proprium verstanden.[165] Eine Lösung über eine Parallele zu § 254 BGB ist jedoch abzulehnen, da dieser Ansatz nicht begründen kann, warum zum Beispiel die Nichtaufbewahrung eines Beweismittels pflichtwidrig ist, wenn hierzu gar keine Pflicht besteht.[166] Aus diesem Grund ist auch diese Herleitung abzulehnen.

4. Prozessuale Mitwirkungs-/ Aufklärungspflichten u. ä.

Aus § 282 Abs. 1 ZPO[167] ergibt sich die allgemeine Prozessförderungspflicht der Parteien.[168] Sie bezieht sich auf die Angriffs- und Verteidigungsmittel, die so früh wie möglich in den Prozess einzubringen sind.[169] Zum Teil wird vertreten, aus der Förderungspflicht ergebe sich auch die Pflicht der Parteien, alles Erforderliche dafür zu tun, dass das Gericht den Prozessstoff unverzüglich vollständig sammeln kann[170], oder zumindest eine irgendwie geartete Mitwirkungspflicht beider Parteien bei der Sachverhaltsaufklärung[171]. Hierauf wird teilweise das Verbot der Beweisvereitelung gestützt.[172] Diesem Ansatz wird jedoch zum Einen entgegengehalten, dass die Prozessförderungspflicht sich nur auf einen bereits begonnenen Prozess beziehe und auf die Mitwirkung der Partei bei der Sammlung des Prozessstoffs. Es könne demnach nur ein Verhalten im Prozess selbst berücksichtigt werden.[173] Mit einer solchen Herleitung könnten Fälle wie die Nichtvorlage einer Urkunde oder die Nichtbenennung von Zeugen erfasst werden, vorprozessuale Handlungen wie die Vernichtung einer Warenprobe oder die unterlassene ärztliche Dokumentation müssten hierbei jedoch bei einer dogmatisch konsequenten

165 *Teichmann* / Jauernig BGB, § 254, Rdnr. 1.

166 *Gerhardt,* AcP 69 (1969), 289 (305).

167 Eingeführt durch die Vereinfachungsnovelle (Gesetz zur Vereinfachung und Beschleunigung gerichtlicher Verfahren vom 3.12.1976, BGBl. I S. 3281).

168 MünchKomm ZPO / *Prütting,* § 282, Rdnr. 1.

169 *Schilken,* Zivilprozessrecht, Rdnr. 385.

170 Baumbach / Lauterbach / Hartmann, ZPO, Grdz § 128, Rdnr. 12.

171 *Weber,* S. 250.

172 OLG Koblenz NJW 1968, 897 (897); *Bruns,* § 32, S. 272, Rdnr. 181; *Krautstrunk,* S. 267, will das Beweisvereitelungsverbot auf die Verletzung von prozessualen Mitwirkungspflichten stützen; *Peters,* ZZP 82 (1969), 200 (206 ff.); *ders.,* Ausforschungsbeweis im Zivilprozeß, 103 ff.; *Stürner,* Aufklärungspflicht, S. 92 ff.

173 *Baumgärtel,* Beweislastpraxis, S. 83 f., Rdnr. 113; *Gerhardt,* AcP 169 (1969), 289 (297); *Konzen,* S. 232; *Ordemann,* NJW 1962, 1902 (1903); Die Unzulänglichkeit dieser Herleitung räumt *Peters* allerdings selbst ein.

Anwendung völlig außer Acht gelassen werden.[174] Eine Einbeziehung vorprozessualen Verhaltens sei nur mit „gekünstelten" Argumenten möglich.[175] Es bestehe aber kein Grund, die vorprozessuale Vernichtung einer Urkunde anders zu behandeln als eine prozessuale.[176]

Zum Anderen ist sehr fraglich, ob sich aus der allgemeinen Prozessförderungspflicht eine allgemeine Mitwirkungs- oder Aufklärungspflicht der Parteien ergibt. Dies ist für das Zivilprozessrecht umstritten.[177] Nach *Stürner* besteht zwar eine prozessuale Aufklärungspflicht der Parteien, welche durch eine „Vorwirkung" auch im vorprozessualen Bereich eingreift.[178] Dem wird jedoch richtigerweise entgegengehalten, dass sich eine allgemeine Aufklärungspflicht, welche auch vorprozessual besteht, aus der ZPO de lege lata nicht begründen lasse.[179] Insbesondere gebe es keine allgemeine Mitwirkungspflicht in Bezug auf die Beweisführung des Gegners.[180]

Neben diesen Aspekten erscheint eine Aufklärungs-, Mitwirkungs- oder Prozessförderungspflicht zu unkonkret, um aus ihr ein Beweisvereitelungsverbot herleiten zu können. Insbesondere steht bei einer solchen Pflicht im Vordergrund, was die Prozessparteien tun müssen, nicht jedoch, was sie nicht tun dürfen. Damit ist auch eine Herleitung aus einer - wie auch immer gelagerten - prozessualen Aufklärungspflicht abzulehnen.

---

174 *Gerhardt,* AcP 169 (1969), 289 (297); ablehnend auch *Baumgärtel,* Festschrift Kralik, S. 65 und *Konzen*, S. 89.

175 *Konzen*, S. 89.

176 *Ordemann,* NJW 1962, 1902 (1903).

177 Befürwortend: *Stürner*, Aufklärungspflicht, S. 85 ff.; *ders.*, ZZP 104 (1991), 208 (210); Musielak / *Stadler,* ZPO, § 138 Rdnr. 11 m.w.N.; Rspr. und h.L. lehnen dies jedoch ab: BGH NJW 1990, 3151 (3151); BGH NJW 2007, 155 (156); *Prütting*, Gegenwartsprobleme der Beweislast, S. 137 ff. *Peters*, FS für Schwab, S. 399 (407); *Lüke*, JuS 1986, 1 (3); Stein / Jonas / *Leipold*, § 138 Rdnr. 27, 39 m.w.N.

178 *Stürner,* Aufklärungspflicht, S. 92 ff. 156.

179 *Arens,* ZZP 96 (1983), 1 (10 ff.); *Lüke,* JuS 1986, 2 (3); Stein / Jonas / *Leipold,* § 138, Rdnr. 26; *Rosenberg / Schwab / Gottwald,* Zivilprozessrecht, § 108, Rdnr. 8.

180 BGH NJW 1958, 1481 (1482); *Arens,* ZZP 96 (1983), 1 (4); *Baumgärtel,* ZZP 69 (1956), 89 (105); *ders.*, Festschrift Kralik, S. 65; *Prütting,* Gegenwartsprobleme der Beweislast, S. 137.

5. Grundsatz der Waffengleichheit und effektiver Rechtsschutz

a) Der Grundsatz der Waffengleichheit

Der Grundsatz der Waffengleichheit ergibt sich aus Art. 3 GG und dem Rechtsstaatsprinzip.[181] Er enthält das objektiv-rechtliche Gebot an den Staat, jedem Bürger die gleichen Möglichkeiten im Hinblick auf den Zugang zu den Gerichten und auch zum Handeln vor den Gerichten zu gewährleisten.[182] Es besteht neben dem Grundsatz auch ein subjektives Recht des Einzelnen in Form eines Anspruchs gegen den Staat auf Schaffung einer gleichwertigen prozessualen Stellung und gleicher Ausübungsbedingungen für alle Beteiligten.[183]

Teilweise wird das Beweisvereitelungsverbot aus dem Grundsatz der Waffengleichheit hergeleitet.[184] Eine Herleitung des Beweisvereitelungsverbotes aus dem Grundsatz der Waffengleichheit ist jedoch abzulehnen. Unterschiedslose formale Gleichheit herrscht als Waffengleichheit im Verfahrensverlauf, in der gleichmäßigen Verteilung des Risikos am Verfahrensausgang und durch alle Vorschriften, welche die Objektivität des Richters sichern wollen.[185] Vereitelt die nicht beweisbelastete Partei im Prozess die Beweisführung des beweisbelasteten Gegners und wird dies im Prozess nicht berücksichtigt, so liegt kein Verstoß gegen das Gebot der Waffengleichheit vor, denn das Gebot der Waffengleichheit als Ausprägung des Art. 3 GG entfaltet gemäß Art. 1 Abs. 3 GG seine Wirkungen zwischen der einzelnen Partei und dem Staat, nicht jedoch zwischen den Parteien selbst. Wenn aber eine Geltung lediglich zwischen Partei und Staat gegeben ist, kann für das Verhältnis zwischen den Parteien kein für dieses Verhältnis geltendes Verbot hergeleitet werden. Die Berücksichtigung zu Lasten der nicht beweisbelasteten Partei dient zwar mittelbar der Herstellung von Waffengleichheit, jedoch lässt sich aus dem Gebot der Waffengleichheit selbst ein allgemeines Verbot der Beweisvereitelung nicht herleiten.[186] Dies würde die Reichweite der verfassungsrechtlich garantierten Waffengleichheit übersteigen und ist demnach zurückzuweisen.

---

181 BVerfGE 52, 131 (144); BVerfG NJW 1979, 1925 (1926); BVerfGE 55, 72 (94); *Müller,* NJW 1976, 1063 (1066), *Schilken,* Gerichtsverfassungsrecht, Rdnr. 117 m.w.N.

182 *Schilken,* Gerichtsverfassungsrecht, Rdnr. 118.

183 *Schilken,* Gerichtsverfassungsrecht, Rdnr. 123.

184 *Blomeyer,* Zivilprozeßrecht, S. 393 f.; *Nolte,* Betriebliche Dokumentation, S. 250 ff.

185 *Schmidt-Aßmann,* in Maunz / *Dürig,* Art. 103, Rdnr. 10 f.

186 *Kwaschik,* S. 202.

b) Anspruch auf effektiven Rechtsschutz

Zum Teil wird das Beweisvereitelungsverbot auch aus dem Anspruch auf effektiven Rechtsschutz hergeleitet und eine Sanktionierung der Beweisvereitelung von Verfassungs wegen gefordert.[187]

Der Anspruch auf effektiven Rechtsschutz ist Teil des Justizanspruchs und folgt daher aus dem Rechtsstaatsprinzip des Grundgesetzes.[188]

Wegen der Zugehörigkeit zum Justizanspruch beinhaltet der Anspruch auf effektiven Rechtsschutz die wirksame Justizgewährung, wobei jedoch der zeitliche Aspekt im Vordergrund steht: Gerichtlicher Rechtsschutz muss in angemessener Zeit erreichbar sein und zu einer Entscheidung führen.[189]

Die Herleitung des Beweisvereitelungsverbotes aus dem Anspruch auf effektiven Rechtsschutz erscheint jedoch nicht überzeugend. Die Wirksamkeit gerichtlichen Rechtsschutzes hängt nicht von der Verteilung der Beweislast, die der gesetzgeberischen Gestaltung obliegt, ab. Auch beim Vorliegen einer Beweisvereitelung ist der Anspruch auf effektiven Rechtsschutz, der sich gegen den Staat richtet, nicht betroffen, wenn ein gleichmäßiger Zugang zum gerichtlichen Rechtsschutz und eine Entscheidung gewährleistet sind. Einen weitergehenden Schutz als die Gewährung gleichmäßigen Zugangs und einer Entscheidung enthält der Anspruch auf effektiven Rechtsschutz jedoch nicht.[190] Die Herleitung des Beweisvereitelungsverbotes aus dem Anspruch auf effektiven Rechtsschutz wäre damit eine Überdehnung verfassungsrechtlicher Garantien und ist somit abzulehnen.

6. Faires Verfahren (Recht auf Beweis)

Auch das Recht auf Beweis könnte als Grundlage für die Begründung des Beweisvereitelungsverbotes dienen.

---

187 *Stürner,* NJW 1979, 2334 (2336).

188 So das BVerfG, das zum Teil jedoch zusätzlich auf materielle Grundrechte zurückgreift: BVerfGE 35, 348 (361 f.); 37, 132 (141); 64, 261 (279); 65, 1 (70, 90); 84, 366 (369); 96, 27 (39); 101, 106 (121 f.); BVerfG NJW 1997, 726; 1998, 3703; JZ 1997, 382 m. Anmerkung *Amelung;* NJW 2001, 214; NJW 2001, 216; NJW 2001, 3770; StV 2002, 661 (662); NJW 2004, 835; NJW-RR 2006, 1; *Schilken,* Gerichtsverfassungsrecht, Rdnr. 103.

189 *Kissel / Mayer,* § 16, Rdnr. 82; *Kissel,* NJW 2004, 2872 (2875); *Lansnicker / Schwirtzek,* NJW 2001, 1969; *Schilken,* Gerichtsverfassungsrecht, Rdnr. 104, 106; *Ziekow,* DÖV 1991, 941.

190 *Kissel / Mayer,* § 16, Rdnr. 82; *Kissel,* NJW 2004, 2872 (2875); *Lansnicker / Schwirtzek,* NJW 2001, 1969; *Schilken,* Gerichtsverfassungsrecht, Rdnr. 104, 106; *Ziekow,* DÖV 1991, 941.

Der Justizgewährungsanspruch garantiert, dass im gerichtlichen Verfahren unter Berücksichtigung der Prozessmaximen der tatsächliche Lebenssachverhalt festgestellt wird. Dies erfolgt durch die Beweisführung der Parteien.[191]

Habscheid[192] hat überzeugend dargelegt, dass es ein verfassungsrechtlich abgesichertes Recht auf Beweis geben muss, das sich aus dem Justizgewährungsanspruch (Art. 20 Abs. 3 iVm Art. 2 Abs. 1 GG) ergibt.[193] Hierauf wird unten[194] in anderem Zusammenhang noch weiter einzugehen sein. Es muss eine gerichtliche Nachprüfung in rechtlicher und tatsächlicher Hinsicht durch den Richter geben.[195] Hieraus ergibt sich aber gleichzeitig, dass sich das Recht auf Beweis nur gegen den Staat richtet und nicht auch gegenüber der Gegenpartei besteht.

Das Recht auf Beweis kann demnach nicht als geeignete Grundlage für die Begründung des Beweisvereitelungsverbotes herangezogen werden.

7. Gesamtanalogie und Rechtsgedanke

Ansätze, die beide auf die vorhandenen gesetzlichen Regelungen in der ZPO abstellen, sind zum einen die Analogie und zum anderen die Herleitung eines allgemeinen Rechtsgedankens aus den gesetzlich geregelten Fällen. Die Herleitung des Beweisvereitelungsverbotes bei beiden Ansätzen hat den Vorteil, dass das Gesetz als Anknüpfungspunkt seinem Anwender klare Maßstäbe für den Umgang mit Fällen an die Hand gibt, in denen es zur Beweisvereitelung kommt.[196] Des Weiteren müssen jedoch die bereits vorhandenen Regelungen über die Beweisvereitelung für eine Rechtsfortbildung dieser Rechtsfigur zwingend beachtet werden.[197] Soweit ersichtlich handelt es sich bei der Herleitung des Beweisvereitelungsverbotes über die gesetzlich geregelten Fälle hinaus aus einer Analogie um die in der Literatur vorherrschende Meinung.[198]

---

191 *Habscheid,* ZZP 96 (1983), 306 (308).

192 *Habscheid,* ZZP 96 (1983), 306.

193 Das BVerfG leitet das Recht auf Beweis aus dem Grundsatz des fairen Verfahrens her, BVerfG NJW 2001, 2245, 2246. Für eine Herleitung aus dem Justizgewährungsanspruch siehe OLG Jena MDR 2012, 542.

194 Siehe unten S. 154.

195 *Dütz,* Rechtsstaatlicher Gerichtsschutz im Privatrecht, S. 120; *Stürner,* Aufklärungspflicht, S. 42 f.

196 *Konzen,* S. 234; *Stürner,* NJW 1225 (1229).

197 *Konzen,* S. 232.

198 Musielak / *Foerste,* ZPO, § 286, Rdnr. 62; MünchKomm ZPO / *Prütting,* § 286, Rdnr. 90; *Konzen,* S. 240; *Krapoth,* S. 18 ff.; *Michalski,* NJW 1991, 2069 (2969); *Prütting,* Gegenwartsprobleme der Beweislast, § 15, S. 188.

a) *Analogie*

Eine mögliche Herleitung des Beweisvereitelungsverbotes für alle Beweisarten der ZPO und für die vom Gesetz nicht erfassten Fälle stellt die analoge Anwendung der gesetzlichen Regelungen über die Beweisvereitelung dar.[199]

Wie schon *Engisch* ganz zutreffend formulierte, kann „der dem Gesetz einverleibte Sinn [...] auch reicher sein als alles das, was sich die Gesetzesverfasser bei ihrer Arbeit gedacht haben".[200]

aa) *Kurze Darstellung der vorhandenen Vorschriften*[201]

(1) § 371 ZPO Beweis durch Augenschein (Beweis durch Augenschein)

*Abs. 3: **Vereitelt** eine Partei die ihr zumutbare Einnahme des Augenscheins, so können die **Behauptungen des Gegners** über die Beschaffenheit des Gegenstandes **als bewiesen angesehen** werden.*

(2) § 427 ZPO Folgen der Nichtvorlegung durch Gegner (Beweis durch Urkunden)

*[1]Kommt der Gegner der **Anordnung, die Urkunde vorzulegen, nicht** nach **oder** gelangt das Gericht im Falle des § 426 zu der Überzeugung, dass er nach dem **Verbleib der Urkunde nicht sorgfältig geforscht** habe, so kann eine vom Beweisführer beigebrachte **Abschrift** der Urkunde **als richtig angesehen** werden. [2]Ist eine Abschrift der Urkunde nicht beigebracht, so können die **Behauptungen** des Beweisführers **über die Beschaffenheit und den Inhalt der Urkunde als bewiesen angenommen** werden.*

(3) § 441 ZPO Schriftvergleichung (Beweis durch Urkunden)

*Abs. 3: [1]Befinden sich zur Vergleichung geeignete Schriften in den Händen des Gegners, so ist dieser auf Antrag des Beweisführers zur Vorlegung verpflichtet. [2]Die Vorschriften der §§ 421 bis 426 gelten entsprechend. **[3]Kommt der Gegner der Anordnung, die zur Vergleichung geeigneten Schriften vorzulegen, nicht nach oder gelangt das Gericht im Falle des § 426 zu der Überzeugung, dass der Gegner***

199 OLG Koblenz NJW 1968, 897 (897); *Konzen*, S. 240; *Krapoth*, S. 18 ff.; *Michalski*, NJW 1991, 2069 (2969); MünchKomm ZPO / *Prütting*, § 286, Rdnr. 90; *ders.*, Gegenwartsprobleme der Beweislast, § 15, S. 188.

200 *Engisch*, Einführung in das juristische Denken, S. 90.

201 Hervorhebungen im Folgenden vom Verfasser eingefügt.

nach dem Verbleib der Schriften nicht sorgfältig geforscht habe, so kann die Urkunde als echt angesehen werden.

(4) § 444 ZPO Folgen der Beseitigung einer Urkunde (Beweis durch Urkunden)

*Ist eine **Urkunde** von einer Partei in der Absicht, ihre Benutzung dem Gegner zu entziehen, **beseitigt oder** zur Benutzung **untauglich gemacht**, so können die **Behauptungen** des Gegners über die Beschaffenheit und den Inhalt der Urkunde **als bewiesen angesehen** werden.*

(5) § 446 ZPO Weigerung des Gegners (Beweis durch Parteivernehmung)

***Lehnt** der Gegner **ab**, sich **vernehmen zu lassen, oder** gibt er auf Verlangen des Gerichts **keine Erklärung** ab, so hat das Gericht unter Berücksichtigung der gesamten Sachlage, insbesondere der für die Weigerung vorgebrachten Gründe, nach freier Überzeugung zu entscheiden, ob es die **behauptete Tatsache als erwiesen ansehen** will.*

(6) § 453 ZPO Beweiswürdigung bei Parteivernehmung (Beweis durch Parteivernehmung)

*Abs. 2: **Verweigert** die Partei die **Aussage oder** den **Eid**, so **gilt § 446 entsprechend**.*

bb) Voraussetzungen einer analogen Anwendung

(1) Regelungslücke

Die bestehenden Regelungen über beweisvereitelndes Verhalten stellen nur einen Torso dar, welcher nicht alle möglichen Erscheinungsformen der Beweisvereitelung zu lösen vermag. Insbesondere gibt es Regelungen über die Berücksichtigung beweisvereitelnden Verhaltens nur beim Beweis durch Urkunden, durch Augenschein und durch Parteivernehmung. Im Hinblick auf den Sachverständigen- und den Zeugenbeweis fehlen Regelungen über die Beweisvereitelung. Die Fälle, die den Gerichten bereits zur Entscheidung vorlagen, zeigen jedoch, dass Beweisvereitelung auch beim Sachverständigen- und beim Zeugenbeweis vorkommt.[202] Es ist jedoch nicht ersichtlich, warum die Vorenthaltung einer

202 *Zum Sachverständigenbeweis:* OLG Naumburg OLG-NL 1999, 23 (23 f.), wo ein Haus durch die neuen Eigentümer des Grundstücks abgerissen wurde, über das ein Sachverständigengutachten noch erstellt werden sollte; BGH NJOZ 2001, 8 (9 f.); LG Köln NJW-RR 1994, 1487, wo sich die nicht beweisbelastete Partei weigerte,

Urkunde beweisrechtliche Folgen auslösen soll, die bewusste Beseitigung von Kreidezeichnungen zur Rekonstruktion eines Unfallhergangs jedoch nicht.[203] Die Regelungen über die Beweisvereitelung in der ZPO sind damit lückenhaft.[204]

(2) Planwidrigkeit der Regelungslücke

Fraglich ist zunächst, ob die Regelungslücke planwidrig ist. Aus der Existenz der vorhandenen Regelungen zur Beweisvereitelung könnte man schließen, der Gesetzgeber wollte gerade keine Regelung schaffen, die für alle Beweismittel gilt, sondern Konsequenzen einer Beweisvereitelung nur für bestimmte Beweismittel anordnen. So wird deshalb zum Teil vertreten, dass sich die Regelungen, die sich nur auf bestimmte Beweismittel beziehen gerade nicht für einen Analogieschluss eignen.[205]

Es ist jedoch nicht davon auszugehen, dass der Gesetzgeber beim Urkundenbeweis besondere Wertungen getroffen und spezielle Gesichtspunkte berücksichtigt hat, die bei den anderen Beweismitteln nicht greifen.[206] Dies geht weder aus dem Gesetzeswortlaut noch aus der Begründung hervor.[207] Es kann nicht überzeugen, dass sich die Weigerung, eine Urkunde vorzulegen, beweisrechtlich auswirkt, die Vorenthaltung einer Zeugenadresse jedoch nicht. Die Zusammenschau der Vorschriften lässt des Weiteren nicht darauf schließen, dass die Regelungen abschließend sind.[208]

Bereits die im Jahre 1964 einberufene Kommission für das Zivilprozeßrecht zur Vorbereitung einer Reform der Zivilgerichtsbarkeit hat in ihrem Bericht aus dem Jahre 1977 der Hoffnung Ausdruck verliehen, dass eine Regelung über die

---

erforderliche Unterlagen für die Beweiserhebung durch einen Sachverständigen herauszugeben; BGH NZBau 2009, 117, wo weitere erforderliche Sachverständigenfeststellungen durch eine Ersatzvornahme ohne vorhergehende ausreichende Schadensdokumentation verhindert wurden. *Zum Zeugenbeweis:* OLG Frankfurt NJW 1980, 2758 (2758), wo eine verspätete Entbindung von der Schweigepflicht eines Zeugen ohne berechtigtes Interesse für die Weigerung vorlag.

203 *Konzen*, S. 234.

204 *Gerhardt*, AcP 169 (1969), 289 (295 f., 306); *Peters*, ZZP 82 (1969), 200 (206–208).

205 *Paulus*, Rechtsgeschichtliche und rechtsvergleichende Betrachtungen, S. 6.

206 *Gerhardt*, AcP 169 (1969), 289 (301); *Ordemann*, NJW 1962, 1902 (1903); auch *Prölss* geht von einer Planwidrigkeit aus, *Prölss*, S. 93.

207 *Hahn*, Begründung zu § 379 CPO v. 30. Januar 1877 (= § 427 ZPO), S. 326; *ders.*, Begründung zu § 393 Absatz 3 Satz 3 CPO v. 30. Januar 1877 (= § 441 Absatz 3 Satz 3 ZPO), S. 328 f.

208 *Konzen*, S. 233.

Beweisvereitelung für das gesamte Beweisverfahren geschaffen wird.[209] Es kann somit von einer Planwidrigkeit der Regelungslücke ausgegangen werden, oder zumindest davon, dass der Gesetzgeber eine generelle Regelung über die Beweisvereitelung für alle Beweisarten mit den bereits vorhandenen Regelungen nicht ausschließen wollte.

(3) Vergleichbarer Sachverhalt

Teilweise wird die Herleitung des Beweisvereitelungsverbotes aus einer Analogie zu den gesetzlich geregelten Fällen abgelehnt, weil die Vergleichbarkeit der Sachverhalte zwischen geregeltem Beweisvereitelungsverbot und sonstigen Beweisvereitelungen fehle. Die in § 444 ZPO erforderliche Vorenthaltungsabsicht sei bei fahrlässiger Beweisvereitelung nicht gegeben, sodass die Rechtsfolge des § 444 ZPO dort nicht eintreten könne und dürfe.[210] Da das Beweisvereitelungsverbot jedoch nicht auf die analoge Anwendung einer einzelnen Norm, sondern nur auf eine Gesamtanalogie gestützt werden kann[211] und die §§ 427 und 441 Abs. 3 ZPO auch fahrlässige Beweisvereitelung umfassen, lässt sich die Vergleichbarkeit der Sachverhalte nicht mit dem oben genannten Argument verneinen.

Die Entscheidung des Gesetzgebers in den geregelten Einzelfällen enthält den Grundgedanken, dass beweisvereitelndes Verhalten missbilligenswert und die Nichtberücksichtigung für die beweisbelastete Partei nicht zumutbar ist. Daraus lässt sich schlussfolgern, dass auch in den gesetzlich nicht geregelten Fällen einer Beweisvereitelung eine entsprechende Beweiswürdigung als Sanktion sachgerecht ist.[212] Die Interessenlage bei der absichtlichen Vorenthaltung einer Urkunde im Rahmen des § 444 ZPO entspricht der Interessenlage bei absichtlicher Verhinderung der Rekonstruktion eines Unfallhergangs durch Wegwischen von Kreidestrichen, der vorsätzlichen Vorenthaltung des Namens eines Unfallzeugen oder die willkürliche Versagung der Inaugenscheinnahme in einem Betrieb oder auf einem Privatgrundstück.[213] Die ausdrücklich geregelten und die nicht geregelten Fälle der Beweisvereitelung sind demnach gleich zu behandeln.

---

209 Kommissionsbericht, S. 121.

210 *Wahrendorf*, S. 126; im Ergebnis auch *Blomeyer*, AcP 158 (1959/1960), 97 (98), jedoch mit anderer Begründung.

211 Siehe hierzu sogleich unten S. 54 f.

212 *Gerhardt*, in AcP 169 (1969), 289 (307); so wohl auch *Stürner*, NJW 1979, 1225 (1227), der von einem allgemeinen, aus den gesetzlichen Vorschriften abzuleitenden Grundsatz spricht.

213 *Konzen*, S. 240, mit weiteren Beispielen.

(4) Analogiefähige Vorschrift

Die analoge Anwendung der §§ 427 und 444 ZPO wegen ihres Ausnahmecharakters abzulehnen wäre verfehlt,[214] denn auch Ausnahmevorschriften sind einer Analogie zugänglich, wenn und soweit die in der Sonderregelung getroffene Wertung auf die nicht ausdrücklich geregelten Fälle anwendbar ist.[215]

cc) Analoge Anwendung der einzelnen Vorschriften

Problematisch ist die analoge Anwendung der einzelnen vorhandenen Vorschriften insbesondere im Hinblick auf § 444 ZPO. Danach kann das Vorbringen des Gegners im Bezug auf Beschaffenheit und Inhalt einer Urkunde als bewiesen angesehen werden, wenn eine Partei in der Absicht, ihre Benutzung dem Gegner zu entziehen, die Urkunde beseitigt oder zur Benutzung untauglich macht.

Problematisch bei isolierter Betrachtung des § 444 ZPO ist allerdings, dass dieser – anders als die übrigen oben genannten Regelungen zur Beweisvereitelung – fahrlässiges Verhalten nicht erfasst.[216] Stützt man das Beweisvereitelungsverbot ausschließlich auf den § 444 ZPO, muss man die Rechtsfolgen einer Beweisvereitelung auf Fälle vorsätzlichen Verhaltens beschränken, damit die Analogie dogmatisch konsequent gelingt. Dann können aber Fälle, in denen jemand fahrlässig eine Beweisführung des Gegners vereitelt, nicht von einer Analogie erfasst sein. Das kann im Einzelfall unbillig sein, insbesondere weil die fahrlässige Beweisvereitelung einen wichtigen Anwendungsfall der Beweisvereitelung darstellt,[217] sodass die Herleitung des Beweisvereitelungsverbotes aus der analogen Anwendung der Einzelvorschrift des § 444 ZPO abzulehnen ist.[218]

dd) Gesamtanalogie

Der oft in Verbindung mit der Beweisvereitelung herangezogene und als die Grundnorm[219] für die Beweisvereitelung verstandene § 444 ZPO gilt nur für die vorsätzliche Vereitelung des Beweises durch Urkunden.[220] Führt man das

---

214 Vgl. allgemein zur Analogiefähigkeit *Larenz / Canaris,* Methodenlehre, S. 202 ff.

215 *Canaris,* in Die Feststellung von Lücken im Gesetz, S. 182 f.

216 Baumbach / Lauterbach / Hartmann, ZPO, § 444, Rdnr. 4; *Baumgärtel,* Beweislastpraxis, S. 83, Rdnr. 112; *Konzen,* S. 240; *Peters,* ZZP 82 (1969), 200 (211); MünchKomm ZPO / *Schreiber,* § 444, Rdnr. 2.

217 *Baumgärtel,* Festschrift Kralik, S. 64.

218 *Blomeyer,* AcP 158 (1959/60), 97 (98).

219 BGH VersR 1965, 91 (92); *Krautstrunk,* S. 238.

220 Baumbach / Lauterbach / Hartmann, ZPO, § 444 Rdnr. 4; *Konzen,* S. 240; *Peters,* ZZP 82 (1969), 200 (211); MünchKomm ZPO / *Schreiber,* § 444, Rdnr. 2.

Beweisvereitelungsverbot jedoch nicht auf den § 444 ZPO allein, sondern auf eine Gesamtanalogie zurück, die alle Vorschriften über die Beweisvereitelung einschließt, so lässt sich auch die fahrlässige Beweisvereitelung erfassen, da der Anwendungsbereich der §§ 427 und 441 Abs. 3 ZPO auch fahrlässiges Verhalten umfasst.[221,222]

Die Lücke, die bei analoger Anwendung der einzelnen Vorschriften, insbesondere bei isolierter analoger Anwendung des § 444 ZPO, entsteht, kann durch eine Gesamtanalogie aller bestehenden Vorschriften geschlossen werden. Die Herleitung des Beweisvereitelungsverbotes folgt daher richtigerweise aus einer Gesamtanalogie.

b) Rechtsgedanke

Soweit die Beweisvereitelung teilweise[223] auf den „Rechtsgedanken" gestützt wird, ist das letztlich nichts anderes als die Analogie.

Die Herleitung des Beweisvereitelungsverbotes aus dem Rechtsgedanken der bestehenden Regelungen ist abzulehnen, da sie den Analogieschluss, der hier trotz der Bezeichnung der Herleitung aus einem Rechtsgedanken erfolgt, lediglich verdeckt; denn es bleibt ja dabei, dass eine Rechtsfolge aus mehreren bereits bestehenden Normen wegen des Fehlens einer Regelung über das Verbot der Beweisvereitelung bei sämtlichen Strengbeweisarten der ZPO und wegen der Vergleichbarkeit der Sachverhalte auch bei den übrigen Beweisarten zur Anwendung kommt.

8. Ergebnis

Die dogmatisch überzeugende Herleitung des Beweisvereitelungsverbotes folgt aus einer Gesamtanalogie zu den bestehenden Regelungen, da die analog anzuwenden Vorschriften Maßstäbe enthalten, nach denen eine Berücksichtigung beweisvereitelnden Verhaltens auszurichten ist. Die bestehenden Normen liefern konkrete und bestimmte Voraussetzungen, sodass bei dieser Art der Herleitung die größtmögliche Rechtssicherheit für den Adressaten gewährleistet ist.

---

221 Peters, ZZP 82 (1969), 200 (211).

222 Musielak / *Huber,* ZPO, § 444 Rdnr. 2, und Saenger / *Eichele* ZPO, § 444, Rdnr. 2, lassen generell Fahrlässigkeit (auch im Rahmen von § 444 ZPO) für eine Beweisvereitelung ausreichen.

223 BGH NJW 1978, 2154 (2156); BGH NJW 1998, 79 (81); BGH NJW 2002, 825 (827); BGH NJW 2006, 434 (436); BGH NJW 2007, 3130 (3131); OLG Bremen MDR 2008, 1061 (1961); *Gehrlein,* ZPO-Reform, § 10, Rdnr. 33; *Lepa,* NVZ 1992, 129 (135).

C. Tatbestandsvoraussetzungen

Über die Voraussetzungen der Beweisvereitelung herrscht keine Einigkeit.[224] Im Folgenden sollen die Tatbestandsmerkmale mit der Fragestellung untersucht werden, ob nicht eine Präzisierung der Tatbestandsmerkmale möglich ist, damit nicht mehr eine so große Bandbreite an Verhaltensweisen erfasst wird und deshalb Ausschlusstatbestände erforderlich sind. Des Weiteren ist eine Konkretisierung der Tatbestandsmerkmale schon deshalb geboten, damit nicht die Gefahr einer einzelfallbezogenen Billigkeitsrechtsprechung besteht.[225]

Als Anknüpfungspunkt für die Herausarbeitung der Tatbestandsmerkmale einer Beweisvereitelung dient die Herleitung des Beweisvereitelungsverbotes aus einer Gesamtanalogie zu den bestehenden Vorschriften. Diese sollen als Maßstab zugrunde gelegt werden.

I. Objektiv

1. Erfordernis einer Handlungspflicht

a) Vorfrage: Bestehen einer Handlungspflicht als Voraussetzung

Bei der Anwendung der Grundsätze über die Beweisvereitelung stellt sich die Frage, ob für eine Würdigung zu Lasten der beweisvereitelnden Partei eine Pflicht zu einem bestimmten Handeln bestehen muss, denn beim Fehlen einer materiellen Pflicht können im Prozess nicht ohne Weiteres negative Schlüsse aus dem Unterlassen der nicht gebotenen Handlung gezogen werden.

Zu trennen sind hier zwei wichtige Aspekte: Zunächst kann es fraglich sein, ob eine materiell-rechtliche Handlungspflicht im Hinblick auf die Aufbewahrung, die Erstellung, die Herausgabe oder die Sicherung des Beweisstücks besteht. Ob also die nicht beweisbelastete Partei nach materiellem Recht verpflichtet ist, ein Beweismittel zu schaffen oder ein bereits vorhandenes zu erhalten. Dies ist zum Beispiel bei einem Behandlungsvertrag der Fall, da den Arzt bei einem solchen nach § 630 f. BGB Dokumentationspflichten treffen. Hiervon zu unterscheiden ist aber die Frage, ob diese materiell-rechtliche Pflicht auch beinhaltet, dass jemand in einem Prozess ein bestimmtes Beweismittel beschaffen oder zur Verfügung stellen muss. Solche Handlungspflichten können sich zum einen aus dem Grundsatz von

224 *Geipel*, S. 998; *Paulus*, AcP 197 (1997), 136 (139).

225 *Leiplod*, Meweismaß und Beweislast im Zivilprozeß, S. 22.

Treu und Glauben, zum anderen aber auch aus dem im Grundgesetz abgesicherten Grundsatz der Waffengleichheit im Prozess ergeben.[226] Eine Handlungspflicht kann in einem solchen Fall in dem allgemeinen Grundsatz gesehen werden, dass die nicht beweisbelastete Partei im Rahmen des Zumutbaren dabei mitzuwirken hat, begründete Behauptungen der beweisbelasteten Partei aufzuklären.[227] Im Gesetz geregelte Einzelfälle von Handlungspflichten finden sich zum Beispiel in § 445 ZPO. Hiernach muss sich die nicht beweisbelastete Partei vernehmen lassen. Ein weiterer geregelter Fall findet sich in § 422 ZPO, wonach die nicht beweisbelastete Partei unter gewissen Umständen Urkunden vorlegen muss. Außerdem gibt es besondere Beweiserhaltungspflichten, insbesondere die berufsständischen Pflichten eines Rechtsanwaltes oder eines Arztes zur Führung von Unterlagen und zur Dokumentation spielen eine große Rolle.[228] Es ist jedoch der Grundsatz „nemo tenetur edere contra se“ zu beachten, der besagt, dass grundsätzlich[229] keine Partei gehalten ist, dem Gegner für seinen Prozesssieg das Material zu verschaffen, über das er nicht schon von sich aus verfügt.[230] Keine Partei ist verpflichtet, ihrem Gegner durch Aufklärung zum Prozesssieg zu verhelfen.[231] Dies kann jedoch dann nicht gelten, wenn die Partei verpflichtet ist, ein Beweismittel, zum Beispiel eine Urkunde gemäß § 422 ZPO herauszugeben. Auch kann die Partei die Herausgabe einer Urkunde nicht verweigern, wenn Sie sich bereits im Prozess oder bei dessen Vorbereitung auf sie bezogen hat, vgl. § 423 ZPO. Wegen der vielen Ausnahmen[232] zu diesem Grundsatz wird zum Teil vertreten, dass er veraltet sei und im Zivilprozess keine Geltung mehr beanspruchen könne.[233]

Freilich kann der Grundsatz „nemo tenetur edere contra se“ nicht dazu führen, dass eine Beweisvereitelung hierdurch legitimiert wird. Zwar ist danach niemand gehalten, dem Gegner Beweise zu verschaffen; jedoch beinhaltet dies nicht, dass vorhandene Beweise vernichtet oder vorenthalten werden dürfen, ohne dass

---

226 *Stürner,* NJW 1979, 2334 (2336).

227 *Stürner,* NJW 1979, 1225 (1227).

228 *Stürner,* NJW 1979, 1225 (1228).

229 Zum Grundsatz „nemo tenetur edere contra se“ gibt es zahlreiche Ausnahmen. Siehe hierzu die Nachweise bei *Schlosser,* JZ 1991, 599 ff.

230 BGH NJW 1958, 1491 (1492); BGH NJW 1990, 3151 (3151); *Paulus,* AcP 197 (1997), 136 (138); *ders.,* in Rechtsgeschichtliche und rechtsvergleichende Betrachtungen, S. 4.

231 BGH NJW 1958, 1481 (1482); *Arens,* ZZP 96 (1983), 1 (4); *Baumgärtel,* ZZP 69 (1956), 89 (105); MünchKomm BGB / *Roth* / *Schubert*, § 242, Rdnr. 105.

232 Siehe hierzu die Nachweise bei *Schlosser,* JZ 1991, 599 ff.

233 *Peters,* Ausforschungsbeweis im Zivilprozeß, S. 106.

dies irgendeine Auswirkung auf den Ausgang des Prozesses hätte. Insbesondere weil auf diese Weise die durch das materielle Recht vorgegebene Beweislastverteilung und das dadurch intendierte Verfahrensergebnis zumindest gefährdet, möglicherweise sogar umgekehrt wird.[234] Besagter Grundsatz gilt auch nicht ohne Einschränkung, was anhand der sog. sekundären Darlegungslast[235] deutlich wird. Die sekundäre Darlegungslast stellt eine Ausnahme zum Grundsatz „nemo tenetur edere contra se" dar, denn hier ist die nicht beweisbelastete Partei zur Aufklärung und Beweismittelbeibringung angehalten und gibt dadurch dem Gegner die Waffen an die Hand, welche dieser nicht schon von sich aus besitzt.[236] Die sekundäre Darlegungslast kann als erweiterte Erklärungspflicht bezeichnet werden. Sie ist das Gegenstück zur Beweisvereitelung;[237] denn hier verhindert der nicht beweisbelastete Gegner nicht die Beweisführung der beweispflichtigen Partei, sondern muss seinerseits einen Aufklärungsbeitrag leisten.

Nach dem Institut der sog. sekundären Darlegungslast kommt der nicht beweisbelasteten Partei eine gesteigerte Substantiierungslast zu, wenn die beweisbelastete Partei die entscheidenden Tatsachen nicht kennt, weil sie keinen Einblick in den Geschehensablauf hat.[238] Das bedeutet, die nicht beweisbelastete Partei muss substantiiert bestreiten, wenn die beweisbelastete Partei außerhalb des streitigen Geschehensablaufs steht, während der Prozessgegner Kenntnis darüber hat und ihm nähere Angaben zumutbar sind.[239] Voraussetzung für das Vorliegen einer sekundären Darlegungslast ist jedoch, dass die beweisbelastete Partei ihrer Beweislast insofern nachkommt, als sie die entscheidungserheblichen Tatsachen pauschal vorträgt.[240]

Der Unterschied zur Beweisvereitelung besteht darin, dass bei der sekundären Darlegungslast keine Pflicht zur Vorlage eines Beweismittels besteht.[241]

Aus der Existenz und Anerkennung der sekundären Darlegungslast könnte man eine sog. „sekundäre Beweisführungslast" herleiten.[242] Dies wird aber abgelehnt, weil dabei zu hohe Anforderungen an die Gegenpartei gestellt würden. Bei

---

234 *Reinhard,* NJW 1994, 93 (94).

235 Siehe zur sekundären Behauptungslast im Allgemeinen: *Freudenthal,* Die sekundäre Behauptungslast; *Schneider,* Die Vortrags- und Beweislast im Zivilprozess.

236 *Schlosser,* JZ 1991, 599 (604).

237 *Schlosser,* JZ 1991, 599 (604).

238 MünchKomm ZPO / *Prütting,* § 286, Rdnr. 131.

239 BGH NJW 1987, 2008 (2009).

240 MünchKomm ZPO / *Prütting,* § 286, Rdnr. 131.

241 BGH NJW 2007, 2989 (2991).

242 *Musielak,* Festgabe Bundesgerichtshof, S. 224.

der sekundären Darlegungslast geht es um weiteres Darlegen und Behaupten, welches einer Partei wohl ohne größere Schwierigkeiten möglich ist. Bei einer „sekundären Beweisführungslast“ ist die Führung eines Beweises mangels Beweissicherung gerade unmöglich.[243]

Auch wenn der Grundsatz des „nemo tenetur edere contra se“ nicht uneingeschränkt gilt, führt er in Verbindung mit der Verhandlungsmaxime jedoch dazu, dass Kriterien aufgestellt werden müssen, welche für die Entscheidung maßgeblich sind, wann ein derartiges Verhalten im Prozess sanktioniert werden kann.[244]

In dem Fall, dass eine materiell-rechtliche Pflicht zur Aufbewahrung oder Schaffung von Beweismitteln besteht, drängt sich die Frage auf, ob für die Berücksichtigung einer Beweisvereitelung eine Handlungspflicht im Hinblick auf das Beschaffen bzw. Vorlegen des Beweismittels im Prozess bestehen muss und wie eine Beweisvereitelung berücksichtigt werden kann, wenn eine materiell-rechtliche Pflicht zur Schaffung bzw. Aufbewahrung des Beweismittels gar nicht besteht.

Das Reichsgericht ging ursprünglich von einer Beweislastumkehr auch ohne das Vorliegen einer Vertragspflichtverletzung aus.[245]

Das Erfordernis einer Handlungspflicht wird zum Teil bejaht.[246] Als Argument wird hier angeführt, dass einer Partei beim Fehlen einer vertraglichen oder gesetzlichen Pflicht zur Sicherung oder Vorlage von Beweismitteln bei einer entsprechenden Unterlassung kein Schuldvorwurf gemacht werden kann.[247] Zum Teil wird dann jedoch der Erfahrungssatz, dass derjenige, der positive Schlüsse aus der Beweisführung erwarte, die Beweisführung unterstützen und nicht verhindern werde, auch dann für anwendbar erklärt, wenn gar keine Handlungspflicht besteht, dem Beweisvereitelnden also kein Schuldvorwurf gemacht werden kann.[248] Auch die Rechtsprechung hat den Grundsatz, dass derjenige, der seinem beweisbelasteten Gegner schuldhaft die Beweisführung unmöglich macht, sich

243 *Musielak*, Festgabe Bundesgerichtshof, S. 224.

244 *Gerhardt*, AcP 69 (1969), 289 (308).

245 RGZ 60, 147 (152).

246 *Gerhardt*, AcP 169 (1969), 289 (311); *Laumen*, MDR 2009, 177 (178); *Peters*, ZZP 82 (1969), 200 (205); *Stürner*, Aufklärungspflicht, S. 236, Fn. 4; *Walter*, Freie Beweiswürdigung, S. 240; Laut *Konzen*, S. 242, wird eine vorprozessuale Beweisvereitelung sogar nur dann im Prozess berücksichtigt, wenn sich die Handlungspflicht als Vertragspflicht auf den Schutz des Vertragspartners, diesen vor Schäden zu bewahren, richtet.

247 *Musielak*, Festgabe Bundesgerichtshof, S. 223; *ders.*, Grundkurs ZPO, § 6, S. 303, Rdnr. 470.

248 *Musielak*, Grundkurs ZPO, § 6, S. 298, Rdnr. 470.

nicht auf die gegnerische Beweislast berufen dürfe, zunächst nur auf die Fälle angewendet, in denen die Beweisvereitelung zugleich eine Vertragsverletzung darstellte.[249] In späteren Entscheidungen wurde jedoch auch ohne das Vorliegen einer Handlungspflicht auf die Grundsätze über die Beweisvereitelung zurückgegriffen.[250] Eine Beweisvereitelung kann aber auch beim Fehlen einer vertraglichen Handlungspflicht bei vorsätzlichem Handeln angenommen werden, da in einem solchen Fall ein Verstoß gegen das Gebot von Treu und Glauben vorliegt.[251]

Um die Grundsätze über die Beweisvereitelung auch im Falle des Fehlens einer Handlungspflicht anwenden zu können, wird in der Literatur zum Teil eine Pflicht zur Erhaltung von Beweismitteln anerkannt.[252] Dem tritt der BGH jedoch zu Recht entgegen.[253] Abgesehen von den im Gesetz ausdrücklich geregelten Fällen[254] zur Sicherung bzw. Schaffung von Beweismitteln kann aus dem Gesetz keine allgemeine Pflicht zur Erhaltung von Beweismitteln abgeleitet werden.

Stürner geht von einer prozessualen Handlungspflicht aus. Auf eine materiellrechtliche Handlungspflicht dagegen soll nicht abgestellt werden, da sonst die Gefahr besteht, dass das materielle Recht „zerdehnt" wird, da es auch im konkreten Prozess ausreichen müsse.[255]

b) Ergebnis

Dass sich eine Beweisvereitelung im Prozess für die nicht beweisbelastete Partei negativ auswirkt, wenn eine Handlungspflicht - konkret zur Aufbewahrung, Schaffung oder Zur-Verfügungs-Stellung von Beweismitteln - besteht, ist unproblematisch. Tatsächlich kann das Vorhandensein einer Handlungspflicht - in

---

249 *Prölss*, S. 87.

250 In BGH NJW 1951, 643 (643) wegen Vernichtung eines dem Beweisführer gehörenden Beweismittels und in RGZ 101, 197 (197 f.) wegen der Vernichtung eines gemeinschaftlichen Testaments nach dem Tod eines Ehepartners, wodurch der Dritte die Einräumung eines Vermächtnisses zu seinen Gunsten nicht beweisen konnte.

251 *Musielak*, Festgabe Bundesgerichtshof, S. 223.

252 *Arens*, ZZP 96 (1983), 1 (23); *Blomeyer*, AcP 158 (1959/60), 97 (99 ff.); *Gerhardt*, AcP 169 (1969), 289 (309 f.).

253 BGH NJW 1960, 821.

254 Vgl. § 259 Abs. 1 BGB für die Pflicht im Rahmen der Rechenschaftslegung Belege zu erstellen, § 87 c Abs. 2 HGB für die Pflicht zur Erteilung eines Buchauszugs an den Handelsvertreter, § 257 Abs. 1 Nr. 2–4 HBG, für die Pflicht des Geschäftsführers empfangene Handelsbriefe, Abschriften der abgesandten Handelsbriefe und Buchungsbelege wie z. B. Rechnungen und Quittungen aufzubewahren, § 630 f BGB für die Dokumentationspflicht aus dem ärztlichen Behandlungsvertrag, usw.

255 *Stürner*, ZZP 98 (1985), 237 (247).

concreto einer Pflicht zur Erhaltung bzw. Schaffung von Beweismitteln – keine Voraussetzung für eine Beweisvereitelung sein. Denn es kann nicht begründet werden, warum ein fahrlässiger Verstoß gegen die materiell-rechtliche Pflicht, einen Gegenstand aufzubewahren eine Beweislastumkehr zur Folge haben, das gleiche Verhalten jedoch ohne Konsequenzen bleiben sollte, nur weil eine konkrete Aufbewahrungspflicht im materiellen Recht nicht besteht. Liegt fahrlässiges Verhalten vor, lässt sich nach der hier vertretenen Ansicht eine unterschiedliche Behandlung in prozessualer Sicht nicht rechtfertigen.

Auch *Gerhardt* verneint eine materiell-rechtliche Pflicht als Anknüpfungspunkt für die Berücksichtigung einer Beweisvereitelung. Primärer Anknüpfungspunkt müsse vielmehr das prozessuale Beweisverfahren darstellen, in dem es jedoch nicht auf die Sanktion wegen Verletzung materiell-rechtlicher Pflichten ankomme, sondern darauf, dass die Beweisvereitelung nicht zu Lasten des Beweispflichtigen zu Buche schlägt.[256] Er bezeichnet das Anknüpfen an eine materiell-rechtliche Pflicht als „verzerrende" und „überflüssige" Konstruktion, die lediglich die Sanktion einer Beweisvereitelung rechtfertige.[257]

Auch wenn eine generelle Pflicht zur Erhaltung von Beweismitteln nicht besteht, so bedeutet das im Umkehrschluss nicht, dass eine prozessuale Berücksichtigung ohne das Bestehen einer solchen Pflicht ausgeschlossen ist. Auf prozessualer Ebene kommt es nicht darauf an, ob eine materiell-rechtliche Aufbewahrungspflicht verletzt wurde, sondern ob dem Verhalten, das zum Fehlen des Beweismittels im Prozess geführt hat, irgendeine Wertung im Hinblick auf den Beweiswert abgewonnen werden kann.

Auch die Rechtsprechung scheint in der Gesamtschau der Entscheidungen zur Beweisvereitelung keine besonderen Beweissicherungs- und Beweiserhaltungspflichten vorauszusetzen, sondern lässt ein Verhalten genügen, dass gegen das Gebot von Treu und Glauben verstößt.[258]

Beim Verstoß gegen eine bestehende Handlungspflicht (zum Beispiel eine Berufspflicht) im Hinblick auf die Sicherung, Schaffung oder Aufbewahrung von Beweismitteln kann ein Verhalten im Prozess als Beweisvereitelung berücksichtigt werden. Im Umkehrschluss kann aber die Berücksichtigung eines beweisvereitelnden Verhaltens nicht wegen des Fehlens einer Handlungspflicht verneint werden.

---

256 *Gerhardt,* AcP 169 (1969), 289 (303).

257 *Gerhardt,* AcP 169 (1969), 289 (304); Für die negative Berücksichtigung beweisvereitelnden Verhaltens auch bei Fehlen einer Aufbewahrungspflicht *Musielak,* Grundlagen der Beweislast, S. 140; *Ordemann,* NJW 1962, 1902 (1903).

258 *Beckhaus,* S. 157.

Im Rahmen der freien Beweiswürdigung[259] kann das Gericht auch bei Fehlen einer gesetzlichen Handlungs- oder gar Vorlagepflicht Schlüsse zum Nachteil der Partei ziehen.[260] Dies kann beispielsweise der Fall sein, wenn sich die Partei grundlos weigert, ein Augenscheinsobjekt zur Verfügung zu stellen.[261] Ein weiteres Beispiel ist die Vernichtung einer Vertragsurkunde im Rahmen einer grundsätzlich zulässigen bürotechnischen Rationalisierung mit vorheriger Mikroverfilmung, wenn im späteren Prozess die Echtheit der Unterschrift des Versicherungsnehmers in Frage steht.[262] Die Rechtsprechung macht die Beweiserleichterungen oder die Beweislastumkehr aber davon abhängig, ob das Verhalten der beweisvereitelnden Partei vorwerfbar war.[263] Besteht demnach keine Handlungspflicht für die beweisvereitelnde Partei, ein Beweismittel zu schaffen, herauszugeben oder aufzubewahren, so kann die Berufung auf den fehlenden Beweis der beweisbelasteten Partei ausgeschlossen sein, wenn die Beweisschwierigkeiten aus der Sphäre des Beweisvereitelnden stammen.

Es bleibt festzuhalten, dass das Fehlen einer materiell-rechtlichen Handlungspflicht nicht dazu führen kann, dass die negative Berücksichtigung einer Beweisvereitelung im Prozess grundsätzlich ausscheidet. Zwar ist niemand dazu verpflichtet, seinem Gegner den erforderlichen Prozessstoff an die Hand zu geben.[264] Jedoch kann hieraus nicht die Legitimation einer Beweisvereitelung erfolgen, wenn für den nicht beweisbelasteten Gegner offensichtlich erkennbar[265] war, dass ein Prozess kurz bevor steht oder ein solcher sogar bereits im Gange ist.

---

259 Für die Berücksichtigung einer Beweisvereitelung im Rahmen der Beweiswürdigung *Knerr*, Der Haftpflichtprozess, 37. Kapitel, Rdnr. 40. Zur Frage, ob die Beweisvereitelung im Rahmen der freien Beweiswürdigung berücksichtigt werden muss, oder ob sie eine Frage der Beweislast ist: *Laumen*, NJW 2002, 3739.

260 BGH NJW 1960, 821 (821); BGH NJW 1963, 389 (390); BGH NJW-RR 2000, 1471 (1472); *Lepa*, NZV 1992, 129 (135); *Musielak*, Festgabe Bundesgerichtshof, S. 224; *ders.*, Grundlagen der Beweislast, S. 140, Fn. 527.

261 BGH NJW 1952, 1215 (1215); BGH NJW 1960, 821 (821); BGH NJW 1963, 389 (390); BGH NJW 1968, 897 (897).

262 BGH NJW-RR 2000, 1471 (1472).

263 BGH NJW-RR 2000, 1471 (1472); *Adloff*, S. 291.

264 BGH NJW 1958, 1491 (1492); *Peters*, Ausforschungsbeweis im Zivilprozeß, S. 103.

265 Zur Erkennbarkeit siehe die Ausführungen bei der Fahrlässigkeit im Rahmen des Verschuldens, S. 71.

2. Beweisvereitelndes Verhalten

Objektiv setzt die Beweisvereitelung zunächst ein Verhalten voraus, das der - bei vorprozessualem Handeln potenziellen - Gegenpartei die Beweisführung unmöglich macht oder erschwert.[266] Das Verhalten kann sowohl in einem aktiven Tun als auch in einem Unterlassen bestehen.[267]

Sowohl prozessuales als auch vorprozessuales Verhalten ist hierbei erfasst.[268] Ein Argument für die Berücksichtigung auch vorprozessualen Verhaltens lässt sich aus den Vorschriften über das selbstständige Beweisverfahren herleiten. Die Durchführung eines selbstständigen Beweisverfahrens ist auch außerhalb eines Prozesses möglich.[269] Dies spricht für die Berücksichtigung beweisvereitelnden Verhaltens auch im vorprozessualen Stadium, denn es wird deutlich, dass eine Sicherung von Beweismitteln auch bereits vorprozessual erforderlich und insbesondere zulässig ist.

Selbst das Verhalten Dritter kann unter bestimmten Voraussetzungen zurechenbar sein und somit zur Annahme einer Beweisvereitelung führen.[270] Hierfür bedarf es allerdings einer besonderen Rechtfertigung, da das Verhalten Dritter der nicht beweisbelasteten Partei grundsätzlich nicht zur Last gelegt wird.[271] Um der nicht beweisbelasteten Partei die Beweisvereitelung eines Dritten zurechnen zu können, muss diese schuldhaft von einer rechtlichen Möglichkeit, das beweisvereitelnde Verhalten des Dritten zu verhindern, keinen Gebrauch gemacht

---

266 BGH VersR 1960, 844 (846); BGH NJW 1986, 59 (60); BGH NJW 1993, 1391 (1393); BGH NJW 1997, 3311 (3312); BGH NJW 1998, 79 (81); BGH NJW 2002, 825 (827);BGH NJW 2004, 222 (222); BGH NJW 2006, 434 (436); BGH NJW 2008, 982 (985); BGH NZBau 2009, 117 (119); OLG Köln NZV 1992, 365 (366); *Baumgärtel*, Festschrift Kralik, S. 63, 68; *Graf*, S. 61; Prütting / Gehrlein / *Laumen* ZPO, § 286, Rdnr. 93; *Musielak*, Grundkurs ZPO, § 6, S. 298, Rdnr. 469; *ders.*, Grundlagen der Beweislast, S. 133; MünchKomm ZPO / *Prütting*, § 286, Rdnr. 80; *ders.*, Gegenwartsprobleme der Beweislast, § 15, S. 186; *Schrader*, Juris PraxisReport extra 2009, 128 (128); *Ulenbruck*, NJW 1965, 1057 (1063).

267 BGH VersR 1955, 344 (344); BGH VersR 1960, 844 (846); *Baumgärtel*, Festschrift Kralik, S. 63; *ders.*, Beweislastpraxis, S. 81, Rdnr. 109; *Laumen*, MDR 2009, 177 (177).

268 Siehe zu prozessualer und vorprozessualer Beweisvereitelung die vielfältigen Beispiele auf S. 31 ff.

269 Musielak / *Huber* ZPO, § 485, Rdnr. 6; MünchKomm ZPO / *Schreiber*, § 485, Rdnr. 2.

270 BGH NJW 1994, 1594 (1596); BGH VersR 1968, 58 (60); *Krautstrunk*, S. 356; *Paulus*, AcP 197 (1997), 136 (138).

271 Baumbach / Lauterbach / Hartmann, ZPO, Übers vor § 371, Rdnr. 10; *Gerhardt*, AcP 169 (1969), 289 (313).

haben.[272] Unproblematisch zurechenbar ist das Verhalten Dritter bei kollusivem Zusammenwirken[273] zwischen Beweisgegner und Drittem oder Arglist des Beweisgegners[274].

Es bleibt demnach festzuhalten, dass es sich objektiv um ein Verhalten handeln muss, dass die Beweisführung der beweisbelasteten Partei verhindert oder erschwert.

3. Objektive Eignung des Beweismittels

Das Beweismittel muss objektiv geeignet sein, den Beweis über die behauptete Tatsache zu erbringen. Hieran fehlt es beispielsweise, wenn ein Patient eine Röntgenaufnahme vom Arzt herausverlangt, die vor dem Eingriff aufgenommen wurde, der die vermeintliche Schädigung hervorgerufen hat.[275] Denkbar ist das Fehlen der objektiven Eignung auch dann, wenn eine Zeugenvernehmung durch die Weigerung zur Benennung der allein der nicht beweisbelasteten Partei bekannten Zeugenadresse vereitelt wird, der Zeuge jedoch gar nichts über die streitige Tatsache aussagen kann, weil ihm diesbezügliche Wahrnehmungen fehlen. Das vereitelte Beweismittel muss nach alledem geeignet sein, den Beweis über die konkrete streitige Tatsache zu erbringen.

4. Verhinderung oder Erschwerung der Beweisführung

In Rechtsprechung und Literatur findet sich zumeist die Definition, eine Beweisvereitelung liege vor, wenn die Beweisführung des beweisbelasteten Gegners verhindert oder erschwert werde.[276] Geht es um ein Verhalten, durch das die eigene Beweisführung unmöglich gemacht wird, scheidet die Anwendung der Grundsätze über die Beweisvereitelung aus.[277] Die Verhinderung der eigenen

---

272 *Wussow,* NJW 1969, 1401 (1406).

273 *Gerhardt,* AcP 169 (1969), 289 (313).

274 *Wussow,* NJW 1969, 1401 (1406).

275 BGH NJW 1963, 389 (390).

276 BGH NJW 1986, 59 (60); BGH NJW 1993, 1391 (1393); BGH NJW 1997, 3311 (3312); BGH NJW 1998, 79 (81); BGH NJW 2002, 825 (827); BGH NJW 2004, 222 (222); BGH NJW 2006, 434 (436); BGH NJW 2008, 982 (985); BGH NZBau 2009, 117 (119); OLG Köln NZV 1992, 365 (366); Prütting / Gehrlein / *Laumen* ZPO, § 286, Rdnr. 92; *Musielak,* Grundkurs ZPO, § 6, S. 298, Rdnr. 469; MünchKomm ZPO / *Prütting,* § 286, Rdnr. 80; *ders.,* Gegenwartsprobleme der Beweislast, § 15, S. 186; *Schrader,* Juris PraxisReport extra 2009, 128 (128); *Ulenbruck,* NJW 1965, 1057 (1063).

277 BGH NJW 1997, 3311 (3313); LG Köln NJW 1991, 2974 (2974); *Baumgärtel,* Beweislastpraxis, S. 81, Rdnr. 109; *Michalski,* NJW 1991, 2069 (2070).

Beweisführung fällt unter die Beweisfälligkeit.[278] Der Begriff der Beweisfälligkeit ist gleichbedeutend mit der sog. Beweislosigkeit und bezeichnet die Situation im Prozess, in der die beweisbelastete Partei den von ihr behaupteten Sachverhalt nicht zur Überzeugung des Gerichts aufzuklären vermag.[279] Verhindert eine Partei ihre eigene Beweisführung, so bleibt sie beweisfällig und es kann ein Beweislasturteil ergehen. Hiervon zu unterscheiden ist der Fall, dass die beweisbelastete Partei nicht ihre eigene Beweisführung unmöglich macht, sondern beispielsweise die Erschütterung des Anscheinsbeweises durch die Gegenpartei verhindert. Ein solches Verhalten kann sehr wohl eine Beweisvereitelung darstellen, da die Verhinderung der Erschütterung des Anscheinsbeweises durch die Partei, zu deren Gunsten der Anscheinsbeweis greift, wiederum eine fremde Beweisführung betrifft.[280]

Beim objektiven Tatbestandsmerkmal der Erschwerung bzw. Verhinderung der Beweisführung der beweisbelasteten Partei kommt es darauf an, dass der Beweis von der beweisbelasteten Partei nicht geführt werden kann. Ob dies dadurch eintritt, dass dem Beweisführer die Erlangung des Beweismittels unmöglich ist, oder dadurch, dass die Beweisfunktion des noch vorhandenen Beweismittels zerstört wurde, spielt keine Rolle. Insbesondere ist der allgemeinen Definition, bei der Beweisvereitelung handele es sich um die Erschwerung oder Verhinderung der Beweisführung der beweisbelasteten Partei,[281] entschieden zu widersprechen. Kann die beweisbelastete Partei im Prozess den erforderlichen Beweis führen, kommt es auf eine vorherige Beweiserschwerung durch die gegnerische Partei nicht mehr an. Die Berücksichtigung beweisvereitelnden Verhaltens soll die Beweisnot der beweisbelasteten Partei ausgleichen, die bei einer bloßen Erschwerung der Beweisführung, die im Ergebnis doch noch möglich ist, nicht vorliegt. Eine Erschwerung, die letztlich dazu führt, dass der Beweis nicht mehr erbracht werden kann, ist doch im Ergebnis wieder eine Verhinderung der Beweisführung.

278 OLG Düsseldorf NJW-RR 1993, 1433 (1434); *Oberheim,* Jus 1997, 61 (61).

279 *Rosenberg / Schwab / Gottwald,* Zivilprozessrecht, § 115, Rdnr. 1, 2.

280 *Musielak,* Festgabe Bundesgerichtshof, S. 220.

281 BGH NJW 1986, 59 (60); BGH NJW 1993, 1391 (1393); BGH NJW 1997, 3311 (3312); BGH NJW 1998, 79 (81); BGH NJW 2002, 825 (827); BGH NJW 2004, 222 (222); BGH NJW 2006, 434 (436); BGH NJW 2008, 982 (985); BGH NZBau 2009, 117 (119); OLG Köln NZV 1992, 365 (366); Prütting / Gehrlein / *Laumen* ZPO, § 286, Rdnr. 92; *Musielak,* Grundkurs ZPO, § 6, S. 298, Rdnr. 469; MünchKomm ZPO / *Prütting,* § 286, Rdnr. 80; *ders.,* Gegenwartsprobleme der Beweislast, § 15, S. 186; *Schrader,* Juris PraxisReport extra 2009, 128 (128); *Ulenbruck,* NJW 1965, 1057 (1063).

Tauglicher Erfolg einer Beweisvereitelung kann demnach nur die Verhinderung einer Beweisführung sein. Auf eine vorherige Erschwerung kommt es nicht an.

5. Bezug zu entscheidungserheblichem Geschehen

Wird durch die Beweisvereitelung der Beweis eines nicht entscheidungserheblichen Geschehens unmöglich, bleibt die Beweisvereitelung folgenlos. In der Entscheidung des BGH vom 24.01.1984[282] ging es um einen Arzthaftungsfall, bei dem die Lagerung des Patienten während einer OP nicht dokumentiert wurde. Dies führte bei der Patientin jedoch nicht zu Beweisnachteilen, da die bestrittenen Details der Lagerung nicht Teil einer ordnungsgemäßen Dokumentation sind und deshalb auch bei vorhandener Dokumentation nicht aus dieser hervorgegangen wären. Die fehlende Dokumentation bezog sich damit auf eine nicht bestrittene und zudem nicht entscheidungserhebliche Tatsache und blieb somit folgenlos.

6. Beweisführung mit anderen Beweismitteln

Kann sich der Richter von einer Tatsache durch ein anderes Beweismittel überzeugen, kann von einer beachtlichen Beweisvereitelung keine Rede sein.[283] Der Beweisbelastete erleidet nicht automatisch durch die Unterlassung der Mitwirkung bei der Aufklärung des Geschehens einen Rechtsverlust, sondern erst mittelbar durch die dadurch eintretenden Beweisschwierigkeiten.[284] Kann das Geschehen aber trotz der unterlassenen Mitwirkung mit Hilfe anderer Beweismittel bei der Aufklärung rekonstruiert werden, liegt eine beachtliche Beweisvereitelung nicht vor.

II. Subjektive Voraussetzung: Verschulden

Die Beweislast ist objektiver Natur und stellt eine verschuldensunabhängige Risikoverteilung dar.[285] Man könnte daraus den Schluss ziehen, dass es deshalb bei einer Beweisvereitelung auf ein Verschulden nicht ankommen kann. Dem ist jedoch nicht zuzustimmen. Dass die Beweislast eine unabhängige Risikoverteilung

---

282 BGH NJW 1984, 1403.

283 So *BGH NJW 1984, 1408 (1409),* wo ein Arzt eine lückenhafte Dokumentation nachträglich ergänzen und die Richtigkeit seiner Ausführungen gemäß der hierfür geltenden strengen Anforderungen der Rechtsprechung auch beweisen konnte.

284 *Matthies,* JZ 1986, 959 (962).

285 *Michalski,* NJW 1991, 2069 (2070).

ist, rechtfertigt nicht den Schluss, dass es bei der Berücksichtigung der Verhinderung einer Beweisführung nicht auf ein Verschulden ankommt.[286]

Unabhängig von der Frage, welche Rechtsfolge die Beweisvereitelung auslöst, auf die später noch näher einzugehen sein wird,[287] kann ein Verschuldenserfordernis auch dann nicht verneint werden, wenn man die Berücksichtigung einer Beweisvereitelung in der freien Beweiswürdigung des Richters ansiedelt[288]. Überlässt man die Frage, ob ein Verschulden im konkreten Fall erforderlich ist, der freien richterlichen Beweiswürdigung,[289] entsteht ein hohes Maß an Rechtsunsicherheit. Vielmehr müssen die Tatbestandsvoraussetzungen einer Beweisvereitelung abstrakt für alle denkbaren Fälle feststehen.

Es ist weitgehend anerkannt[290], dass eine Beweisvereitelung auf der subjektiven Tatbestandsseite Verschulden voraussetzt.[291] Hierbei reicht nach der überwiegenden Ansicht in der Literatur jeder Grad von Fahrlässigkeit aus.[292] Bei einer fahrlässigen Beweisvereitelung muss dem Beweisvereitelnden jedoch zumindest erkennbar gewesen sein, dass das Beweisstück für eine spätere Beweisführung

---

286 A. A. *Schneider*, MDR 1969, 4 (9 f.) und früher *Rosenberg*, Die Beweislast, S. 191 f., der eine Berücksichtigung auch ohne Verschulden zulassen wollte, heute jedoch das Verschuldenserfordernis bejahend *Rosenberg / Schwab / Gottwald*, Zivilprozessrecht, § 115 Rdnr. 20.

287 Siehe hierzu S. 83 ff.

288 *Rosenberg*, Die Beweislast, S. 191 f.

289 *Rosenberg*, Die Beweislast, S. 191 f.

290 BGH VersR 1975, 952 (954); BGH NJW 1994, 1594 (1595); BGH NJW 1998, 79 (81); BGH NJW 2004, 222 (222); BGH NJW 2006, 434 (436); BGH NJW 2008, 982 (985); *Beckhaus*, S. 161; *Geipel*, S. 998; *Laumen*, MDR 2009, 177 (178); *Lepa*, NZV 1992, 129 (135); so wohl auch *Maassen*, S. 173, der die Beweisvereitelung im Rahmen des Schadensersatzprozesses abhandelt und jedenfalls in dessen Rahmen ein Verschulden für erforderlich hält; *Musielak*, Festgabe Bundesgerichtshof, S. 222; *ders.*, Grundkurs ZPO, § 6, S. 303, Rdnr. 470; *Prölss*, S. 98; MünchKomm ZPO / *Prütting*, § 286, Rdnr. 83.

291 Allerdings wendet der BGH vereinzelt die Grundsätze über die Beweisvereitelung an, obwohl kein vorwerfbares Verhalten vorliegt, BGH NJW 1993, 1391; BGH NJW-RR 2000, 1471.

292 BGH NJW 1963, 389 (390); BGH NJW 1967, 2012 (2013); BGH NJW 1972, 1131 (1131 f.); BGH ZIP 1985, 312 (314); *Adloff*, S. 293; *Gerhardt*, AcP 169 (1969), 289 (307); *Maassen*, S. 174; *Musielak*, Grundfragen des Beweisrechts, S. 740, Fn. 27; *Oberheim*, Jus 1997, 61 (62); *Prölss*, S. 95; *Walter*, JZ 1978, 806 (807).

erforderlich werden würde.[293] Der Gegenansicht[294], ein Verschulden sei bei der Beweisvereitelung nicht erforderlich, ist die Rechtsprechung zu Recht nicht gefolgt.[295]

Insbesondere im Hinblick auf die Vielzahl der Fallgestaltungen, bei denen eine Beweisvereitelung möglich ist, besteht ein Bedürfnis zur Einschränkung eines ausufernden Anwendungsbereiches durch das Verschuldenserfordernis.

1. Doppelter Verschuldensvorwurf

Das Verschulden muss sich sowohl auf die Zerstörung oder die Entziehung des Beweismittels oder die Verhinderung seiner Entstehung beziehen als auch auf die Beseitigung seines Beweiswertes bzw. seiner Beweisfunktion,[296] also darauf, die Beweislage des Gegners in einem bereits anhängigen oder zukünftigen Prozess nachteilig zu beeinflussen.[297]

2. Voraussetzungen für die fahrlässige Beseitigung der Beweisfunktion

Die vorsätzliche Verhinderung einer Beweisführung kann einen Hinweis bzw. ein Indiz auf den Beweiswert liefern. Hier liegt der Schluss nahe, dass der Handelnde befürchtet, das Beweisstück könnte sich für ihn nachteilig auswirken,[298] „denn durch die Hintertreibung der Beweisaufnahme hat er zu erkennen gegeben, dass

---

293 *Baumgärtel,* Festschrift Kralik, S. 69; *Gerhardt,* AcP 169 (1969), 289 (311); *Laumen,* MDR 2009, 177 (178); *Musielak,* Grundkurs ZPO, § 6, S. 298, Rdnr. 470.

294 Früher *Rosenberg,* Beweislast, S. 191 f., heute a. A. siehe *Rosenberg / Schwab / Gottwald,* Zivilprozessrecht, § 115, Rdnr. 20; *Schneider,* MDR 1969, 4 (9).

295 BGH VersR 1975, 952 (954); BGH NJW 1994, 1594 (1595); BGH NJW 1998, 79 (81); BGH NJW 2004, 222 (222); BGH NJW 2006, 434 (436); BGH NJW 2008, 982 (985); *Matthies,* JZ 1986, 959 (961); siehe aber BGH NJW 1993, 1391 und BGH NJW-RR 2000, 1471, wo der BGH die Grundsätze über die Beweisvereitelung anwendet, obwohl kein vorwerfbares Verhalten vorliegt.

296 BGH VersR 1975, 952 (954); BGH ZIP 1985, 312 (314); BGH NJW 1994, 1594 (1595); BGH NJW 1998, 79 (81); BGH NJW 2004, 222 (222); BGH NJW 2006, 434 (436); BGH NJW 2008, 982 (985); *Baumgärtel,* Festschrift Kralik, S. 70; *ders.,* Beweislastpraxis, S. 91, Rdnr. 122; *Laumen,* MDR 2009, 177 (178); Musielak / *Foerste,* ZPO, § 286, Rdnr. 65; MünchKomm ZPO / *Prütting,* § 286, Rdnr. 83; *Stürner,* Aufklärungspflicht, S. 158.

297 BGH NJW 2006, 434 (436); BGH NJW 2008, 982 (985); *Beckhaus,* S. 156.

298 BGH NJW 1993, 1391 (1393); *Musielak,* Festgabe Bundesgerichtshof, S. 221; *Ordemann,* NJW 1962, 1902 (1903); *Rosenberg,* Beweislast, S. 191; *Stürner,* Aufklärungspflicht, S. 153; *Weber,* S. 213; so auch *Thole,* in JR 2011, 327 (332).

er ihr Ergebnis fürchtet."[299] Jemand, der günstige Schlussfolgerungen aus einer Beweisführung erwartet, wird die Möglichkeit der Beweisführung fördern.[300] Mit anderen Worten: Durch den fehlenden Beweis könnte sich das als wahr herausstellen, was der beweispflichtige Gegner behauptet.

Bei einer fahrlässigen Beweisvereitelung ist ein solcher Schluss nicht ohne weiteres möglich, denn eine fahrlässige Beweisvereitelung lässt keinen Rückschluss auf die Ungünstigkeit des nicht erbrachten Beweises zu.[301] Im Gegenteil: Hier bleibt das Beweisergebnis immer nur ein mögliches,[302] auch wenn die Wahrscheinlichkeit für die Ungünstigkeit wegen des beweisvereitelnden Verhaltens hoch sein mag.[303] Selbst Beweismittel, die der beweisbelasteten Partei günstig sind, können fahrlässig vernichtet werden,[304] beispielsweise wegen der übertriebenen und gänzlich unbegründeten Sorge vor einer nachteiligen Beweiswirkung[305] oder aus dem ganz praktischen Grund, dass Beweismittel nicht für unbegrenzte Zeit aufbewahrt werden[306]. Es mag zwar für bestimmte Fälle zutreffen, dass jemand ein Beweisstück aufbewahren wird, von dem er eine positive Wirkung in einem zukünftigen Prozess erwartet, jedoch kann hieraus kein Erfahrungssatz angenommen werden.[307]

Handelt der Beweisvereitelnde zwar vorsätzlich im Hinblick auf die Zerstörung des Beweismittels, nicht aber im Hinblick auf die Beweisfunktion, kann ein Verschuldensvorwurf nur gemacht werden, wenn dem Beweisvereitelnden im Handlungszeitpunkt die spätere Notwendigkeit einer Beweisführung wenigstens erkennbar war.[308] Dies gilt insbesondere bei der Verletzung einer Aufklärungspflicht bei einem bereits eingetretenen Schadensereignis, wenn durch das

299 *Rosenberg,* Beweislast, S. 191.

300 So auch *Maassen,* S. 174, der eine vorsätzliche Beweisvereitelung als Indiz gegen die nicht beweisbelastete Partei verwenden will; *Musielak,* Festgabe Bundesgerichtshof, S. 221; *ders.,* Grundkurs ZPO, § 6, S. 304, Rdnr. 471; *Musielak / Stadler,* Grundfragen des Beweisrechts, S. 100, Rdnr. 189.

301 *Baumgärtel,* Festschrift Kralik, S. 66; *Maassen,* S. 176; *Wahrendorf,* S. 126.

302 *Blomeyer,* AcP 158 (1959/60), 97 (102); *Wahrendorf,* S. 128.

303 *Wahrendorf,* S. 128.

304 *Prölss,* S. 92 f.

305 *Stürner,* Aufklärungspflicht, S. 153; *Thole,* JR 2011, 327 (332).

306 *Baumgärtel,* Festschrift Kralik, S. 66; *Peters,* ZZP 82 (1969), 200 (218).

307 *Baumgärtel,* Festschrift Kralik, S. 66; *ders.,* Beweislastpraxis, S. 85, Rdnr. 114.

308 BGH NZBau 2009, 117 (119); BGH NJW-RR 1989, 1371 (1371); BGH NJW 1986, 59 (61); *Laumen,* MDR 2009, 177 (178); *Prölss,* S. 95.

Unterlassen der Aufklärung Beweismittel trotz bestehender Möglichkeit nicht geschaffen werden oder die Schaffung von Beweismitteln verhindert wird.[309]

Wer gerade nicht im Hinblick auf einen späteren Prozess, sondern nur fahrlässig und im Vorfeld eines noch nicht begonnenen und auch noch nicht zu erahnenden Prozesses gegen eine Handlungspflicht verstößt, kann unter Umständen Beweismittel für einen späteren Prozess vereiteln.[310] So kann zum Beispiel ein Arzt, der gegen die Dokumentations- oder Befundsicherungspflicht verstößt, verhindern, dass Beweismittel entstehen. Hierbei ist jedoch zu beachten, dass derjenige, der fahrlässig etwas unterlässt, wozu er verpflichtet ist, nicht zwingend an einen späteren Prozess denkt. Seine Motivation kann eine andere sein. Trotzdem können hier Beweisnachteile greifen, wenn die bestehende Handlungspflicht zumindest auch dem Schutze einer in einem späteren Prozess beweisbelasteten Partei besteht.[311]

Der Rechtsgedanke der Beweisvereitelung greift aber nicht nur dann, wenn bereits vorhandene Beweismittel vernichtet werden, sondern gilt auch für den Fall, dass eine Partei die Aufklärung eines Schadensereignisses nach dessen Eintritt erschwert oder vereitelt hat, so zum Beispiel bei der Beseitigung einer Gefahrenstelle auf einem Fußgängerweg durch die Gemeinde.[312] Voraussetzung für eine Wertung als Beweisvereitelung ist jedoch, dass durch das Verhalten die Schaffung von Beweismitteln verhindert wird, obwohl die spätere Notwendigkeit einer Beweisführung dem Aufklärungspflichtigen bereits erkennbar sein musste.[313] Diese Wertung ist jedoch nicht ganz unbedenklich, da hier die Gefahr besteht, dass den Parteien praktisch die Pflicht bei Unfällen auferlegt wird, Beweismittel für den Gegner eines künftigen Prozesses sicherzustellen.[314] Es wird deshalb vorgeschlagen, bei Schadensersatzprozessen eine Beweislastumkehr nur dann anzunehmen, wenn das Beweismittel ohne rechtliche Grundlage vernichtet wurde.[315] Dann wären jedenfalls alle Fälle vom Anwendungsbereich der Beweisvereitelung ausgeschlossen, in denen eine Behörde ihren Pflichten nachkommt. So könnte man eine Beweisvereitelung dann nicht annehmen, wenn die Gefahrenstelle,

---

309 BHG NJW 1986, 59 (61).

310 BGH NJW 1987, 1482 (1483); LG Köln NJW 1991, 2974 (2974).

311 BGH NJW 1987, 1482 (1483); LG Köln 1991, 2974 (2974).

312 BGH VersR 1978, 862 (865); BGH NJW 1983, 2935 (1937); BGH Beschl. vom 11.03.1993 – III ZR 182/91; BGH NJW 1997, 3311 (3312); BGH NJW 1998, 79 (81); BGH NJW 2004, 222 (222).

313 BGH NJW 1998, 79 (81); *Beckhaus*, S. 156.

314 *Blomeyer*, AcP 158 (1959/60), 97 (101).

315 *Blomeyer*, AcP 158 (1959/60), 97 (101).

an welcher das Schadensereignis eingetreten ist, beseitigt wird. Das würde dazu führen, dass bei Schadensersatzprozessen gegen einen öffentlichen Rechtsträger eine Beweisvereitelung nie in Betracht kommt, weil hier wohl regelmäßig die Erfüllung der Pflichten im Vordergrund stehen wird und nicht die Beseitigung oder Vernichtung von Beweismitteln. Dies ist aber nicht hinzunehmen und diese Ansicht somit abzulehnen.

Für den Schuldvorwurf bei fahrlässigem Verhalten ist erforderlich, dass dem Handelnden die Bedeutung des Beweismittels für einen eventuellen Prozess erkennbar ist.[316] Liegt die Erkennbarkeit vor und wird dessen ungeachtet ein Beweismittel nicht gesichert bzw. aufbewahrt, wird man wohl aus der allgemeinen Lebenserfahrung davon ausgehen können, dass sich das Beweismittel zum Nachteil der nicht beweisbelasteten Partei ausgewirkt hätte, weil jemand, der von einem Beweismittel eine günstige Wirkung erwartet, dieses auch aufheben bzw. sichern wird.[317] Problematisch erscheint hier allerdings, die Erkennbarkeit der Beweisfunktion zu bestimmen und insbesondere, diese nachzuweisen.[318] Es stellt sich die Frage, wann es erkennbar ist, dass es eventuell zu einem Prozess kommen kann. Bei bereits bestehenden Streitigkeiten oder Unklarheiten wird dies unproblematisch zu bejahen sein. Problematischer sind jedoch die Fälle, in denen solche Streitigkeiten oder Unklarheiten gerade nicht von Anfang an bestehen, sondern sich erst im Nachhinein einstellen. Bei der Erkennbarkeit kommt es nicht darauf an, ob die beweisvereitelnde Partei die Möglichkeit der später erforderlichen Beweisführung tatsächlich erkannt hat. Vielmehr ist darauf abzustellen, ob wegen der Umstände des Einzelfalles mit einem Prozess zu rechnen war. Das wird insbesondere dann zu bejahen sein, wenn eine Rechts- oder Rechtsgutverletzung eingetreten ist. Hier muss grundsätzlich mit einer Inanspruchnahme gerechnet werden. Maßgeblich für die Erkennbarkeit sind die Umstände des Einzelfalles, die bei der Entscheidung, ob eine fahrlässige Beweisvereitelung vorliegt, herangezogen werden müssen.

Für die Berücksichtigung auch vorprozessualen Verhaltens spricht ferner die Vorschrift des § 444 ZPO, welche auch nicht voraussetzt, dass der Beweisgegner die Urkunde erst nach Prozessbeginn beseitigt oder vernichtet hat.[319]

---

316 *Baumgärtel*, Festschrift Kralik, S. 69; *Gerhardt*, AcP 169 (1969), 289 (311); *Laumen*, MDR 2009, 177 (178); *Musielak*, Grundlagen der Beweislast, S. 140 f.; *Musielak*, Grundkurs ZPO, § 6, S. 298, Rdnr. 470.

317 *Musielak*, Festgabe Bundesgerichtshof, S. 224.

318 *Beckhaus*, S. 157.

319 *Peters*, ZZP 82 (1969), 200 (212).

Ganz richtig erkennt *Paulus* die Gefahr, dass hier eine „Sorgfalt im Hinblick auf einen vielleicht nie stattfindenden Prozeß“ eingefordert wird.[320] Dies kann jedoch nicht dazu führen, die Erkennbarkeit als Kriterium für ein fahrlässiges Verhalten zu verwerfen, da es maßgeblich dafür ist, ob der beweisvereitelnden Partei ein Schuldvorwurf gemacht werden kann. Des Weiteren wirkt sich die Erkennbarkeit praktisch nur in den Fällen aus, in denen es tatsächlich zu einer Klageerhebung kommt. Die Erkennbarkeit ist demnach als Kriterium für die Frage des Verschuldensvorwurfs auch im Rahmen der Fahrlässigkeit erforderlich.

3. Problem: Beweis des Verschuldens

Das Verschulden muss nach den allgemeinen Grundsätzen der Beweislastverteilung von demjenigen bewiesen werden, der im Prozess eine Beweisvereitelung geltend macht, also in der Regel von der beweisbelasteten Partei.[321] Problematisch für die beweisbelastete Partei kann sich in einem Prozess der Beweis des Verschuldens der beweisvereitelnden Partei darstellen. Dies kann eine unüberwindbare Hürde darstellen, denn es ist davon auszugehen, dass der doppelte Vorsatz in der Regel nicht zu beweisen ist.[322] Deshalb wird zum Teil vertreten, ein Verschulden sei für eine Beweisvereitelung nicht erforderlich.

Wie bereits erörtert, kann jedoch die Rechtsfolge einer Beweisvereitelung ohne das Verschulden der beweisvereitelnden Partei nicht eintreten.[323] Beim Nachweis des Verschuldens muss es aber bei dem Grundsatz bleiben, dass der Anspruchsteller die anspruchsbegründenden Tatbestandsvoraussetzungen darlegen und beweisen muss. Es würde eine doppelte Begünstigung der beweisbelasteten Partei darstellen, wenn man ihr auch beim Beweis des Verschuldens Erleichterungen einräumen würde. Insbesondere ist dem Ansatz, eine Beweisvereitelung auch ohne Verschulden anzunehmen, entgegenzuhalten, dass für das Verschulden ein doppelter Vorsatz nicht zwingend erforderlich ist. Wie oben[324] dargestellt, reicht für die Vernichtung bzw. unterlassene Schaffung von Beweismitteln auch fahrlässiges Handeln aus. Um die Rechtsfolge der Beweisvereitelung herbeizuführen, müssen ihre Voraussetzungen von der beweisbelasteten Partei bewiesen werden,

---

320 *Paulus*, ZZP 104 (1991), 397 (408).

321 *Baumgärtel*, Festschrift Kralik, S. 70; *ders.*, Beweislastpraxis, S. 91, Rdnr. 122; *Jauernig / Hess*, Zivilprozessrecht, S. 226, Rdnr. 30; *Krapoth*, S. 37; *Sick*, Beweisrecht m Arzthaftpflichtprozeß, S. 187; *Taupitz*, ZZP 100 (1987), 287 (345).

322 *Baumgärtel*, Festschrift Kralik, S. 71; *Graf*, S. 61.

323 Siehe hierzu S. 67 f.

324 S. 67 f.

wozu auch das Verschulden gehört. Trotz möglicher Probleme bei dem Beweis des Verschuldens kann auf diesen nicht verzichtet werden.

III. Unbeachtlichkeit einer an sich vorliegenden Beweisvereitelung

1. Rechtfertigung

Eine an sich vorliegende Beweisvereitelung kann unbeachtlich sein, wenn das in Frage stehende Verhalten gerechtfertigt ist.[325] § 446 ZPO stellt für die Beweisvereitelung beim Beweis durch Parteivernehmung ganz ausdrücklich auf die vorgebrachten Gründe der Verweigerung ab. Liegen berechtigte oder rechtfertigende Gründe vor, dürfen aus der Beweisvereitelung keine prozessualen Konsequenzen folgen.[326] So kann zum Beispiel die Weigerung, einen Zeugen von seiner Schweigepflicht zu entbinden, keine Beweisvereitelung darstellen, wenn ein berechtigtes Interesse für die Weigerung besteht.[327] Umgekehrt kann aber beim Fehlen eines berechtigten Interesses sogar eine bloß verspätete Entbindung von der Schweigepflicht eines Zeugen eine Beweisvereitelung darstellen.[328] Auch im späteren Widerruf der antizipierten Entbindung von der Schweigepflicht kann eine Beweisvereitelung gesehen werden, wenn der Widerruf in einem Prozess erfolgt, in dem die beweisbelastete Partei eine Leistung begehrt und der Beweisgegner sich hinsichtlich seiner Leistungsfreiheit auf das Zeugnis eines bestimmten Arztes beruft, welches dann jedoch wegen des Widerrufs nicht mehr einzuholen ist.[329] An das Vorliegen eines berechtigten Interesses sind allerdings nach der Rechtsprechung des BGH keine hohen Anforderungen zu stellen. Es reicht bereits aus, dass die Weigerung nicht willkürlich erfolgt.[330] Jedoch ist zu beachten, dass nicht jede prozesstaktische Überlegung als triftiger Grund für die Weigerung der Entbindung von der Schweigepflicht ausreicht.[331] Es ist auf die Stichhaltigkeit der Weigerungsgründe abzustellen.[332] In der Literatur wird dies zum Teil anders gesehen. So wird das Argument ins Feld geführt, dass sich aus § 372 a ZPO ergebe, dass sogar

---

325 *Beckhaus*, S. 156; *Peters*, ZZP 82 (1969), 200 (221); *Prölss*, S. 95 f.

326 *Krautstrunk*, S. 260; *Rosenberg*, Zivilprozessrecht, § 117 II 2b, S. 570; Wieczorek / Schütze / *Ahrens*, § 371, Rdnr. 44.

327 BGH NJW-RR 1996, 1534 (1534).

328 OLG Frankfurt NJW 1980, 2758 (2758).

329 OLG Celle VersR 1966, 870 (870).

330 BGH NJW-RR 1996, 1534 (1534).

331 BGH NJW-RR 1996, 1534 (1534).

332 BGH NJW 1967, 2012 (2012).

die eigene körperliche Untersuchung für den Beweisgegner grundsätzlich nicht unzumutbar sei.[333] Daraus folge der Schluss, dass eine Mitwirkung, die einen geringeren Einschnitt darstelle als eine körperliche Untersuchung erst recht nicht unzumutbar sei. Diese Argumentation verkennt jedoch, dass die Untersuchungspflicht in § 372 a ZPO für den besonderen Fall des Abstammungsprozesses geregelt ist. Die Kenntnis über die eigene Abstammung als Gegenstand privater Lebensgestaltung gehört zum sachlichen Schutzbereich des allgemeinen Persönlichkeitsrechts gemäß Art. 2 Abs. 1 GG in Verbindung mit Art. 1 Abs. 1 GG.[334]

Um den Schutz dieses besonders sensiblen Bereichs der Privatsphäre zu gewährleisten, regelt § 372 a ZPO eine so einschneidende Maßnahme der körperlichen Untersuchung, welche sogar als „Fremdkörper in der ZPO"[335] bezeichnet wurde, was den Ausnahmecharakter deutlich macht. Eine solche Maßnahme ist aber nicht zum Schutze eines jeden Rechtes oder Rechtsgutes zulässig. Aus der Regelung des § 372 a ZPO kann demnach nicht der Grundsatz hergeleitet werden, dass eine Verweigerung der Mitwirkung bei der Beweisführung der gegnerischen Partei nur unter Wahrung sehr hoher Anforderungen gerechtfertigt sei, weil in der ZPO grundsätzlich nicht einmal die körperliche Untersuchung als unangemessen gelte. Ein solcher Schluss verbietet sich aus den dargestellten Gründen.

Wenn aber die Regelung des § 372 a ZPO für eine Beurteilung der Maßstäbe einer verweigerten Mitwirkung bei der gegnerischen Beweisführung nicht herangezogen werden kann, stellt sich weiterhin die Frage, welches Kriterium für eine berechtigte Verweigerung maßgeblich sein soll. Zum Teil wird als Kriterium die Zumutbarkeit herangezogen.[336] Zum Teil wird bereits ein sachlicher Grund als ausreichend für eine berechtigte Weigerung angesehen.[337] Der Unterschied zwischen diesen beiden Kriterien liegt darin, dass es bei einem sachlichen Grund nur auf dessen Vorliegen ankommt, hingegen bei der Zumutbarkeit eine Abwägung zwischen den Interessen der Parteien stattfindet.

Als Beispiele für einen sachlichen Grund werden folgende Situationen angeführt: Eine Betriebsbesichtigung wird verweigert, bei der die Stilllegung des Betriebs für eine längere Zeit erforderlich wäre; die Mitwirkung bei einer

333 *Peters,* ZZP 82 (1969), 200 (222).

334 BVerfGE 79, 256 (268); *Lang,* GG-Komm, Art. 2, Rdnr. 42.

335 *Schlosser,* JZ 1991, 599 (604).

336 *Blomeyer,* Zivilprozeßrecht, S. 395; *Peters,* ZZP 82 (1969), 200 (222); *Walter,* Freie Beweiswürdigung, S. 106 und 248; auch *Wussow* spricht von einer im Rahmen des nach Treu und Glauben Zumutbaren bestehenden Pflicht zur Duldung und Mitwirkung bei der Beweisaufnahme, vgl. *Wussow,* NJW 1969, 1401 (1406).

337 *Wussow,* NJW 1969, 1401 (1406).

Beweisaufnahme wird verweigert, weil sie für den Beweisgegner Kosten verursacht; die Durchführung einer Beweisaufnahme wird verweigert, weil sie Schäden zur Folge haben wird.[338] Hier wird man die Weigerung des Beweisgegners nicht ohne Weiteres zu seinen Lasten werten können. Der Beweisführer müsste vielmehr auf einen Kosten- bzw. Schadensersatz hinwirken. Lehnt der Beweisgegner die Beweisaufnahme dann immer noch ab, kommt eine Wertung zu seinen Lasten in Betracht.[339] Lehnt es der Beweisführer ab, für derartige Kosten bzw. Schäden aufzukommen, scheidet eine Wertung zu Lasten des Beweisgegners aus.[340]

Eine berechtigte Weigerung, eine Zeugenadresse nicht preiszugeben, liegt vor, wenn der Verdacht besteht, der Zeuge sei nicht mehr neutral, sondern stehe im „Lager" der Gegenpartei und werde einseitig zu ihren Gunsten aussagen.[341]

Die Verweigerung zur Mitwirkung bei der Beweisführung der nicht beweisbelasteten Partei kann gerechtfertigt sein, wenn ein höherwertiges, über den Rechtsstreit hinausgehendes Interesse des Beweisgegners besteht.[342] Ein höherrangiges Interesse des Beweisvereitelnden liegt dann vor, wenn der Beweis zum Schutz oder zur Wahrung von Geschäftsgeheimnissen vereitelt wird.[343] Hiergegen wird allerdings eingeräumt, dass der Kläger vor Erhebung der Klage abschätzen kann, welche Tatsachen er im Prozess gegebenenfalls offenlegen muss.[344]

Fast selbstverständlich erscheint es, dass eine Mitwirkung bei der Sachverhaltsaufklärung dann keine beachtliche Beweisvereitelung darstellen kann, wenn es sich bei der Weigerung um die Ausübung eines Grundrechtes handelt. Weigert sich beispielsweise eine Mutter in einem Sorgerechtsstreit, sich psychologisch untersuchen zu lassen, kann dies kein missbilligenswertes Verhalten im Sinne einer Beweisvereitelung darstellen, da es sich bei der Weigerung um die Ausübung des allgemeinen Persönlichkeitsrechts der Mutter handelt.[345] Auch wenn die Mutter nicht in eine DNA – Untersuchung zur Feststellung der Vaterschaft einwilligt, stellt dies keine Beweisvereitelung dar, weil ihr Verhalten einen Ausfluss des informationellen Selbstbestimmungsrechtes aus dem allgemeinen Persönlichkeitsrecht

338 *Wussow*, NJW 1969, 1401 (1407).

339 *Wussow*, NJW 1969, 1401 (1407).

340 *Wussow*, NJW 1969, 1401 (1407).

341 BGH NJW-RR 1988, 962 (964); BGH NJW-RR 1996, 1534 (1534).

342 BGH NJW 1967, 2012 (2012); BGH NJW-RR 1996, 1534 (1534).

343 BGH NJW-RR 1996, 1534 (1534); *Baumgärtel*, Beweislastpraxis, S. 89 f., Rdnr. 121; *Gerhardt*, AcP 169 (1969), 289 (310); *Konzen*, S. 240; *Laumen*, MDR 2009, 177 (178).

344 *Peters*, ZZP 82 (1969), 200 (222).

345 BGH NJW 2010, 1351 (1353).

darstellt.[346] Ebenso wenig kann es sich um eine beachtliche Beweisvereitelung handeln, wenn sich die nicht beweisbelastete Partei weigert, einen Zeugen von seiner Verschwiegenheitspflicht zu entbinden, um seine Intimsphäre zu schützen.[347]

Die Grundsätze über die Beweisvereitelung können aber zum Beispiel dann eingreifen, wenn ein Erbe die Sektion des Verstorbenen ohne triftigen Grund verweigert.[348]

Ein weiterer denkbarer Fall der Zumutbarkeit der Mitwirkung bei der Beweisführung der gegnerischen Partei ist die Gefahr strafgerichtlicher Verfolgung[349] oder – beispielsweise bei einer zu duldenden Besichtigung durch den Beweisgegner – zu befürchtende tätliche Angriffe des Beweisgegners[350]. Bei der Weigerung zur Mitwirkung bei der Beweisführung wegen der Gefahr strafrechtlicher Verfolgung ist jedoch zu beachten, dass die Partei schweigen darf, also die Erklärung ablehnen darf, jedoch darf sie nicht lügen, weil dies einen Verstoß gegen § 138 Abs. 1 ZPO darstellen würde.[351]

Die dargestellten Einzelbeispiele zeigen sehr deutlich, dass die Gründe für eine berechtigt verweigerte Mitwirkung bei der gegnerischen Beweisführung sehr unterschiedlich sind. Gemeinsamer Anknüpfungspunkt aller Fälle ist jedoch die Zumutbarkeit. In allen genannten Fällen wurden die Interessen beider Parteien berücksichtigt und gegeneinander abgewogen. Es kommt also nicht nur auf das Vorliegen eines sachlichen Grundes, sondern auf die Zumutbarkeit und damit auf die noch tolerierbare Belastung für beide Parteien an. Ob eine berechtigte Weigerung bei der Mitwirkung der gegnerischen Beweisführung vorliegt, hängt demnach von der Zumutbarkeit ab. Für die Ermittlung der Zumutbarkeit sind geschütztes Interesse des Beweisgegners und das Interesse der beweisbelasteten Partei an einer Beweisführung stets gegeneinander abzuwägen. Nur so lässt sich ein gerechter Ausgleich schaffen zwischen den unterschiedlich gelagerten Belangen der Parteien.

Die das Weigerungsrecht begründenden Umstände muss der Beweisgegner glaubhaft machen.[352] Trägt er dagegen gar keine Gründe für seine Verweigerung zur Mitwirkung bei der Beweisführung vor, kann von einer gerechtfertigten

---

346 BVerfG NJW 2007, 753 (753).

347 *Konzen*, S. 240.

348 LG Köln NJW 1991, 2974 (2975).

349 *Adloff*, S. 295; *Peters*, ZZP 82 (1969), 200 (223).

350 *Wussow*, NJW 1969, 1401 (1406).

351 Baumbach / Lauterbach / Hartmann, ZPO, § 138, Rnr. 15; Stein / Jonas / *Leipold*, § 138, Rdnr. 13.

352 *Peters*, ZZP 82 (1969), 200 (223).

Beweisvereitelung keine Rede sein.[353] Zum Teil wird jedoch verlangt, dass die beweisbelastete Partei darlegt und beweist, dass die Weigerung erfolgt, um den Gegner in Beweisnot zu bringen.[354] Dies stellt nach der hier vertretenen Ansicht, jedoch eine zu überspitzte Anforderung dar, da eine solche Absicht bzw. Gesinnung als subjektives Tatbestandsmerkmal einerseits kaum zu beweisen sein wird. Zum anderen liegen die Umstände für die Verweigerung sämtlich in der Sphäre des Beweisgegners, sodass die beweisbelastete Partei unter Umständen keine Zugriffsmöglichkeit hierauf hat.

Dass eine Weigerung zwecks Herbeiführung der Beweisnot der beweisbelasteten Partei erfolgt, muss von dieser nicht bewiesen werden.

2. Unverschuldete Notsituation der beweispflichtigen Partei

Die beweispflichtige Partei muss sich in einer Situation der Beweisnot befinden.[355] Diese Beweisnot darf von der beweisbelasteten Partei nicht verschuldet worden sein.[356] War die beweispflichtige Partei selbst in der Lage, Beweise zu sichern, hat dies jedoch unterlassen, kommt eine Beweiserleichterung oder eine Beweislastumkehr nicht in Betracht, da sich die beweisbelastete Partei zwar in einer Beweisnot befindet, diese jedoch nicht unverschuldet eingetreten ist.[357] Lässt der gesundheitliche Zustand der beweisbelasteten Partei eigene Ermittlungen oder Beweissicherungsmaßnahmen nicht zu, so wird es als ausreichend angesehen, dass die Partei einen Beweissicherungsantrag vor Gericht stellt.[358] Die Partei muss demnach alles ihr Mögliche tun, um den Beweis selbst zu sichern. Eine beachtliche Beweisvereitelung liegt beispielsweise nicht vor, wenn nach einer Mangelbeseitigung eine Beweisführung im Hinblick auf das Vorliegen von Mängeln am Bauwerk nicht mehr durchgeführt werden kann, die beweispflichtige Partei vorher aber eigene Beweissicherungsmaßnahmen hätte ergreifen können.[359] Sind Feststellungen über in Frage stehende Mängel allerdings erst im Zuge der Mangelbeseitigung möglich, liegt eine beachtliche Beweisvereitelung vor, wenn die

353 BGH NJW 1967, 2012 (2012).

354 *Gerhard,* AcP 69 (1969), 289 (310).

355 *Bender,* S. 266.

356 *Matthies,* JZ 1986, 959 (962); *Michalski,* NJW 1991, 2069 (2070); *Oberheim,* Jus 1997, 61 (63); *Taupitz,* ZZP 100 (1987), 287 (338 und 343); *Wahrendorf,* S. 130.

357 BGH NZBau 2009, 117 (118); BSG NJW 1994, 1303 (1303); OLG Düsseldorf MDR 2003, 215 (215); Baumbach / Lauterbach / Hartmann, ZPO, § 444 Rdnr. 5; *Oberheim,* Jus 1997, 61 (63).

358 BGH Beschl. vom 11.03.1993 – III ZR 182/91; OLG Düsseldorf MDR 2003, 215 (215 f.).

359 BGH NZBau 2009, 117 (118).

nicht beweisbelastete Partei die Mängelbeseitigung durchführt, ohne die Gegenpartei wie vorher zugesichert an der Schadensfeststellung zu beteiligen.[360]

Anders liegt es aber, wenn die beweisbelastete Partei der Verfügungsgewalt über das Beweismittel oder das zu begutachtende Objekt verlustig wird. Wenn z. B. der Eigentümer bei einer behördlichen Einweisung von Mietern keine Bestandsaufnahme über den Zustand der Wohnung durchführt, hat er die Beweisnot im Hinblick auf Mängel und Schäden an der Wohnung nach Ablauf der Einweisungszeit nicht selbst verschuldet, denn mit ihrem hoheitlichen Zugriff auf die Wohnung ist es Sache der Behörde, erforderliche Beweise zu sichern, insbesondere, weil sie nach Ablauf der Einweisung mit Ersatzansprüchen des betroffenen Eigentümers rechnen muss.[361]

Bei einem Mitverschulden der beweisbelasteten Partei muss im Einzelfall berücksichtigt werden, wessen Verschulden schwerwiegender ist.

Nach Abwägung aller Umstände des Einzelfalles muss vom Gericht festgestellt werden, dass die beweisbelastete Partei für ihre Beweisnot kein Verschulden trifft. Nur bei einer solchen Feststellung kann eine beachtliche Beweisvereitelung vorliegen und zu Lasten des Beweisgegners berücksichtigt werden.

IV. Mitwirkungspflichten des Gerichts

Kann der Beweis auf andere Weise als durch den Beweisvereitelnden erbracht werden, stellt sich die Frage, ob die Beweisvereitelung berücksichtigt werden kann, wenn das Gericht noch nicht alle vorhandenen Beweismittel ausgeschöpft hat. Für den Fall, dass sich das Gericht keine zweifelsfreie Aufklärung durch die vorgeschlagenen Beweismittel verspricht, wird dies vom BGH bejaht.[362] Die Beweisvereitelung kann also berücksichtigt werden, obwohl das Gericht Beweise nicht erhoben hat, die der Beweisvereitelnde vorgeschlagen hat, wenn diese nach Ansicht des Gerichts nicht zum Beweis der in Frage stehenden Tatsache taugen.

Auch für den Fall, dass ein Rechtshilfeersuchen in einem anderen europäischen Staat keinen Erfolg verspricht, geht der BGH von einer zulässigen Annahme einer Beweisvereitelung aus.[363] Dort durfte das Gericht eine Beweislastumkehr annehmen, ohne vorher ein Rechtshilfeersuchen für eine Blutprobe in einem Vaterschaftsprozess durchzuführen, weil sich der beklagte italienische Staatsbürger

---

360 BGH NZBau 2009, 117 (118); zustimmend auch *Schrader*, juris PraxisReport extra 2009, 128 (130).

361 BGH NJW 1996, 315 (317).

362 BGH NJW 1993, 1391 (1392).

363 BGH NJW 1986, 2371 (2372 f.).

einer Blutentnahme in Deutschland verweigert hatte und das italienische Recht keine Zwangsmaßnahmen zur Durchführung einer Blutentnahme kennt.[364]

Fraglich ist, ob das Gericht diese Maßnahmen hätte anordnen und die Reaktion des Beweisvereitelnden abwarten müssen. Dies hat der BGH aus den genannten Gründen verneint.[365]

Eine Mitwirkung des Gerichts in Form der Erhebung anderer Beweise kommt nach alledem richtigerweise nur in Betracht, wenn das alternative Beweismittel erfolgversprechend ist. Hierbei ist dem Gericht ein Beurteilungsspielraum einzuräumen. Die Pflicht des Gerichts, Beweise zu erheben, die von Anfang an keine zweifelsfreie Aufklärung ermöglichen, stellt eine unnötige Verzögerung des Prozesses dar und ist somit abzulehnen.

V. Stellungnahme zu den Tatbestandsmerkmalen

Die Darstellung der Tatbestandsmerkmale der Beweisvereitelung ergibt, dass ein breites Spektrum an Verhaltensweisen unter den Begriff der Beweisvereitelung fällt und der Tatbestand sehr ausufernd geraten ist,[366] was ein hohes Maß an Rechtsunsicherheit schafft.[367] Diesem Umstand trägt die Rechtsprechung dadurch Rechnung, dass Ausschlusskriterien verwendet werden, um eine ausufernde Anwendung der Grundsätze der Beweisvereitlung zu vermeiden. Es stellt sich die Frage, ob es nicht vorzugswürdig erscheint, die Tatbestandsmerkmale der Beweisvereitelung in der Weise zu konkretisieren, dass der Tatbestand nicht mehr so weit geht und dadurch von vornherein weniger Fälle darunter zu fassen sind, sodass Ausschlusstatbestände nicht mehr erforderlich sind.

Aus der Gesamtschau der Entscheidungen wird deutlich, dass die beweisbelastete Partei über umfangreiche Informationen verfügen muss, was sich im Prozess als substantiierter Vortrag widerspiegeln muss, damit das Gericht die Regeln über die Beweisvereitelung anwendet. Von einer Einschränkung der Tatbestandsvoraussetzungen kann hier jedoch nicht gesprochen werden, weil das Erfordernis eines substantiierten Vortrags mit konkreten Behauptungen außer Frage steht.[368]

---

364 BGH NJW 1986, 2371 (2372 f.).

365 BGH NJW 1986, 2371 (2372 f.).

366 *Adloff*, S. 293; *Beckhaus*, S. 157; *Gerhardt*, AcP 69 (1969), 289 (315).

367 *Beckhaus*, S. 157.

368 BGH NJW RR 1996, 56; BGH NJW RR 2000, 208; MünchKomm ZPO / *Wagner*, § 138, Rdnr. 9.

Die Einschränkung der Tatbestandsmerkmale der Beweisvereitelung stellt sich sehr schwierig dar, da die Fallgruppen und Erscheinungsformen so breit gefächert sind. Durch fast jede mögliche Verhaltensweise kann eine Beweisführung verhindert werden. Würde man den Tatbestand der Beweisvereitelung einschränken, bestünde immer die Gefahr, dass man eine grundsätzlich zu berücksichtigende Beweisvereitelung außer Acht lässt. Um dies zu vermeiden, ist ein weiter Tatbestand erforderlich. Der Gefahr eines zu weiten Tatbestandes kann also nur durch das Erfordernis zusätzlicher Ausschlusskriterien vorgebeugt werden. Um Ausuferungen zu vermeiden, haben Rechtsprechung und Literatur Ausschlusskriterien entwickelt, die eine zu große Reichweite der Rechtsfolgen der Beweisvereitelung verhindern sollen und hierfür auch geeignet sind. Nach alledem kann eine Einschränkung des Tatbestandes der Beweisvereitelung richtigerweise nicht erfolgen, da einzelne Verhaltensweisen hierdurch unberücksichtigt bleiben können, die an sich eine beachtliche Beweisvereitelung darstellen. Dies kann aber nicht gewollt sein.

VI. Beweislast für Vorliegen einer Beweisvereitelung

Folgt man dem Grundsatz, dass jede Partei die Tatsachen der für sie günstigen Norm darlegen und beweisen muss, so kommt man zu dem Ergebnis, dass die beweisbelastete Partei, die sich in Beweisnot befindet, die Beweisvereitelung der Gegenpartei beweisen muss.[369]

Fraglich ist, ob nicht für das Vorliegen der die Beweisvereitelung begründenden Umstände ein reduziertes Beweismaß anzunehmen sein könnte. Dies ist jedoch im Ergebnis abzulehnen, da die Vorschriften über die Beweisvereitelung dies weder anordnen noch eine solche Deutung hergeben. Wie bereits bei der Tatbestandvoraussetzung des Verschuldens ausgeführt,[370] muss es hier bei dem Grundsatz bleiben, dass der Anspruchsteller die anspruchsbegründenden Tatsachen darlegen und auch beweisen muss. Begehrt die beweisbelastete Partei den Eintritt der bei einer Beweisvereitelung vom Gesetz angeordneten Rechtsfolge, so muss sie die Voraussetzungen hierfür beweisen.

VII. Ergebnis

Für den hier vertretenen Begriff der Beweisvereitelung soll nach alledem Folgendes gelten:

---

369 *Baumgärtel*, Beweislastpraxis, S. 97, Rdnr. 130; *Krapoth*, S. 36; *Krautstrunk*, S. 355.
370 Siehe hierzu S. 64 f.

Beweisvereitelung ist ein schuldhaftes, nicht gerechtfertigtes prozessuales oder vorprozessuales Verhalten, also aktives Tun oder Unterlassen, durch das die Beweisführung der beweisbelasteten Partei für eine entscheidungserhebliche Tatsache unmöglich wird, ohne dass die Beweisnot von der beweisbelasteten Partei ganz oder überwiegend verschuldet wurde und andere Beweismittel nicht vorhanden oder nicht erfolgversprechend sind.

D. Rechtsfolgen der Beweisvereitelung

Liegt eine Beweisvereitelung vor, ist fraglich, wie mit ihr umzugehen ist und welche Folgen sich für die beweisvereitelnde und die beweisbelastete Partei ergeben. In der prozessrechtlichen Literatur sind die Rechtsfolgen einer Beweisvereitelung umstritten.[371] Problematisch ist jedenfalls, dass der Gehalt des fehlenden Beweises nicht mehr festzustellen ist. Das heißt, dass der Beweis, wäre er vorhanden, sowohl die der beweisbelasteten Partei günstige Tatsache beweisen als auch widerlegen könnte. Es kann also nicht ohne weiteres angenommen werden, die der beweisbelasteten Partei günstige Tatsache wäre beim Vorliegen des Beweismittels erbracht.[372] Im Hinblick darauf erscheint es problematisch, die Beweisvereitelung grundsätzlich zu Gunsten der beweisbelasteten Partei zu berücksichtigen.

I. Überblick der denkbaren Rechtsfolgen

Bevor die unterschiedlichen Rechtsfolgen einer Beweisvereitelung im Detail untersucht werden, soll ein kurzer Überblick über die möglichen Rechtsfolgen gegeben werden.

Gemeinsamer Nenner aller möglichen Rechtsfolgen ist der Gedanke, dass ein beweisvereitelndes Verhalten nicht zum Prozessverlust der beweisbelasteten Partei führen darf und es zu Lasten der beweisvereitelnden Partei berücksichtigt werden muss.

Um dies zu erreichen, werden zahlreiche Wege vorgeschlagen: Als Rechtsfolge kommen zum einen eine Beweislastumkehr[373] zu Gunsten der beweisbelasteten Partei oder die Berücksichtigung der Beweisvereitelung im Rahmen der freien richterlichen Beweiswürdigung[374] nach § 286 ZPO in Betracht.

---

371 *Baumgärtel,* Festschrift Kralik, S. 64, 71; *Katzenmeier,* Arzthaftung, S. 481; *Laumen,* MDR 2009, 177 (178); *Musielak,* Grundlagen der Beweislast, S. 134; *Paulus,* ZZP 104 (1991), 397 (405); *ders.,* AcP 197 (1997), 136 (139).

372 *Musielak,* Festgabe Bundesgerichtshof, S. 224; *Baumgärtel,* Beweislastpraxis, S. 81 f., Rdnr. 109; *Thole,* JR 2011, 327 (332).

373 RGZ 60, 147 (152); RGZ 105, 255 (259); BGH NJW 1952, 23 (25); BGH NJW 1952, 867 (867); BGH NJW 1963, 389 (390).

374 *Gerhardt,* AcP 169 (1969), 289 (307); *Musielak / Stadler,* Grundfragen des Beweisrechts, S. 100 f., Rdnr. 188 f.; *Musielak,* Grundlagen der Beweislast, S. 139; *Peters,* ZZP 82 (1969), 200 (218); Zöller / *Greger,* ZPO, § 286, Rdnr. 14 a.

Das Gesetz bietet in den bereits vorhandenen Regelungen zur Beweisvereitelung die Rechtsfolge der freien richterlichen Beweiswürdigung mit der darüber hinausgehenden Möglichkeit der Wahrunterstellung der Tatsachenbehauptung der beweisbelasteten Partei.[375] Daneben gibt es noch weitere denkbare Rechtsfolgen: Es wird vorgeschlagen, bei einer Beweisvereitelung einen Anscheinsbeweis mit dem Erfahrungssatz zuzulassen, dass jemand, der die Beweisführung des Gegners verhindert, ihr Ergebnis fürchtet[376]. Für das Arzthaftungsrecht wird die Annahme der Vermutung vorgeschlagen, dass eine Maßnahme bei fehlender ärztlicher Dokumentation auch nicht durchgeführt wurde.[377] Es wird des Weiteren auch die Senkung des Beweismaßes vorgeschlagen. Bei einer Beweisvereitelung soll nicht mehr die volle richterliche Überzeugung erforderlich sein, sondern ein geringerer Überzeugungsgrad.[378]

Zum Teil wird § 287 ZPO als Rechtsfolge einer Beweisvereitelung vorgeschlagen. Auch hier geht es um die Senkung des Beweismaßes, denn die Vorschrift des § 287 ZPO erweitert die freie richterliche Beweiswürdigung und setzt das in § 286 ZPO geforderte Beweismaß[379] herab.[380]

Auch eine erleichterte Parteivernehmung der beweisbelasteten Partei kommt als Rechtsfolge einer Beweisvereitelung in Betracht.[381]

Als weitere mögliche Rechtsfolge wird die sog. Beweissubstitution vorgeschlagen. Danach wird die entstandene Beweislücke durch den bestmöglichen Aussagewert des fehlenden Beweises substituiert und mit den sonstigen Beweisergebnissen des Prozesses durch den Richter frei gewürdigt.[382]

Der BGH hat für den Umgang mit beweisvereitelndem Verhalten eine Formel entwickelt: Bei einer Beweisvereitelung können Beweiserleichterungen für die Gegenpartei bis hin zur Beweislastumkehr greifen.[383]

---

375 Siehe hierzu die Ausführungen unten auf S. 110 f.

376 *Rosenberg*, Beweislast, S. 191.

377 BGH NJW 1988, 2949 (2949); Hausch, VersR 2005, 600 (600).

378 *Baumgärtel*, JZ 1986, 229 (230); *ders.*, Diskussionsbeitrag, S. 48; *Bender*, S. 267; *Brinkmann*, S. 56; *Huber*, Das Beweismaß im Zivilprozeß, S. 140 f.; *Musielak*, Grundlagen der Beweislast, S. 127; *Musielak / Stadler*, Grundfragen des Beweisrechts, S. 153, Rdnr. 267; MünchKomm BGB / *Wagner*, § 823, Rdnr. 814; *Walter*, JZ 1978, 806 (808).

379 Siehe hierzu unten S. 104 f.

380 Vgl. statt vieler BGH NJW-RR 1992, 792.

381 Erwägend *Franzki*, Die Beweisregeln im Arzthaftungsprozeß, S. 62.

382 *Weber*, S. 216.

383 st. Rspr.: BGH NJW 1976, 1315 (1316); BGH NJW 1986, 59 (61); BGH NJW 1996, 315 (317); BGH NJW 1998, 79 (81); BGH NJW 2002, 825 (827); BGH NJW 2004, 222 (222); BGH NJW 2006, 434 (436); BGH NZBau 2009, 117 (120).

II. Darstellung der im Schrifttum vertretenen Ansichten

Zum Teil wurde in der älteren Literatur als Rechtsfolge der §§ 427, 444 ZPO analog die Anordnung einer Beweislastumkehr gesehen,[384] zum Teil wurden die §§ 427, 444 ZPO als gesetzliche Ausprägung eines Anscheinsbeweises bezeichnet.[385] Jedoch auch die freie Beweiswürdigung als Rechtsfolge einer Beweisvereitelung wird vertreten.[386]

Ob eine Beweisvereitelung eine Beweislastumkehr zur Folge hat oder im Rahmen der freien richterlichen Beweiswürdigung zu berücksichtigen ist, stellt eine höchst wichtige dogmatische Frage dar. Denn wie *Schneider*[387] ganz treffend formuliert, bedeutet die Beweislast zu tragen zumindest den halben Prozessverlust.

Nach der wohl herrschenden Meinung in der Literatur ist eine Beweisvereitelung im Rahmen der freien Beweiswürdigung nach § 286 ZPO zu berücksichtigen.[388]

Das Gesetz geht in den wenigen geregelten Fällen (§§ 427, 441 Abs. 3 Satz 3, 444, 453 Abs. 2, 454 Abs. 1 ZPO) davon aus, dass beweisvereitelndes Verhalten im Rahmen der Beweiswürdigung zu berücksichtigen ist und dass die freie richterliche Beweiswürdigung unter Berücksichtigung der Besonderheiten des Einzelfalles auch die am Besten geeignete Lösung darstellt.[389] Es wird ausnahmslos lediglich die Möglichkeit einer Beweiswürdigung zuungunsten des Beweisgegners eröffnet.[390]

Im Unterschied zur freien Beweiswürdigung erlauben die §§ 427, 444 ZPO, Behauptungen als bewiesen anzusehen (anzunehmen), also Tatsachenfeststellungen zu fingieren[391]. Das bedeutet aber, dass der Richter sogar dann vom Vorliegen der Tatsache ausgehen kann, wenn er sich von der Tatsache nicht hat überzeugen können, insbesondere, wenn eine Beweisaufnahme gar nicht stattgefunden

---

384 *Nikisch,* Zivilprozeßrecht, S. 324, § 82 VI 3; *Schönke,* ZAkDR 1939, 193 (139 ff.).

385 *Prölss,* S. 46.

386 *Gerhardt,* AcP 169 (1969), 289 (307); *Musielak / Stadler,* Grundfragen des Beweisrechts, S. 100 f., Rdnr. 188 f.; *Musielak,* Grundlagen der Beweislast, S. 139; *Peters,* ZZP 82 (1969), 200 (218); Zöller / *Greger,* ZPO, § 286, Rdnr. 14 a.

387 Schneider, Beweis und Beweiswürdigung, S. 5.

388 *Gerhardt,* AcP 69 (1969), 289, 315; *Knerr,* Der Haftpflichtprozess, Kap. 37, Rdnr. 40; *Lepa,* NZV 1992, 129 (136); *Peters,* ZZP 82 (1969), 200 (220).

389 *Gerhardt,* AcP 169 (1969), 289 (296); *Kapoor,* S. 98; *Knerr,* Der Haftpflichtprozess, Kap. 37, Rdnr. 40; *Musielak,* Grundlagen der Beweislast, s. 139; *Schneider,* MDR 1969, 4 (8).

390 *Gerhardt,* AcP 169 (1969), 289 (301).

391 *Reinhardt,* NJW 1994, 93 (94); *Stürner,* Aufklärungspflicht, S. 155.

hat[392]. Es besteht für den Richter demnach eine über den § 286 ZPO hinausgehende Sanktionsmöglichkeit.[393] Hierbei hat der Richter die Wahl, ob er nach freier Überzeugung entscheiden kann, oder ob er die darüber hinausgehende Sanktion, die Unterstellung der nicht erreichten Überzeugung, annimmt.[394] Dabei geht die richterliche Überzeugung von der Wahrheit bzw. Unwahrheit vor.[395]

Für eine solche Deutung spricht die Tatsache, dass die §§ 427, 444, etc. ZPO sonst nur überflüssige Wiederholungen des Grundsatzes der freien Beweiswürdigung gemäß § 286 ZPO darstellen würden.[396]

Im Ergebnis besteht die gesetzliche Rechtsfolge also aus der richterlichen Beweiswürdigung mit der Möglichkeit einer weiter gehenden Sanktion durch Unterstellung der an sich nicht erreichten Überzeugung.

Die Schwierigkeiten der Beweiswürdigungslösung bei einer bloß fahrlässigen Beweisvereitelung können mit Hilfe der weitergehenden Sanktion durch die analoge Anwendung der gesetzlichen Regelungen überwunden werden.[397]

Die in den gesetzlichen Regelungen enthaltene Möglichkeit der Sanktion verhindert das Entstehen eines non liquet, sodass der Richter nicht gezwungen ist, nach Beweislast zu entscheiden. Genauso verhindert sie aber auch eine bindende Beweisregel, sodass dem Richter die gewünschte und erforderliche Freiheit bleibt, trotz Beweisvereitelung, zum Beispiel bei leichtester Fahrlässigkeit, nach Beweislast zu entscheiden. So wird die schon seit jeher geforderte Flexibilität der richterlichen Entscheidung bei einer Beweisvereitelung gewährleistet.[398]

---

392 *Laumen*, NJW 2002, 3746 (3746).

393 *Prütting*, Gegenwartsprobleme der Beweislast, § 15, S. 188; *Stürner*, Aufklärungspflicht, S. 237; *Stürner*, Aufklärungspflicht, S. 240; so wohl auch *Wahrendorf*, der hinter der schuldhaften Beweisvereitelung das Strafprinzip sieht, *Wahrendorf*, S. 130; *Thole*, JR 2011, 327 (333); *Schatz*, S. 118.

394 *Prütting*, Gegenwartsprobleme der Beweislast, § 15, S. 188 f. so auch *Matthies*, JZ 1986, 959 (960); *Krapoth*, S. 78; *Stürner*, Aufklärungspflicht, S. 237; *Wagnr*, ZEuP 2001, 441 (496 f.); a. A. *Krautstrunk*, S. 248.

395 *Krautstrunk*, S. 249; *Stürner*, ZZP 98 (1985), 237 (253), *ders.*, Aufklärungspflicht, S. 244, der hier von einer „Sperrwirkung" der Beweiswürdigung gegenüber der Sanktion spricht.

396 *Stürner*, ZZP 98 (1985), 237 (253); *ders.*, Aufklärungspflicht, S. 240.

397 *Prütting*, Gegenwartsprobleme der Beweislast, § 15, S. 189.

398 *Prütting*, Gegenwartsprobleme der Beweislast, § 15, S. 189.

III. Die Behandlung der Rechtsfolgen in der Rechtsprechung und die Kritik im Schrifttum an der Rechtsprechung

1. Die BGH-Formel „Beweiserleichterungen bis hin zur Beweislastumkehr"

Die Formel des BGH lautet seit jeher: Bei einer Beweisvereitelung können Beweiserleichterungen für die Gegenpartei bis hin zur Beweislastumkehr greifen.[399] Soweit ersichtlich taucht diese Formulierung erstmals in einer Entscheidung des BGH vom 16.05.1972 auf.[400] Dort ging es um die Haftung eines Arztes wegen fehlender Eintragungen im Krankenblatt. Die Formel gilt jedoch für alle Fälle der Beweisvereitelung im Allgemeinen und ist nicht als ärztliches Sonderbeweisrecht einzuordnen.[401]

Auch schon vor der genannten Entscheidung – dort allerdings noch ohne besagte Formel – ging die Rechtsprechung davon aus, dass sich ein Arzt, der eine unsachgemäße Behandlung durchgeführt hatte, wegen der Ursächlichkeit oder Mitursächlichkeit seines Fehlers entlasten muss.[402] Bei der Beweislastumkehr verlagert sich die Last der Informationsbeschaffung auf die ursprünglich nicht beweisbelastete Partei.[403] Ihr wird keine Mitwirkungspflicht auferlegt; sie verliert jedoch den Prozess, wenn der Sachverhalt nicht aufgeklärt werden kann.[404]

Seit der Entwicklung der Formel für den Bereich des Arzthaftungsrechtes hat der BGH diese Rechtsfigur mehrfach bestätigt und auf weitere Bereiche ausgedehnt.[405] Auch im Bereich der Produkthaftung hat die ursprüngliche Beweisverteilung durch richterrechtliche Fortbildung eine Änderung erfahren.[406] Die nunmehr in § 1 Abs. 4 Produkthaftungsgesetz[407] ausdrücklich geregelte Beweislastverteilung

---

399 st. Rspr.: BGH NJW 1976, 1315 (1316); BGH NJW 1986, 59 (61); BGH NJW 1996, 315 (317); BGH NJW 1998, 79 (81); BGH NJW 2002, 825 (827); BGH NJW 2004, 222 (222); BGH NJW 2006, 434 (436); BGH NZBau 2009, 117 (120).

400 BGH NJW 1972, 1520 (1520).

401 *Hohloch,* NJW 1982, 2577 (2585); *Matthies,* Schiedsinstanzen, S. 960; *Prütting,* Festschrift LG Saarbrücken, S. 265 f.

402 WarnRspr RG 1941 Nr. 14 (S. 33); BGH JR 1959, 63 (63).

403 *Paulus,* ZZP 104 (1991), 397 (405).

404 *Weber,* S. 249.

405 *Laumen,* NJW 2002, 3739 (3740).

406 *Reinhardt,* NJW 1994, 93 (94 f.).

407 Gesetz über die Haftung für fehlerhafte Produkte (Produkthaftungsgesetz – ProdHaftG) vom 15.12.1989 - eingeführt durch die EG-Richtlinie 85/374/EWG zur Angleichung der Rechts- und Verwaltungsvorschriften der Mitgliedsstaaten über die Haftung für fehlerhafte Produkte vom 25.07.1985.

entspricht weitestgehend der bisherigen Rechtsprechung[408] vor Einführung des Produkthaftungsgesetzes.[409]

Grundsätzlich soll die Umkehr der Beweislast auf die Verletzung einer Berufspflicht übertragen werden, die sich als schwerwiegend darstellt und „ähnlich wie beim Arztberuf gerade auf die Bewahrung Anderer vor Gefahren für Körper und Gesundheit gerichtet ist".[410] Diese Voraussetzungen wurden für einen Schwimmmeister,[411] einen Tierarzt[412], Krankenhauspflegepersonal[413] und sogar für Würstchenverkäufer[414] bejaht.

In der Literatur wurde zum Teil Kritik gegen die von der Rechtsprechung entwickelte Formel laut. Die Beschreibungen für die Rechtsfigur, deren Voraussetzungen und Rechtsfolgen der BGH nicht hinreichend klärte, sind sehr vielfältig: So wurde sie als *„etwas rätselhaft"*[415], *„unscharf und irreführend"*[416], *„unklar"*[417], *„unbestimmt"*[418], *„starr"*[419], *„wenig hilfreich"*[420], *„hybrid"*[421], *„unnötig"*[422], *„zweifelhaft"*[423] und *„ungeeignet"*[424] bezeichnet. Es gibt jedoch auch Stimmen in

408 Siehe dazu insbesondere den sog. „Limonadenflaschenfall", BGH NJW 1988, 2611.

409 *Reinhardt,* NJW 1994, 93 (95).

410 BGH NJW 1962, 959 (959 f.); vgl. auch BGH NJW 1973, 1688 (1689).

411 BGH NJW 1962, 959.

412 BGH JR 1978, 61.

413 BGH NJW 1971, 241.

414 OLG Köln VersR 1970, 229.

415 *Weber*, S. 212.

416 Zöller / *Greger*, ZPO, Vor § 284, Rdnr. 22.

417 *Baumgärtel,* Festschrift Universität zu Köln, S. 175; *ders.*, Beweislastpraxis, S. 42, Rdnr. 63; *Musielak,* Grundlagen der Beweislast, S. 135; *Musielak / Stadler,* Grundfragen des Beweisrechts, S. 151, Rdnr. 264; *Stürner,* ZZP 98 (1985), 237 (254); *Thole,* JR 2011, 327 (333).

418 *Musielak,* Festgabe Bundesgerichtshof, S. 218.

419 *Peters,* ZZP 82 (1969), 200 (217); *Prütting,* Gegenwartsprobleme der Beweislast, § 15, S. 188.

420 *Musielak,* Festgabe Bundesgerichtshof, S. 211.

421 *Thole,* JR 2011, 327 (334).

422 *Schmidt,* JuS 1975, 430 (434).

423 *Weber*, S. 221, 240.

424 Baumgärtel / Wittmann, JA 1979, 113 (115).

der Literatur, die sich der Lösung über die Beweislastumkehr – zum Teil mit Einschränkungen[425] – angeschlossen haben.[426]

Bis zu seiner Entscheidung aus dem Jahre 2004[427] betonte der BGH, dass es keine starre Regel der Beweislastumkehr gebe.[428] Vielmehr seien Beweiserleichterungen möglich, die bis zur Beweislastumkehr gehen können. Ob und in welchem Ausmaß Beweiserleichterungen gewährt werden oder ob eine Beweislastumkehr stattfinde, hänge vom tatrichterlichen Ermessen ab.[429] Maßgeblich bei der Ermessensausübung ist die Frage, weshalb sich eine Partei in Beweisnot befindet und inwieweit es die Billigkeit erfordert, ihr Beweiserleichterungen zu gewähren.[430] Dies wird in der Literatur zum Teil[431] zu Recht kritisiert, da die abstrakte Verteilung der Beweislast im Einzelfall nicht aus Billigkeitsgesichtspunkten geändert werden kann. Es wird zu Recht betont, dass Billigkeitserwägungen allein für die Legitimierung einer eigenständigen Beweislastregel nicht ausreichend sind.[432] Im Grunde ist doch jede Beweislastentscheidung unbillig, da sie ohne Rücksicht auf die wahre – aber nicht aufklärbare – Sachlage ergeht.[433]

Als Kriterium für die Entscheidung des Gerichts wird außerdem der Grad des Verschuldens der beweisvereitelnden Partei angeführt.[434] Möglich ist es, bei sehr schwerem Verschulden geringe Beweisanforderungen an die beweisbelastete Partei zu stellen, während bei nur geringem Verschulden sehr hohe

---

425 So *Baumgärtel*, Festschrift Kralik, S. 73 und *Walter*, Freie Beweiswürdigung, S. 244, die eine Beweislastumkehr nur dann annehmen wollen, wenn die Senkung des Beweismaßes im Rahmen der freien Beweiswürdigung der Beweisnot der beweisbelasteten Partei nicht abzuhelfen vermag.

426 *Blomeyer*, AcP 158 (1959/60), 97 (99 f.); *Prölss*, S. 93 ff.; *Schneider*, Beweis und Beweiswürdigung, S. 37; *Schönke*, ZAkDR 1939, 193 (194); *Wahrendorf*, S. 128 f.

427 BGH NJW 2004, 2011.

428 So erstmals BGH NJW 1972, 1520.

429 BGH NJW 1978, 2337 (2339); BGH NJOZ 2001, 8 (12).

430 BGH NJW 1996, 1589 (1590).

431 *Prütting*, Gegenwartsprobleme der Beweislast, § 20, S. 259.

432 *Katzenmeier*, Arzthaftung, S. 461 f. *Prütting*, KF 1989, 3 (16); *Reinhardt*, NJW 1994, 93 (97).

433 *Schmidt*, Teilbarkeit und Unteilbarkeit, S. 163.

434 *Baumgärtel*, Festschrift Kralik, S. 73; *ders.*, Beweislastpraxis, S. 96, Rdnr. 129; *Hanau*, S. 134; *Laumen*, MDR 2009, 177 (180); *Oberheim*, Jus 1997, 61 (63); *Thole*, JR 2011, 327 (334); *Wahrendorf*, S. 128.

Beweisanforderungen greifen können.[435] Auf die Möglichkeit der Beweismaßsenkung als Beweiserleichterung wird im Folgenden[436] noch einzugehen sein.

2. Substantiierter Vortrag als Voraussetzung

Für das Eingreifen von Beweiserleichterungen bis hin zur Beweislastumkehr ist erforderlich, dass die beweisbelastete Partei hinreichend substantiiert vorträgt, ein schuldhafter Behandlungsfehler des Arztes zum Beispiel komme als Ursache für den eingetretenen Gesundheitsschaden ernstlich in Betracht,[437] da außer Frage steht, dass jede Partei ausreichend substantiiert vortragen muss,[438] handelt es sich hierbei um kein Tatbestandsmerkmal der Beweisvereitelung. Ein hinreichendes Substantiieren muss aber als Minimum an Mitwirkung der beweisbelasteten Partei vorliegen.[439] An die Substantiierung dürfen dabei keine allzu großen Anforderungen gestellt werden.[440] Der BGH stellt hier aber ausdrücklich klar, dass das Unterlassen einer Dokumentation nicht selbst eine Anspruchsgrundlage bildet.[441] Für den Prozess ergibt sich daraus Folgendes: Bestreitet der Arzt, dass der Behandlungsfehler als Ursache für den eingetretenen Gesundheitsschaden ernstlich in Betracht kommt, muss das Gericht dem nachgehen und im Zweifel geeignete Beweise erheben.[442]

3. Schutz des Beweisvereitelnden durch gerichtlichen Hinweis

Vor der Anwendung der Grundsätze über die Beweisvereitelung ist ein vorheriger Hinweis an den Beweisvereitelnden erforderlich.[443] Ist ein solcher Hinweis ergangen und eine Frist für die Vornahme einer bestimmten, für die Beweisführung notwendigen Handlung gesetzt worden, kann das Gericht im Falle fruchtlosen

435 *Hanau*, S. 134.
436 Siehe hierzu S. 104 f.
437 BGH NJW 1983, 332 (332); BGH NJW 2002, 825 (827).
438 BGH NJW RR 1996, 56 (56); BGH NJW RR 2000, 208 (208); MünchKomm ZPO / *Wagner*, § 138, Rdnr. 9.
439 BGH NJW 1983, 332 (332).
440 *Giesen*, JZ 1982, 448 (450).
441 BGH NJW 1983, 332 (332); BGH NJW 1988, 2949 (2949); BGH NJW 1993, 2375 (2376); BGH NJW 1995, 1611 (1612); BGH NJW 1999, 3408 (3409).
442 BGH NJW 1983, 332 (332).
443 BGH NJW 1986, 2371 (2372); BGH NJW 1993, 1391 (1393); *Kieninger*, FPR 2011, 376 (379), der dieses Erfordernis im Rahmen eines Vaterschaftsprozesses bejaht; *Schlosser*, in Festschrift Großfeld, S. 1012 f.

Fristablaufs die Grundsätze über die Beweisvereitelung anwenden.[444] Das Erfordernis der vorherigen Belehrung folgt schon aus der gerichtlichen Hinweis- und Aufklärungspflicht nach § 139 ZPO.[445]

4. Kritik an der Formel der Rechtsprechung

a) Beweislastumkehr oder Beweiswürdigung

Die Rechtsprechung hat ihre Formel jedoch nicht immer konsequent angewendet und eine Beweislastumkehr beim Vorliegen beweisvereitelnden Verhaltens angenommen. So gibt es Entscheidungen, in welchen die Rechtsprechung eine Umkehr der Beweislast annimmt.[446] Dagegen wird in einigen Entscheidungen beweisvereitelndes Verhalten im Rahmen der freien Beweiswürdigung berücksichtigt,[447] ohne dass hier Gründe für die eine oder die andere Lösung angeführt werden.

Kritik wird des Weiteren daran geübt, dass die Rechtsprechung keine Kriterien dafür aufgestellt hat, wann im Einzelfall eine Beweiserleichterung in Frage kommt und wann eine Beweislastumkehr erfolgen kann. Gerade für eine so flexible und allgemein gefasste Beweislastregel muss es Kriterien für ihre Anwendung im Einzelfall geben, da sie sonst jeglicher Vorhersehbarkeit entbehrt und ein großes Risiko für die Rechtssicherheit darstellt.[448] Auch aus den einzelnen Entscheidungen des BGH sind solche Kriterien nicht ersichtlich, da es keine Entscheidung gibt, in der Beweiserleichterungen gewährt werden. Trotz der ausdrücklichen Nennung der Beweiserleichterungen in der Formel des BGH hat dieser als Rechtsfolge der Beweisvereitelung allein auf die Beweislastumkehr zurückgriffen.

b) Keine klaren und einheitlichen Begrifflichkeiten

Der BGH verwendet die Begrifflichkeiten im Zusammenhang mit der Beweisvereitelung und der Beweislastumkehr nicht einheitlich. So taucht auch

---

444 BGH NJW 1986, 2371 (2372).

445 BGH NJW 1986, 2371 (2372).

446 RGZ 60, 147 (152); RGZ 87, 434 (440); OGHZ 1, 268 (270 f.); BGHZ 3, 162 (176); BGHZ 6, 224 (226 f.); BGH NJW 1951, 643 (643); BGH NJW 1972, 1131 (1132); BGH VersR 1974, 261 (263); OLG Hamburg MDR 1968, 332 (332).

447 RGZ 63, 410 (410); TGZ 101, 197 (197); RGZ 128, 121 (125); RG ZZP 61 (1940), 376 (376); BGH VersR 1958, 762 (762 f.); BGH VersR 1964, 945 (945 f.); BGH NJW 1960, 821 (821); BGH NJW 1963, 389 (390); BGH NJW 1967, 2012 (2012); OLG Nürnberg MDR 1961, 62 (62); OLG Koblenz NJW 1968, 897 (897).

448 *Baumgärtel*, Beweislastpraxis, S. 94, Rdnr. 126, S. 275 f., Rdnr. 469.

die Formulierung „Beweislastverschiebung bis zur Beweislastumkehr"[449] oder „Beweislastverminderung"[450] auf. Gemeint ist wohl immer das mit der bereits dargestellten Formel Ausgedrückte,[451] jedoch birgt eine solche uneinheitliche Begrifflichkeit ein hohes Maß an Rechtsunsicherheit, gerade weil die Figur der Beweisvereitelung nur für einige, nicht jedoch für alle Beweisarten geregelt ist.

c) *Unzulässige Vermischung von Beweislast und Beweiswürdigung*

Beweislast und Beweiswürdigung sind grundsätzlich streng voneinander zu trennen.[452]

Bei der Beweiswürdigung prüft der Richter durch Vergleich des Beweisergebnisses mit dem Beweisthema, ob der Beweis gelungen ist.[453] Erst wenn der Richter nach der Beweiswürdigung noch immer weder von der Wahrheit noch von der Unwahrheit des Behaupteten überzeugt ist, kommt es auf die objektive Beweislast an, nach welcher der Richter seine Entscheidung trifft.

Die Figur der Beweislastumkehr vermischt in unzulässiger Weise die Frage nach der Verteilung der Beweislast und den Vorgang der Beweiswürdigung miteinander, da die Beweislastverteilung als abstrakte Regelung bereits vor Prozessbeginn feststehen muss, wobei im Rahmen der Beweiswürdigung alle Umstände des Einzelfalls berücksichtigt werden.[454] Eine Beweisvereitelung darf aber nicht dazu führen, dass alle Umstände des Einzelfalles bei der Beweislast berücksichtigt werden und so die abstrakte Regelung der Beweislastverteilung ausgehebelt wird.

Die Vermengung von Beweislastverteilung und Beweiswürdigung ist unzulässig, weil sie der Vorhersehbarkeit des Rechts entgegensteht und damit die Rechtssicherheit in einem hohen Maß gefährdet.[455]

---

449 BGH NJW 1978, 2337 (2338).

450 BGH NJW 1988, 2303 (2304).

451 *Laumen,* NJW 2002, 3739 (3740).

452 Vgl. statt aller *Prütting,* Gegenwartsprobleme der Beweislast, S. 58 ff.

453 *Rosenberg / Schwab / Gottwald,* Zivilprozessrecht, § 113, Rdnr. 1.

454 *Katzenmeier,* Arzthaftung, S. 469; *Laumen,* NJW 2002, 3739 (3743); *Preis / Schneider,* NZS 2013, 281 (286); *Prütting,* Gegenwartsprobleme der Beweislast, § 15, S. 190; *Rosenberg / Schwab / Gottwald,* Zivilprozessrecht, § 115, Rdnr. 18; *Schatz,* S. 111.

455 *Adloff,* S. 125; *Baumgärtel,* Festschrift Kralik, S. 72; *Musielak / Stadler,* Grundfragen des Beweisrechts, S. 150, Rdnr. 264; *Prütting,* Gegenwartsprobleme der Beweislast, § 20, S. 256.

Zum Teil wird der Rechtsprechung sogar vorgeworfen, die Figur der Beweislastumkehr vernebele den Beweiswürdigungsvorgang, um sie als „Erscheinung der Beweislast" der revisionsrechtlichen Kontrolle zu unterstellen.[456]

Durch eine Beweislastumkehr bei einer Beweisvereitelung kann die erforderliche Trennung von Beweislast und Beweiswürdigung wie gezeigt nicht eingehalten werden und ist demnach abzulehnen.

d) *Eingriff in die normativ festgelegte objektive Beweislastverteilung durch Beweislastumkehr*

Die objektive Beweislast entscheidet darüber, zu wessen Lasten die Beweislosigkeit einer entscheidungserheblichen Tatsache führt.[457]

Die Verteilung der objektiven Beweislast muss bereits vor Prozessbeginn abstrakt und generell feststehen.[458] Bei einer konsequenten Anwendung der Formel der Rechtsprechung bestünde für das Gericht die Möglichkeit, auf Grund von konkreten Umständen des Einzelfalls die Beweislastverteilung zu verändern. Dies ist auf Grund des Rechtsnormcharakters der Beweislastregelungen strikt abzulehnen.[459] Des Weiteren besteht keine Legitimation für eine Abänderung der rechtssatzmäßig geregelten Beweislastverteilung wegen eines rein tatsächlichen Geschehens; insbesondere hätte dies eine erhebliche Rechtsunsicherheit zur Folge.[460] Durch die Möglichkeit einer einzelfallabhängigen Beweislastumkehr besteht die Gefahr, dass die Beweislastumkehr zu einem schwer kontrollierbaren und willkürlichen Instrument gemacht wird.[461]

---

456 *Schmidt,* JuS 1975, 430 (435).

457 *Jauernig / Hess,* Zivilprozessrecht, S. 203, Rdnr. 10; *Rosenberg / Schwab / Gottwalt,* Zivilprozessrecht, § 115 Rdnr. 3; *Schilken,* Zivilprozessrecht, Rdnr. 502.; *Stürner,* Aufklärungspflicht, S. 4.

458 BGH MDR 2004, 1055 f.; *Baumgärtel,* Festschrift Kralik, S. 72; *Prütting,* Gegenwartsprobleme der Beweislast, § 3, S. 20, 184 ff.; *Laumen,* NJW 2002, 3739 (3741); *ders.,* MDR 2009, 177 (179); *Prütting,* Gegenwartsprobleme der Beweislast, § 15, S. 189; *Theuerkauf,* MDR 1962, 449 (450).

459 *Adloff,* S. 125 und 300; *Beckhaus,* S. 157; *Laumen,* MDR 2009, 177 (179); *Leipold,* Beweismaß und Beweislast im Zivilprozeß, S. 22; *Musielak,* Festgabe Bundesgerichtshof, S. 210; *Schneider,* MDR 1969, 4 (9).

460 *Prütting,* Gegenwartsprobleme der Beweislast, § 15, S. 188.

461 *Reinhardt,* NJW 1994, 93 (95).

e) *Eingriff in materiell-rechtliche Regelungen durch Annahme einer Beweislastumkehr*

Geht man davon aus, dass das Gericht eine Partei, die nach allgemeinen Regeln beweisbelastet ist, von ihrem Beweisrisiko befreien kann, so stellt dies auch eine Einwirkung auf die materiellen Regelungen dar.[462] Bei einer Beweislastumkehr wird das Vorliegen nicht aufgeklärter Tatbestandsvoraussetzungen fingiert, die vielleicht gar nicht erfüllt sind. Damit tritt die Rechtsfolge ohne das Vorliegen eines erforderlichen Tatbestandsmerkmals ein, sodass die Anspruchsvoraussetzungen damit de facto gemindert sind.[463] Im Arzthaftungsprozess zum Beispiel muss die beweisbelastete Partei bei einer Beweislastumkehr zu ihren Gunsten das Vorliegen eines groben Behandlungsfehlers des Arztes nicht beweisen. Liegt aber tatsächlich gar kein grober Behandlungsfehler vor, tritt die Rechtsfolge der geltend gemachten Norm trotz fehlender Anspruchsvoraussetzung ein.[464]

Somit wird folglich durch die Beweislastumkehr, die eine Veränderung der ursprünglich vom Gesetz vorgesehenen Beweislastverteilung darstellt, auch in materiell-rechtliche Regelungen eingegriffen,[465] ja sogar neue werden geschaffen, so zum Beispiel bei der Produzentenhaftung.[466] Diese ist heute in § 1 Produkthaftungsgesetz geregelt. Die Beweislastverteilung entspricht dabei weitestgehend der bisherigen Rechtsprechung[467] vor Einführung des Produkthaftungsgesetzes.[468] Ein weiteres Beispiel stellt das Arzthaftungsrecht dar, für das in § 630 h BGB die Rechtsprechung des BGH zum Arzthaftungsrecht in das BGB aufgenommen wurde.[469] Gegen einen solchen Eingriff in das materielle Recht wird eingewendet, dass der Rechtsprechung ein derartiges Vorgehen wegen der Gewaltenteilung (Art. 20 Abs. 3 GG) nicht zustehe.[470] Dem ist jedoch nicht zuzustimmen. Es ist allgemein anerkannt, dass richterliche Rechtsfortbildung zulässig und erforderlich ist.[471] Für die richterliche Rechtfortbildung ist jedoch eine generelle

462 *Jauernig / Hess,* Zivilprozessrecht, S. 206, Rdnr. 29.
463 *Stürner,* NJW 1979, 1225 (1226).
464 *Stürner,* NJW 1979, 1225 (1226).
465 BGH NJW 1985, 1774 (1775); *Reinhardt,* NJW 1994, 93 (94).
466 *Diederichsen,* NJW 1969, 269 (276); *Reinhardt,* NJW 1994, 93 (94 f.); *Schmidt,* JuS 1975, 430 (434); *Weber,* S. 222, Fn. 51.
467 Siehe dazu insbesondere den sog. „Limonadenflaschenfall" BGH NJW 1988, 2611.
468 *Reinhardt,* NJW 1994, 93 (95).
469 *Katzenmeier,* NJW 2013, 817 (821).
470 *Schellhammer,* Zivilprozess, Rdnr. 399; *Weber,* S. 222 f.
471 *Jachmann,* in Maunz / Dürig, Art. 95, Rdnr. 13; MünchKomm ZPO / *Säcker,* Einleitung, Rdnr. 152.

Regelbildung erforderlich.[472] Gerade bei der Beweisvereitelung ist eine solche Regelbildung jedoch nicht möglich und nicht durchführbar, da die Erscheinungsformen und Fallgestaltungen so zahlreich und so unterschiedlich sind, dass keine Verallgemeinerung getroffen werden kann. Ein solcher Eingriff in die materiellrechtlichen Regelungen ist damit unzulässig.

f) Aushebelung der richterlichen Überzeugung durch Beweislastumkehr

Gegen eine Beweislastumkehr, wie sie von der Rechtsprechung und einem Teil der Literatur angewendet und vorgeschlagen wird, besteht der Einwand, dass sie zu starr sei, denn nach ihr müsste der Richter beim Vorliegen einer Beweisvereitelung beweisrechtliche Konsequenzen auch ohne und sogar gegen seine Überzeugung ziehen.[473] Hat die Gegenpartei beispielsweise einen Urkundenbeweis vereitelt, indem sie die Urkunde zerstört hat, müsste der Richter eine Beweislastumkehr annehmen, auch wenn er der Überzeugung ist, dass die Partei den Beweis lediglich vereitelt hat, weil sich aus der Urkunde für sie peinliche und unangenehme Tatsachen ergeben hätten.

Diese Ansicht verkennt jedoch die Formulierung der Rechtsprechung. In seiner Formel „Bei einer Beweisvereitelung können Beweiserleichterungen bis hin zur Beweislastumkehr greifen." verwendet der BGH bewusst das Wort „können". Es ist nicht recht einzusehen, warum der Richter aus dieser Formulierung verpflichtet sein soll, gegen seine richterliche Überzeugung zu entscheiden.

g) Rechtsunsicherheit

Zu Recht wiesen Stimmen in der Literatur[474] darauf hin, dass eine echte Umkehr der Beweislast zu Unsicherheiten führt. Verweigert der Beweisgegner zunächst seine Mitwirkung bei der Beweisführung, entscheidet sich im Laufe des Prozesses aber doch zur Mitwirkung, stellt sich die Frage, ob sich die Beweislast, die sich, nimmt man die Rechtsprechung und ihre Formel beim Wort, zunächst umkehrt, durch die dann doch erfolgte Mitwirkung erneut umkehrt. Man kann dieses Beispiel weiterspinnen, sodass sich das abstruse Bild einer hin- und herspringenden Beweislast abzeichnet. Ein solches Hin und Her kann auch von der Rechtsprechung nicht gewollt sein. Dieses Szenario ist geprägt von einer erheblichen Rechtsunsicherheit und macht deutlich, dass die Lösung der Rechtsprechung über die

---

472 *Jachmann*, in Maunz / Dürig, Art. 95, Rdnr. 14; MünchKomm ZPO / *Prütting*, § 286, Rdnr. 123.

473 *Musielak*, Grundlagen der Beweislast, S. 138, Fn. 515; *Schneider*, MDR 1969, 4 (7).

474 *Peters*, ZZP 82 (1969), 200 (218).

Umkehr der Beweislast an schwerwiegenden Mängeln leidet und daher entschieden abzulehnen ist.

h) Ausufernder richterlicher Spielraum

Der weite Spielraum des Richters ermöglicht gute und differenzierte Lösungen für den Einzelfall.[475] Aus den im Gesetz geregelten Fällen der Beweisvereitelung geht hervor, dass der Gesetzgeber einen solchen auch vor Augen hatte bei der Berücksichtigung beweisvereitelnden Verhaltens.[476] Dieser weite Spielraum birgt jedoch auch Risiken. So erntete die Formel der Rechtsprechung deshalb zum Teil Kritik. Insbesondere der Mangel einer gesetzlichen Begründung dieser auf den Einzelfall zugeschnittenen Rechtsfolge und der sehr weite Spielraum des Richters werden kritisiert und als *„gefährlicher Weg“*[477] bezeichnet.[478] Gerade im Verfahrensrecht, seien eine stärkere Gesetzesbindung und der Rückgriff auf allgemeine Beweisgrundsätze geboten,[479] da sonst die Gefahr der Rechtsunsicherheit bestehe.[480]

i) Unbestimmtheit des Begriffs der „Beweiserleichterungen“

Ein weiterer Kritikpunkt sind die von der Rechtsprechung in der Formel verwendeten Begrifflichkeiten. Der Ausdruck „Beweiserleichterungen bis hin zur Beweislastumkehr“ suggeriert eine Wahlmöglichkeit des Richters aus einer Vielfalt an Beweiserleichterungen, die jedoch gar nicht existiert.[481] Aus einer Entscheidung vom 28.06.1988[482] geht hervor, dass der BGH im Bezug auf die verschiedenen

---

475 *Baumgärtel / Wittmann,* JA 1979, 113 (119); *Laumen,* NJW 2002, 3739 (3646); *Oberheim,* Jus 1997, 61 (63); *Peters,* ZZP 82 (1969), 200 (218); *Rosenberg / Schwab / Gottwald,* Zivilprozessrecht, § 115, Rdnr. 20.

476 *Musielak,* Festgabe Bundesgerichtshof, S. 221.

477 *Leipold,* Beweismaß und Beweislast im Zivilprozeß, S. 25.

478 *Hanau,* S. 133; *Leipold,* Beweismaß und Beweislast im Zivilprozeß, S. 25; *Stürner,* NJW 1979, 1225 (1229); *Thole,* JR 2011, 327 (331).

479 *Hanau,* S. 132 ff. *Musielak,* Grundlagen der Beweislast, S. 145 ff.; *Musielak / Stadler,* Grundfragen des Beweisrechts, S. 153, Rdnr. 266; *Prölss,* S. 96 ff. *Prütting,* Festschrift LG Saarbrücken, S. 257; *ders.,* Gegenwartsprobleme der Beweislast, S. 211; *Schiemann,* S. 387; *Stoll,* Festschrift von Hippel, S. 517; *ders.,* AcP 176 (1976), 145 (157); *Stürner,* NJW 1979, 1225 (1230); *Wahrendorf,* S. 86 ff.; *Walter,* Freie Beweiswürdigung, S. 245 f.

480 *Baumgärtel,* Festschrift Kralik, S. 72; *ders.,* Beweislastpraxis, S. 94, Rdnr. 126.

481 *Katzenmeier,* Arzthaftung, S. 469; MünchKomm ZPO / *Prütting,* § 286, Rdnr. 129; Zöller / *Greger,* ZPO, Vor § 284 Rdnr. 22.

482 BGH NJW 1988, 2949.

Beweiserleichterungen zusätzlich davon ausgeht, dass diese in ihrer Wirkung für die zu beweisende Behauptung in einem Stufenverhältnis zueinander stehen. In der Entscheidung machte der BGH die Entscheidung über die Wahl der konkreten Beweiserleichterung vom Grad der Schadensneigung abhängig: Je schadensgeneigter das ärztliche Fehlverhalten erscheint, desto abgestufter muss die Beweiserleichterung in ihrem Umfang sein.[483]

Die flexible Praxis, die sich aus dem richterlichen Ermessen ergibt, und die gleitende Betrachtungsweise bergen Gefahren für die Rechtssicherheit.[484] *Giesen* wendet hiergegen jedoch ein, dass diese Rechtsunsicherheit durch die Konkretisierung und Erweiterung der Fallgruppen in den Entscheidungen des BGH gesteuert werde und eine typenreine Geltung der Verhandlungsmaxime im Bereich des ärztlichen Behandlungsfehlers unmöglich sei.[485] Für das Arzthaftungsrecht ist dem zuzustimmen. Der Gesetzgeber ist der typischen Beweisnot des Patienten in Arzthaftungsfällen in der Vergangenheit mit der Einführung des § 630 h BGB entgegengetreten und hat dieser durch eine gesetzlich angeordnete Beweislastumkehr abgeholfen.[486] Gerade weil der BGH seine Formel nicht konkretisiert und nicht klargestellt hat, was genau unter den Begriff der Beweiserleichterungen fällt, bleibt die Rechtsunsicherheit außerhalb des Arzthaftungsrechtes, für welches der BGH seine Formel ausdrücklich aufgegeben hat,[487] bestehen.

j) Alles - oder - nichts - Prinzip

Problematisch an der Lösung des BGH, die Beweislast bei einer Beweisvereitelung umzukehren, stellt sich die Verteilung des Schadensrisikos dar, denn hierbei kommt für beide Parteien das alles - oder - nichts - Prinzip zur Anwendung. Danach geht immer eine Partei komplett leer aus, je nachdem, wem die Beweislast im konkreten Fall aufgebürdet wird. Das ist freilich bei der Beweislastverteilung immer der Fall, jedoch steht die Beweislastverteilung bereits vor Prozessbeginn objektiv fest, wobei im Falle einer Beweisvereitelung das Gericht über die

483 BGH NJW 1988, 2949 (2950).

484 *Baumgärtel* / Laumen / Prütting, Handbuch der Beweislast, Band. 1, § 823, Anh., Rdnr. 3; *Franzki,* Die Beweisregeln im Arzthaftungsprozeß, S. 62 f.; *Laufs / Kern,* Handbuch des Arztrechts, Kap. 19, § 110 Rdnr. 3; *Laumen,* NJW 2002, 3739 (3744).

485 *Giesen,* JZ 1979, 448 (485).

486 *Katzenmeier,* NJW 2013, 817 (821).

487 BGH NJW 2004, 2011.

Beweislastverteilung entscheidet. Die Beweislastumkehr wurde deshalb zu Recht als zu „grobschlächtiges“ Instrument und „Übermaßreaktion“[488] bezeichnet.[489]

k) *Anknüpfungspunkt für Eingreifen der Beweislastumkehr*

Bis zum Urteil vom 23.10.2008[490] hat der BGH für das Eingreifen einer Beweislastumkehr auf den Grundsatz von Treu und Glauben, welcher auch im Prozessrecht gelte, abgestellt.[491] Für den Bereich des Arzthaftungsprozesses wurde die sog. Befunderhebungs- und Befundsicherungspflicht geschaffen, bei deren Verletzung eine Beweislastumkehr eingreifen kann.[492]

Betrachtet man den Anknüpfungspunkt für eine Beweislastlastumkehr im Arzthaftungsprozess, lässt sich feststellen, dass die Befundsicherungs- und die Befunderhebungspflicht im materiellen Recht keine Bedeutung haben und sich nur prozessual auswirken.[493] Dies wird vor allem daran deutlich, dass der BGH in seiner Entscheidung vom 27.06.1978[494] ausdrücklich offen lässt, in wie weit die materiell-rechtliche Vorlagepflicht des Arztes außerhalb des Verfahrens gilt. Diese Gleichgültigkeit zeigt, dass sich genannte Pflichten nur im Prozess auswirken. Damit wird die Frage nach ihrer Berechtigung laut.

Problematisch hieran ist, dass die genannten Pflichten im Gegensatz zur früheren Rechtsprechung[495] gerade nicht den Zweck haben sollen, Beweise für einen eventuellen späteren Prozess zu sichern. Gerade hierauf läuft es aber hinaus, wenn sich die Pflichten materiell-rechtlich überhaupt nicht auswirken. Stellt man also für das Eingreifen einer Beweislastumkehr auf die Befunderhebungs- und die Befundsicherungspflicht ab, so tritt genau das ein, was allgemein abgelehnt wird, nämlich dass genannte Pflichten im Ergebnis doch dazu dienen, Beweise für einen eventuellen späteren Prozess zu sichern.

Es bleibt festzuhalten, dass es keinen allgemeinen Anknüpfungspunkt als Auslöser für eine Beweislastumkehr gibt. Dies führt zu einer Undurchschaubarkeit der Rechtsfigur der Beweislastumkehr, da nicht abstrakt für alle Fälle geklärt ist, wann eine Beweisvereitelung eine Beweislastumkehr auslöst. Die Rechtsfigur

---

488 *Weber*, S. 234.
489 *Weber*, S. 216.
490 BGH NJW 2009, 360.
491 BGH NJW 1960, 821 (821); BGH NJW 1961, 826 (828).
492 Siehe exemplarisch BGH NJW 1978, 2337 (2338).
493 *Thole*, JR 2011, 327 (328).
494 BGH NJW 1978, 2337 (2339).
495 BGHZ 61, 118 (121 ff.).

der Beweislastumkehr ist nach alledem als Rechtsfolge einer Beweisvereitelung untauglich.

5. Ergebnis der Kritik: Streichung der Beweiserleichterungen aus der Rechtsprechungsformel für den Bereich der Arzthaftung

Der BGH hat in keinem von ihm entschiedenen Fall jemals eine Beweiserleichterung bei einer Beweisvereitelung angeordnet. Vielmehr hat der BGH, wenn er eine Beweisvereitelung negativ würdigen wollte, eine Beweislastumkehr zu Lasten der nicht beweisbelasteten Partei angenommen. Wie bereits ausgeführt,[496] ist der beweisbelasteten Partei mit einer Beweiserleichterung jedoch nicht geholfen.

Der zum Teil sehr harten Kritik der Literatur an seiner Formel hat sich der BGH zum Teil in seinem Urteil vom 27.04.2004[497] gebeugt. Über zwei Jahrzehnte[498] lang hat der BGH die Formel der „Beweiserleichterungen bis hin zur Beweislastumkehr" angewendet.[499] In der o.g. Entscheidung wird diese Rechtsprechung aufgegeben und ausdrücklich klar gestellt, dass den in der seit jeher gleich lautenden Formel verwendeten „Beweiserleichterungen" keine eigene Bedeutung zukommt, wenn ein grober Behandlungsfehler vorliegt. Vielmehr kommt es grundsätzlich zu einer Beweislastumkehr im Hinblick auf den Ursachenzusammenhang zwischen dem Behandlungsfehler und dem Schaden, wenn es sich um einen groben Behandlungsfehler handelt, der geeignet ist, den eingetretenen Schaden zu verursachen. Nicht erforderlich ist, dass der grobe Behandlungsfehler den konkreten Schaden nahe legt oder diesen gar wahrscheinlich macht.[500] Liegt also ein grober Behandlungsfehler vor, kann das Gericht nicht mehr frei darüber entscheiden, statt einer Beweislastumkehr lediglich Beweiserleichterungen zuzusprechen; hier muss vielmehr zwingend eine Beweislastumkehr stattfinden. Diese Beweislastsonderregel gilt für die vertragliche und für die deliktische Haftung des Arztes gleichermaßen.[501]

Beweiserleichterungen helfen der beweisbelasteten Partei auch nicht über ihre Beweisnot hinweg - wie am Beispiel des Anscheinsbeweises[502] und der Senkung

496 Siehe hierzu S. 96 f.

497 BGH NJW 2004, 2011.

498 Erstmals BGH NJW 1972, 1520 (1520).

499 *Katzenmeier*, JZ 2004, 1030 (1031).

500 BGH NJW 2004, 2011 (2012); BGH NJW 2005, 427 (428).

501 BGH VersR 1971, 227 (229); *Katzenmeier*, Arzthaftung, S. 441; *Stoll*, AcP 176 (1976), 145 (168).

502 Siehe hierzu S. 102 f.

des Beweismaßes[503] zu zeigen sein wird -, denn trotz allem wäre sie außerstande, den erforderlichen Beweis zu führen.[504] Es bleibt jedoch bei der Beweisregel, dass der Patient einen behaupteten groben Behandlungsfehler des Arztes nachweisen muss.[505] Der bloße Verdacht eines groben Behandlungsfehlers reicht für eine Beweislastumkehr nicht aus.[506]

Der BGH ist mit seiner Entscheidung den Bedenken der Literatur[507] entgegengetreten, ein Ermessen des Gerichtes bei der Anwendung von Beweislastregeln laufe dem Gebot der Rechtssicherheit zuwider.[508] Damit hatte sich zumindest für den Arzthaftungsprozess die Streitfrage erledigt, was genau hinter dem Begriff der Beweiserleichterungen steht.

Fraglich ist allerdings, ob der BGH mit dieser Entscheidung die Beweiserleichterungen im Allgemeinen aufgeben wollte oder ob diese für alle anderen Fälle außerhalb des Arzthaftungsrechts bestehen bleiben sollen.[509]

Gegen die völlige Aufgabe der Beweiserleichterungen spricht jedenfalls, dass der BGH in seiner Entscheidung vom 13.04.2005[510], in der es um die Frage geht, ob ein Versicherungsfall vorsätzlich herbeigeführt wurde, ausführt, dass die Grundsätze der Beweisvereitelung zu Beweiserleichterungen oder zur Beweislastumkehr führen können und dass die Entscheidung hierüber im Ermessen des Tatrichters liegt.[511] Auch in späteren Entscheidungen verwendet der BGH wieder seine alte Formel von den Beweiserleichterungen bis hin zur Beweislastumkehr.[512] Zum Teil wird deshalb richtigerweise vertreten, die Ausführungen zum Ausschluss der Beweiserleichterungen bei grobem Behandlungsfehler ließen sich nicht übertragen.[513]

Für Prozesse außerhalb des Arzthaftungsrechtes und auch für Arzthaftungsprozesse, bei denen zwar ein Behandlungsfehler vorliegt, dieser aber nicht grober

503 Siehe hierzu S. 104 f.

504 BGH NJW 2004, 2011 (2012); *Baumgärtel,* Beweislastpraxis, S. 42, Rdnr. 63; *Gottwald,* Jura 1980, 303 (308).

505 *Steffen / Pauge,* Arzthaftungsrecht, S. 225, Rdnr. 492.

506 So aber unzutreffend *Kapoor*, S. 95.

507 *Stürner,* NJW 1979, 1225 (1229).

508 BGH NJW 2004, 2011 (2012).

509 In einer Anmerkung zum Urteil heißt es: „Dieses Urteil hat Wirkung über den Arzthaftungsprozess hinaus.“, *Katzenmeier,* JZ 2004, 1030 (1030).

510 BGH NJW-RR 2005, 1051.

511 BGH NJW-RR 2005, 1051 (1052).

512 BGH NJW 2006, 434 (436); BGH NJW 2008, 982 (984).

513 *Beckhaus,* S. 158.

Natur ist, bleibt die Frage ungeklärt, was genau Beweiserleichterungen sind und welche Maßstäbe für ihre Anordnung gelten sollen.

Nach der Entscheidung des BGH, Beweiserleichterungen im Falle eines groben Behandlungsfehlers auszuschließen, wurde zum Teil gefordert, dass der BGH sich grundsätzlich von den Beweiserleichterungen verabschieden solle.[514]

Für den Bereich des Arzthaftungsrechts bleibt festzuhalten, dass die Beweislastumkehr in Bezug auf die Kausalität zwischen Fehler und Verletzung beim Vorliegen eines groben Behandlungsfehlers inzwischen in § 630 h Abs. 5 BGB gesetzlich geregelt ist.

IV. Diskussion der möglichen Rechtsfolgen

Wie oben bereits ausgeführt,[515] wurde an der Formel der Rechtsprechung kritisiert, dass der BGH es offenließ, welche Beweiserleichterungen neben der Rechtsfolge der Beweislastumkehr konkret in Betracht kommen. In Literatur und Rechtsprechung bildeten sich daraufhin unterschiedliche Meinungen über Art und Ausmaß der möglichen Beweiserleichterungen und über die Rechtsfolge einer Beweisvereitelung.

1. Umkehr der Beweislast

Die Rechtsprechung hat ursprünglich eine generelle Beweislastumkehr als Rechtsfolge einer Beweisvereitelung angenommen.[516] Dem haben sich zum Teil auch Stimmen in der Literatur angeschlossen.[517] Eine generelle Beweislastumkehr kann jedoch nicht in Betracht kommen, da hierdurch in die Beweislastverteilung eingegriffen wird, die Teil des grundrechtlichen Schutzes des Beklagten ist und ihn davor schützen soll, vorschnell und rechtsstaatswidrig verurteilt zu werden. Ein solcher Eingriff ist jedoch nicht generell zulässig, sondern nur dann, wenn eine Abwägung aller betroffenen Rechtspositionen erfolgt ist.[518] Die Beweislastumkehr stellt eine prozessuale Ausnahmesituation dar, deren Anwendungsbereich sich

---

514 *Walter,* JZ 1978, 806 (808); *Laumen,* MDR 2009, 177 (180).

515 Siehe hierzu S. 96 f.

516 RGZ 60, 147 (152); RGZ 105, 255 (259); in BGH NJW 1952, 23 (25) nimmt der BGH eine Beweislastumkehr an, sodass nicht der Kläger das Verschulden des Beklagten, sondern der Beklagte sein fehlendes Verschulden nachweisen muss; BGH NJW 1952, 867 (867); BGH NJW 1963, 389 (390).

517 *Wahrendorf,* S. 129; zur Beweislastumkehr als Naturalrestitution in Schadensersatzprozessen bei schuldhafter Beweisvereitelung siehe *Hopmann,* JW 1913, 70 ff.

518 *Reinhardt,* NJW 1994, 93 (96).

ebenso wie die Beurteilung einer Ausnahmesituation im Gesetz eng gesteckten Grenzen unterwerfen muss.[519] Die generelle Beweislastumkehr wurde von der Rechtsprechung richtigerweise nicht beibehalten. Als Begründung wird richtigerweise angeführt, dass sich eine generelle Regel, nach der das Risiko des nicht vollständig aufklärbaren Sachverhaltes immer denjenigen treffen solle, der es geschaffen habe, nicht herleiten lasse.[520]

2. Annahme einer Vermutung

In seiner Entscheidung vom 28.06.1988[521] spricht der BGH von der Beweiserleichterung zu Gunsten eines Patienten in Form einer Vermutung mit dem Inhalt, dass eine vom Arzt nicht dokumentierte Maßnahme auch nicht getroffen worden ist.[522] Dies wird zum Teil in der Literatur befürwortet,[523] ist jedoch nicht unproblematisch, da sich der BGH dadurch in Widerspruch zu seiner früheren Rechtsprechung[524] setzt, nach der es nicht Sinn und Zweck der Befunderhebungspflicht sei, Beweise für einen späteren Haftungsprozess des Patienten zu sichern, woraus folgt, dass nicht jede Maßnahme oder Handlung des Arztes dokumentiert werden muss, sondern nur solche, deren Dokumentation medizinisch erforderlich ist. Ist eine Dokumentation aber medizinisch nicht erforderlich, so ist sie auch aus Rechtsgründen nicht geboten. Zu Recht wird diesbezüglich betont, dass die ärztliche Dokumentation gerade nicht dazu dienen soll, einen späteren Haftpflichtprozess vorzubereiten.[525]

3. Anscheinsbeweis unter erleichterten Voraussetzungen

Rosenberg hat schon 1965 angenommen, „daß der Gegner, wenn die – vom Beweispflichtigen behauptete – Tatsache unwahr wäre, die Beweisführung nicht vereitelt, sondern gerade unterstützt haben würde, und daß er durch die Hintertreibung der Beweisaufnahme zu erkennen gegeben habe, daß er ihr Ergebnis

---

519 *Reinhardt*, NJW 1994, 93 (97).

520 BGH NJW 1973, 1688 (1688); BGH NJW 1984, 432 (433); BGH NJW 1988, 2611 (2613); so auch *Dubischar*, JuS 1971, 385 (393), der eine Beweislastumkehr nur bei Vorliegen besonderer Umstände annehmen will.

521 BGH NJW 1988, 2949.

522 BGH NJW 1988, 2949 (2949).

523 *Hausch*, VersR 2005, 600 (600).

524 BGH NJW 1972, 1520 (1520); BGH NJW 1999, 3408 (3409); OLG München, Urteil vom 17.03.2011 – 1 U 5245/10.

525 BGH NJW 1989, 2330 (2331); Laufs / Katzenmeier / Lipp / *Katzenmeier*, Arztrecht, Kap. IX, Rdnr. 49 m. w. N.

fürchte".[526] Diese Feststellung beschreibt einen Erfahrungssatz, der wiederum auf einen Anscheinsbeweis hindeutet.

Auch der BGH spricht in seiner Entscheidung vom 04.10.1983[527] vom Anscheinsbeweis als Beweiserleichterung, da der beweisbelasteten Partei die Beweislast nicht zumutbar sei.[528]

Der Anscheinsbeweis, auch prima – facie – Beweis genannt, ist gewohnheitsrechtlich anerkannt. Danach ist bei typischen Geschehensabläufen der Nachweis eines ursächlichen Zusammenhangs oder eines schuldhaften Verhaltens auf Grund von Erfahrungssätzen möglich. Voraussetzung hierfür ist jedoch, dass die Tatsachen, von denen nach einem solchen Erfahrungssatz auf eine typischerweise eintretende Folge oder Ursache geschlossen werden soll, unstreitig feststehen oder bewiesen sind.[529]

Als Rechtsfolge einer Beweisvereitelung kommen zunächst Beweiserleichterungen in Form der Gewährung eines Anscheinsbeweises unter erleichterten Voraussetzungen in Betracht.[530] Dies sei anhand des Arzthaftungsprozesses vor Inkrafttreten des Patientenrechtegesetzes[531] veranschaulicht:

Grundsätzlich hatte der Patient, der Schadensersatz wegen eines Gesundheitsschadens forderte, den Kausalzusammenhang zwischen dem Behandlungsfehler und dem Gesundheitsschaden zu beweisen.[532] War die Beweisführung wegen fehlender ärztlicher Dokumentation nicht möglich, so sollte der erste Anschein dafür sprechen, dass der Beweis des Kausalzusammenhangs bei vorhandener Dokumentation erbracht worden wäre.

---

526 *Rosenberg*, Beweislast, S. 191.

527 BGH NJW 1984, 432.

528 BGH NJW 1984, 432, (433).

529 Vgl. etwa: BGH NJW 1982, 2448; BGH NJW 2006, 2262; *Baumbach / Lauterbach*, ZPO, Anh § 286, Rdnr. 17; *Thomas / Putzo*, ZPO, § 286, Rdnr. 12; *Zöller / Greger*, ZPO, Vor § 284, Rdnr. 29.

530 *Leipold*, Beweismaß und Beweislast im Zivilprozeß, S. 23; *Schneider*, MDR 1969, 4 (9); *Weber*, S. 243.

531 Gesetz zur Verbesserung der Rechte von Patientinnen und Patienten, BGBl I, 2013277, in Kraft getreten am 26.02.2013.

532 BGH NJW 1973, 1688 (1688); BGH NJW 1983, 332 (332); BGH NJW 1987, 1482 (1483); BGH NJW 1988, 2949 (2949); BGH NJW 1995, 1611 (1612); *Baumgärtel*, Beweislastpraxis, S. 279, Rdnr. 478; *Bischoff*, S. 349 f.; *Dressler*, S. 382; *Gross*, S. 429; *Katzenmeier*, Arzthaftung, S. 420; *ders.*, VersR 2002, 1066 (1069); *Krämer*, S. 445; *Lepa*, Festschrift Geiss, S. 449; *Müller*, Festschrift Geiss, S. 465; *Steffen / Pauge*, Arzthaftungsrecht, S. 234, Rdnr. 513; *Uhlenbruck*, NJW 1965, 1057 (1058).

Ein solcher Schluss verbietet sich jedoch im Rahmen des Anscheinsbeweises. Dieser ist zulässig bei typischen Geschehensabläufen, bei denen die Lebenserfahrung auf nur eine Ursache oder nur einen Ablauf hinweist.[533] Bei einer Beweisvereitelung ist aber gerade der Geschehensablauf nicht typisch, denn eine Regel, warum ein Beweismittel nicht geschaffen oder aber im Nachhinein vernichtet wurde, gibt es nicht.[534] Insbesondere bei fahrlässigem Verhalten kann ein Anscheinsbeweis nicht zu einer Lösung zu führen, da aus einer fahrlässigen Vereitelung der Beweisführung gerade der Schluss, das Beweisergebnis werde gefürchtet, nicht möglich ist.[535] Selbst wenn ein typischer Geschehensablauf in Frage käme, könnte dieser vom Gegner sehr leicht erschüttert werden, indem dieser die ernsthafte Möglichkeit eines abweichenden Geschehensablaufs aufzeigt, so dass es im Ergebnis bei der ursprünglichen Beweislastverteilung und der zuvor bestehenden Beweisnot bleibt.[536]

Ein Anscheinsbeweis – auch wenn er unter erleichterten Voraussetzungen gewährt wird – hilft dem in Beweisnot befindlichen Patienten für seine Beweisführung nicht weiter.[537]

4. Senkung des Beweismaßes

Nach § 286 Abs. 1 ZPO gilt die Regel, dass durch die Beweisführung die volle richterliche Überzeugung von der Wahrheit der zu beweisenden Tatsache erreicht wird, d. h. ein an Sicherheit grenzendes Maß an Überzeugung, das jeden vernünftigen Zweifel ausschließt.[538]

---

533 Baumbach / Lauterbach / Hartmann, ZPO, Anh § 286, Rdnr. 16.

534 *Musielak,* Grundlagen der Beweislast, S. 139; so auch *Katzenmeier*, Arzthaftung, S. 485, speziell für die Anwendung des Anscheinsbeweises im Arzthaftungsrecht, wo ein typischer Geschehensablauf noch seltener angenommen werden kann.

535 *Gerahrdt,* AcP 169 (1969), 289 (298).

536 *Baumgärtel,* Beweislastpraxis, S. 294 f., Rdnr. 504.

537 BGH NJW 2004, 2011 (2012); *Baumgärtel,* Beweislastpraxis, S. 42, Rdnr. 63; *Gottwald,* Jura 1980, 303 (308).

538 Siehe etwa BHGZ 53, 245 (255 f.); *Prütting,* Gegenwartsprobleme der Beweislast, 1983, 59 ff.; *Schilken,* Zivilprozessrecht, Rdnr. 478, 489; *Walter,* Freie Beweiswürdigung, S. 88 ff., 148 ff.

Als Rechtsfolge einer Beweisvereitelung besteht noch die Möglichkeit der Senkung des Beweismaßes[539] auf eine überwiegende[540] oder geringe[541] Wahrscheinlichkeit.[542]

Diese Möglichkeit zieht wohl auch der BGH in Betracht, wenn er in seinen Entscheidungen von der „Verminderung des vom Patienten zu erbringenden Beweismaßes"[543] oder von „Beweislastverminderung"[544] spricht.

Die Herabsenkung des Beweismaßes auf eine überwiegende Wahrscheinlichkeit soll die verfassungsmäßig gebotene Waffengleichheit insbesondere im Arzthaftungsprozess wiederherstellen.[545]

Teilweise wird die Herabsenkung des Beweismaßes abgelehnt.[546] Das Erfordernis der vollen richterlichen Überzeugung bleibe mit der Besonderheit bestehen, dass das Ergebnis des ausgefallenen Beweises fingiert werden kann.[547] Gegen die Beweismaßreduzierung wird eingewendet, dass sie zu ergebnisbezogen sei, einer dogmatischen Begründung entbehre,[548] ja sogar dem Wortlaut des § 286 Abs. 1 ZPO entgegenstehe[549]. In den vorhandenen gesetzlichen Bestimmungen zur Beweisvereitelung ist eine Beweismaßsenkung weder vorgegeben, noch enthält der Wortlaut hierfür etwaige Anhaltspunkte.[550] Es drängt sich die Frage auf,

---

539 *Baumgärtel,* JZ 1986, 229 (230); *ders.,* Diskussionsbeitrag, S. 48.

540 *Musielak,* Grundlagen der Beweislast, S. 127; *Musielak / Stadler,* Grundfragen des Beweisrechts, S. 153, Rdnr. 267; MünchKomm BGB / *Wagner,* § 823, Rdnr. 814; *Walter,* JZ 1978, 806 (808).

541 *Bender,* S. 267.

542 So auch *Huber,* Das Beweismaß im Zivilprozeß, S. 140 f., der sich allerdings nicht auf das genaue Maß festlegt, sondern lediglich von einer „Verminderung des Regelbeweismaßes" spricht; ebenso *Musielak / Stadler,* Grundfragen des Beweisrechts, S. 151, Rdnr. 264; *Baumgärtel,* Beweislastpraxis, S. 51 f., Rdnr. 78, will nach dem Grad des Verschuldens differenzieren und fordert bei leichter Fahrlässigkeit eine überwiegende Wahrscheinlichkeit, während bei grober Fahrlässigkeit eine geringe Wahrscheinlichkeit ausreichen solle; grundsätzlich für eine Beweismaßsenkung auch *Brinkmann,* S. 56.

543 BGH NJW 1988, 2949 (2951).

544 BGH NJW 1988, 2303 (2304).

545 *Fleischer,* JZ 1999, 766 (773); *Musielak / Stadler,* Grundfragen des Beweisrechts, S. 149 f., Rdnr. 262 ff.

546 *Laumen,* MDR 2009, 177 (180); *Matthies,* JZ 1986, 959 (960).

547 *Laumen,* MDR 2009, 177 (180).

548 *Matthies,* JZ 1986, 959 (960).

549 *Katzenmeier,* Arzthaftung, S. 519; *Prütting,* Gegenwartsprobleme der Beweislast, S. 79; *Walter,* Freie Beweiswürdigung, S. 160 ff.; *Weber,* S. 139 f.

550 *Krautstrunk,* S. 252.

nach welchen Kriterien eine Senkung des Beweismaßes erfolgen soll.[551] Insbesondere jedoch in dem Fall, in dem das vereitelte Beweismittel das einzig existierende war, ist der beweisbelasteten Partei mit einer Senkung des Beweismaßes nicht geholfen, da sich der Richter beim Fehlen des einzigen Beweismittels eben auch keine Überzeugung von einer überwiegenden Wahrscheinlichkeit der behaupteten Tatsache bilden kann.[552] Tiefgreifendere Zweifel ergeben sich bei der Senkung des Beweismaßes jedoch im Hinblick auf die Vorhersehbarkeit und die Rechtssicherheit.[553] Grundsätzlich muss das Prozessrisiko sicher abgeschätzt werden können.[554] Demnach muss das Beweismaß vor einem jeden Prozess abstrakt feststehen und kann nicht durch den Richter im konkreten Fall bestimmt werden.[555] Eine so weitreichende Freiheit des Richters lässt sich aus § 286 ZPO nicht herleiten.[556]

Schließlich ist eine Senkung des Beweismaßes abzulehnen, weil sich aus den gesetzlichen Regelungen, die Abstufungen des gesetzlichen Regelbeweismaßes enthalten,[557] ergibt, dass die an Sicherheit grenzende Wahrscheinlichkeit nun einmal das Leitbild des ZPO-Gesetzgebers war und eben nicht die überwiegende Wahrscheinlichkeit.[558]

Die gleichen Bedenken gelten um so mehr für die Senkung des Beweismaßes auf eine geringe Wahrscheinlichkeit, welche deshalb ebenfalls abzulehnen ist.

Schließlich ist die Senkung des Beweismaßes als Rechtsfolge einer Beweisvereitelung aber insbesondere deshalb abzulehnen, weil sie im bedeutendsten aller Fälle der Beweisvereitelung – nämlich der Zerstörung oder allgemeiner gesprochen des Nichtvorliegens des einzigen Beweismittels – versagt. Im genannten Fall ist der unverschuldet in Beweisnot geratenen Partei mit der Senkung des Beweismaßes in keiner Weise geholfen, da wegen des Fehlens des Beweismittels

551 *Baumgärtel*, Festschrift Kralik, S. 73; *ders.*, Beweislastpraxis, S. 95, Rdnr. 128; *Krautstrunk*, S. 289.

552 *Schatz*, S. 111; *Thole*, JR 2011, 327 (332).

553 Siehe zum flexiblen Element beim Beweismaß *Brinkmann*, S. 66 ff., der diesem nicht grundsätzlich ablehnend gegenübersteht.

554 *Hirtz*, NJW 2012, 1686 (1987); *Rosenberg / Schwab / Gottwald*, Zivilprozessrecht, § 1, S. 8, Rdnr. 29; *Theuerkauf*, MDR 1962, 449 (451).

555 *Baumgärtel*, Festschrift Universität zu Köln, S. 177.

556 *Baumgärtel*, Festschrift Universität zu Köln, S. 177; *Kollhosser*, ZZP 96 (1983), 271 (276 f.).

557 Siehe dazu die Übersicht bei *Prütting*, Gegenwartsprobleme der Beweislast, S. 80 ff.

558 *Katzenmeier*, Arzthaftung, S. 520; *Leipold*, Beweismaß und Beweislast im Zivilprozeß, S. 8; MünchKomm ZPO / *Prütting*, § 286, Rdnr. 36; *ders.*: Gegenwartsprobleme der Beweislast, S. 79; *ders.*, JA 1985, 313 (315); *Weber*, S. 140.

keine Beweisaufnahme erfolgen kann und damit weder zu einer Überzeugung des Richters noch zu einer überwiegenden Wahrscheinlichkeit führen kann.[559]

5. § 287 ZPO

Die Vorschrift des § 287 ZPO erweitert die freie richterliche Beweiswürdigung und setzt das in § 286 ZPO geforderte Beweismaß[560] herab.[561] Es genügt eine Überzeugungsbildung „unter Würdigung aller Umstände". Hierfür ist eine Beweisaufnahme gemäß § 287 Abs. 1 Satz 2, Abs. 2 ZPO nicht zwingend, vielmehr steht sie im Ermessen des Gerichts. § 287 ZPO erlaubt jedoch nicht eine freie Einschätzung oder eine Billigkeitsentscheidung, sondern setzt das Maß der vollen richterlichen Überzeugung auf ein geringeres Maß an Wahrscheinlichkeit für die Überzeugungsbildung herab.[562]

§ 287 ZPO hilft jedoch der Beweisnot der beweisbelasteten Partei nicht ab, da die Vorschrift zunächst nicht alle Fälle der Beweisvereitelung erfasst, sondern nur diejenigen, in denen es konkret um die Bestimmung einer Schadenshöhe geht.

Insbesondere im Arzthaftungsprozess ist dem Patienten jedoch nicht mit einer Anwendung des § 287 ZPO geholfen, weil das Eingreifen der Norm eine deutlich überwiegende, auf gesicherter Grundlage beruhende Wahrscheinlichkeit für einen bestimmten, vom Patienten behaupteten Verlauf voraussetzt.[563] Auch nach Einführung des § 630 h BGB bleibt es bei diesem Grundsatz, denn die von § 630 h Abs. 5 BGB angeordnete Beweislastumkehr tritt nur beim Vorliegen eines groben Behandlungsfehlers ein und auch nur in Bezug auf die Kausalität zwischen dem Behandlungsfehler und der Verletzung. Zwar wird nach § 630 h Abs. 1 BGB ein Behandlungsfehler bei Realisierung eines allgemeinen Behandlungsrisikos vermutet. Diese Voraussetzung muss jedoch vom Patienten bewiesen werden.[564]

Insbesondere muss das Gericht, wenn es trotz der Beweiserleichterungen des § 287 ZPO zu keiner hinreichenden Überzeugung von der Entstehung und Höhe des Schadens gelangen kann, eine Beweislastentscheidung nach den allgemeinen Regeln treffen.[565] Es ist allgemein anerkannt, dass die Tatbestandsvoraussetzungen

---

559 MünchKomm ZPO / *Prütting*, § 286, Rdnr. 85.

560 Siehe hierzu unten S. 104 ff.

561 Vgl. statt vieler BGH NJW-RR 1992, 792.

562 So etwa *Schilken*, Zivilprozessrecht, Rdnr. 490.

563 So etwa BGH NJW 1992, 2694 (2695 f.); BGH NJW 1993, 934 (934); BGH NJW - RR 1996, 781 (781); *Katzenmeier*, Arzthaftung, S. 426.

564 *Thole / Schanz*, RDG 3013, 64 (68).

565 *Katzenmeier*, Arzthaftung, S. 426.

eines Schadensersatzanspruchs – gleich ob vertraglicher oder deliktischer Natur -, namentlich rechtswidriges Verhalten und Verschulden nach den allgemeinen Grundsätzen des § 286 ZPO zu beweisen sind.[566] Gerade im Bereich des Arzthaftungsrechts bestehen aber häufig Unklarheiten über das fehlerhafte Verhalten eines Arztes, da die Abläufe im menschlichen Körper nicht vorhersehbar und auch nicht beherrschbar sind. Mithin kann § 287 ZPO für die Fälle der Beweisvereitelung keine zufriedenstellende Abhilfe leisten.

Auch für die Beweisvereitelung über das Arzthaftungsrecht hinaus bietet § 287 BGB jedoch keine zufrieden stellende Lösung. Fehlt wie im häufigsten Fall der Beweisvereitelung das einzige Beweismittel, kann zum Beispiel der haftungsbegründende Tatbestand eines Anspruchs nach § 823 Abs. 1 BGB oftmals gerade nicht bewiesen werden, scheidet die Anwendung des § 287 BGB schon von Anfang an aus.

6. Erleichterte Parteivernehmung nach § 448 ZPO

Weiterhin kann man an die Zulassung einer Parteivernehmung unabhängig vom Vorliegen der Voraussetzungen des § 448 ZPO denken.[567]

Grundsätzlich ist Voraussetzung für eine Parteivernehmung von Amts wegen nach § 448 ZPO, dass für das Gericht „das Ergebnis der Verhandlungen und einer etwaigen Beweisaufnahme nicht ausreicht, um seine Überzeugung von der Wahrheit oder Unwahrheit einer zu erweisenden Tatsache zu begründen". Nach ganz herrschender Meinung in Literatur und Rechtsprechung muss die bisherige Verhandlung und etwaige Beweisaufnahme bereits einen sog. Anfangsbeweis für die streitige Tatsache hervorgebracht haben.[568]

Für die sog. Vier-Augen-Gespräche, bei denen auf einer Seite nur die Partei, auf der anderen Seite ein Zeuge an Vertragsgesprächen teilgenommen hat, ist allgemein anerkannt, dass im Falle der Beweisnot eine Parteivernehmung

566 BGH NJW 1987, 705 (705); BGH NJW 2000, 509 (509); BGH NJW 2000, 664 (667); BGH NJW 2000, 1263 (1266); BGH NJW 2000, 1572 (1573); *Katzenmeier,* Arzthaftung, S. 426; *Rosenberg / Schwab / Gottwald,* Zivilprozessrecht, § 114, Rdnr. 12; *Schilken,* Zivilprozessrecht, Rdnr. 491.

567 Erwägend *Franzki,* Die Beweisregeln im Arzthaftungsprozeß, S. 62.

568 Siehe etwa BGH NJW 1994, 320 (321); NJW 1999, 363 (364); NJW 2002, 2247 (2249); NJW 2003, 3636; NJW-RR 2003, 1002 (1003); NJW 2010, 3292 (3293); *Foerste,* S. 228 m. w. N.; *Schiken,* ZZP 2013 (126), 403; ebenso die gesamte Kommentarliteratur, siehe statt vieler *Stein / Jonas / Leipold,* § 448 Rdnr. 5 m. w. N.

der zeugenlosen Partei ohne die Beschränkung eines Anfangsbeweises erfolgen muss.[569]

Dies kommt auch für die Beweisvereitelung in Frage: Liegt eine Beweisvereitelung vor, sodass sich die beweisbelastete Partei in Beweisnot befindet, könnte eine Parteivernehmung erfolgen, ohne dass es bereits einen Anfangsbeweis gibt. Das OLG München hat eine Parteivernehmung nach § 448 ZPO abgelehnt, weil keine Anhaltspunkte für eine Beweisvereitelung durch Irreführung des Sachverständigen - wie von der Klägerseite behauptet - gegeben waren.[570]

Im Fall der Beweisnot beim Vier-Augen-Gespräch ist für die erleichterte Parteivernehmung die Wahrung des Grundsatzes der Waffengleichheit als Begründung herangezogen worden.[571] Im Falle der Beweisvereitelung liegt jedoch wie bereits gezeigt[572] kein Verstoß gegen das Gebot der Waffengleichheit vor, sodass eine Gleichbehandlung mit dem Fall des Vier-Augen-Gesprächs ausscheidet.

In seiner Entscheidung vom 02.12.1997[573] hat der BGH zu Recht entschieden, dass von dem Erfordernis des Vorliegens einer gewissen Wahrscheinlichkeit für die Wahrheit der unter Beweis gestellten Behauptung auch bei Beweisnot der beweisbelasteten Partei keine Abstriche gemacht werden können.[574] Nur in ganz besonderen Ausnahmefällen, in denen neben der Vereitelung des Beweises zusätzliche Umstände vorliegen, welche die erforderliche gewisse Wahrscheinlichkeit begründen könnten, erscheint eine Anwendung des § 448 ZPO denkbar. In der Regel entbehrt jedoch mangels Vorliegens dieser besonderen Umstände eine erleichterte Parteivernehmung für den Fall der Beweisvereitelung einer rechtlichen Grundlage und ist somit abzulehnen.

7. Beweissubstitution

Als weitere mögliche Rechtsfolge wurde die sog. Beweissubstitution vorgeschlagen. Danach wird die entstandene Beweislücke durch den bestmöglichen Aussagewert des fehlenden Beweises substituiert und mit den sonstigen Beweisergebnissen des Prozesses durch den Richter frei gewürdigt.[575] Hierbei müsse die Beweislastverteilung nicht verändert werden und der Richter könne auf eine

---

569 Siehe etwa BGH NJW 2010, 3292 (3293); NJW-RR 2006, 61 (63); *Schiken*, ZZP 2013 (126), 403.

570 Urteil vom 12.05.2003 - 31 U 1956/03 = NVZ 2005, 145 (145).

571 EGMR NJW 1995, 1413.

572 Siehe dazu die Ausführungen auf S. 47 f.

573 BGH NJW 1998, 814.

574 BGH NJW 1998, 814 (815).

575 *Weber*, S. 216.

Wahrunterstellung verzichten. Der Vorgang der richterlichen Überzeugungsbildung bleibe jedoch – anders als bei der Wahrunterstellung – erforderlich. Insbesondere sei der beweisbelasteten Partei nur dann im Wege der Beweissubstitution abzuhelfen, wenn der Beweisgegner den Verlust realer Beweismittel verursacht habe. Sei eine solche Verursachung nicht sicher oder habe es gar keine realen Beweismittel gegeben, scheide eine Beweissubstitution zu Gunsten der beweisbelasteten Partei aus.[576] Dem ist entschieden zu widersprechen. Die bereits im Zusammenhang mit der generellen Beweislastumkehr als Rechtsfolge einer Beweisvereitelung erläuterte Problematik[577] des unbekannten Aussagewertes eines fehlenden Beweismittels führt zur Unanwendbarkeit einer Beweissubstitution. Selbst wenn feststeht, dass ein Verlust realer Beweismittel eingetreten ist, kann daraus nicht geschlossen werden, dass das fehlende Beweismittel das von der beweisbelasteten Partei Behauptete gestützt haben würde.

8. Freie Beweiswürdigung gemäß § 286 ZPO

a) Grundsatz

Die wohl herrschende Meinung in der Literatur geht davon aus, dass ein Verhalten, durch das dem Gegner die Beweisführung schuldhaft unmöglich gemacht wird, im Rahmen der freien Beweiswürdigung nach § 286 ZPO berücksichtigt werden soll.[578] Aber auch die Rechtsprechung, nach deren Formel[579] es bei einer Beweisvereitelung Beweiserleichterungen bis hin zur Beweislastumkehr geben kann, trägt beweisvereitelndem Verhalten zum Teil bei der freien Beweiswürdigung nach § 286 ZPO Rechnung.[580]

576 *Weber*, S. 223.

577 Siehe hierzu S. 101 f.

578 *Baumgärtel*, Beweislaspraxis, S. 92, Rdnr. 123; *Gerhardt*, AcP 69 (1969), 289, 315; *Lepa*, NZV 1992, 129 (136); *Musielak*, Festgabe Bundesgerichtshof, S. 220; *ders.*, Grundlagen der Beweislast, S. 138 ff.; *Musielak / Stadler*, Grundfragen des Beweisrechts, S. 100 f.; *Peters*, ZZP 82 (1969), 200 (220 f.); *Theuerkauf*, MDR 1962, 449 (451); *Uhlenbruck*, NJW 1965, 1057 (1063).

579 Siehe oben S. 87 f.

580 BGH VersR 1958, 762; BGH VersR 1964, 945; BGH NJW 1960, 821; BGH NJW 1963, 389 (390); BGH NJW 1967, 2012 (2012).

Die Berücksichtigung im Rahmen der freien Beweiswürdigung ermöglicht eine „elastische und passendere“[581] Reaktion und mehr Flexibilität als eine starre Beweislastumkehr.[582]

Die Vielfalt möglicher Sachverhalte bei der Beweisvereitelung macht eine schematisierte Regelung sehr schwierig.[583] Im Gegensatz zur „starren und obligatorischen“ Beweislastumkehr stellt sich die Berücksichtigung im Rahmen der freien Beweiswürdigung als echter Vorzug dar, da alle Umstände des Einzelfalls einbezogen werden können.[584] Dies lässt die Beweiswürdigungslösung als die „ehrlichere“ erscheinen.[585]

Auch das Gesetz geht in den wenigen geregelten Fällen einer Beweisvereitelung - §§ 427, 441 Abs. 3, 444 ZPO - davon aus, dass die freie richterliche Beweiswürdigung die geeignetste Lösung für die Berücksichtigung im Prozess darstellt und ordnet die freie Beweiswürdigung ohne Beschränkungen an.[586]

b) Kritik

Jedoch wird auch die Beweiswürdigungstheorie kritisiert: So wird angeführt, dass es bei einer vorsätzlich – absichtslosen und vor allem bei einer fahrlässigen Beweisvereitelung keinerlei Anhaltspunkte für eine Würdigung zu Gunsten oder zu Lasten der beweisvereitelnden Partei gebe, weil eine Vernichtung des Beweismittels hier keinen Schluss auf seinen Beweiswert zulässt,[587] eine *Beweis*würdigung damit also gar nicht möglich sei.[588]

581 *Peters,* ZZP 82 (1969), 200 (218).

582 *Musielak,* Grundkurs ZPO, § 6, S. 299, Rdnr. 471; *Musielak / Stadler,* Grundfragen des Beweisrechts, S. 100, Rdnr. 189; *Schwab,* Zivilprozessrecht, § 9, Rdnr. 527; *Stoll,* AcP 176 (1976), 145 (195).

583 *Baumgärtel,* Festschrift Kralik, S. 71; *Musielak,* Grundlagen der Beweislast, S. 139; *Musielak / Stadler,* Grundfragen des Beweisrechts, S. 100, Rdnr. 189.

584 *Gerhardt,* AcP 69 (1969), 289, 315.

585 *Schmidt,* JuS 1975, 430 (435).

586 *Jauernig / Hess,* Zivilprozessrecht, S. 207, Rdnr. 33; *Musielak,* Grundkurs ZPO, § 6, S. 299, Rdnr. 471; *Musielak / Stadler,* Grundfragen des Beweisrechts, S. 100, Rdnr. 188.

587 *Musielak / Stadler,* Grundfragen des Beweisrechts, S. 100, Rdnr. 189; *Thole,* JR 2011, 327 (331 f.).

588 *Maassen,* S. 177; so wohl auch *Bender,* S. 267, der eine „Wertenscheidung“ hier für unangemessen hält; *Baumgärtel,* in Festschrift Kralik, S. 73; *Peters,* ZZP 82 (1969), 200 (218); auch *Prütting* spricht im Falle einer bloß fahrlässigen Beweisvereitelung von der Überforderung der richterlichen Überzeugung, in Gegenwartsprobleme der Beweislast, § 15, S. 187; *Weber,* S. 214.

Dem ist jedoch nicht zuzustimmen. Grundlage der richterlichen Überzeugung stellen nach § 286 Abs. 1 ZPO der Inhalt der gesamten Verhandlung und eine *etwaige* Beweisaufnahme dar. Das Gericht kann sich demnach auch ohne Beweisaufnahme von der Richtigkeit oder Unrichtigkeit einer Tatsachenbehauptung überzeugen.[589] Die Kritik an der Beweiswürdigungslösung geht damit fehl.

V. Abwägung gegenüber dem Vorschlag der Berücksichtigung erst in einem folgenden Schadensersatzprozess

Eine weitere Handhabe für die Fälle von Beweisvereitelung liefert *Maassen*, der die Beweisvereitelung im Ausgangsprozess überhaupt nicht berücksichtigen will, dafür aber einen anschließenden Schadensersatzprozess wegen Beweisvereitelung für möglich hält.[590]

Ausgangspunkt dieser Lösung ist wohl der Gedanke, dass im Zivilprozessrecht der Beibringungs- und Verhandlungsgrundsatz gilt.[591] Man könnte also auf die Beweislast der konkret beweisbelasteten Partei abstellen und die Beweisfälligkeit als Risiko dieser Partei ansehen, unabhängig davon, aus welchem Grund die Partei für ein Tatbestandsmerkmal beweisfällig geblieben ist. Das heißt, es würde hier zum Beispiel keinen Unterschied machen, ob die beweisbelastete Partei eine Urkunde nicht vorlegen kann, weil sie diese selbst verloren hat, oder weil die nicht beweisbelastete Partei diese absichtlich vorenthält. Diesem Ansatz kann jedoch schon aus dem Grunde nicht gefolgt werden, dass der Gesetzgeber selbst die Berücksichtigung beweisvereitelnden Verhaltens geregelt hat. Es kann demnach keinen Grundsatz geben, nach dem eine Beweisvereitelung im Prozess nicht berücksichtigt werden darf. Ein solcher stünde offensichtlich im Widerspruch zum Willen des Gesetzgebers und verstieße damit gegen das Gesetz.

Fraglich ist bei diesem Ansatz weiterhin, welches Recht oder Rechtsgut im Sinne des § 823 Abs. 1 BGB durch eine Beweisvereitelung verletzt sein kann. *Maassen* selbst stellt auf die Beweisposition als sonstiges absolutes Recht ab. Des Weiteren kommt die Erfolgsaussicht im Zivilprozess als Rechtsgut in Betracht, welche vor Beeinträchtigungen durch die Gegenpartei oder durch Dritte zu schützen ist.[592]

---

589 *Jauernig / Hess*, Zivilprozessrecht, S. 198, Rdnr. 18; *Schilken*, Zivilprozessrecht, S. 106.

590 *Maassen*, S. 180; ähnlich auch *Hopmann*, JW 1913, 70 ff., der in der beweisrechtlichen Sanktion eine Art Schadensersatzanspruch sieht.

591 Siehe statt aller MünchKomm ZPO / *Prütting*, § 288, Rdnr. 1.

592 *Nolte*, RIW 1996, 361 (373).

Dem kann jedoch nicht gefolgt werden. Das deutsche Schadensrecht ist geprägt vom Gedanken des Ausgleichs,[593] während es in anderen Rechtsordnungen, wie zum Beispiel dem amerikanischen Recht, mit einer Klage auf Schadensersatz etwas zu gewinnen gibt.[594] Ist man aber bei einem Anspruch auf Schadensersatz auf den Ausgleich beschränkt, so stellt sich die Frage, wie der Verlust einer bloßen Erfolgsaussicht zu entschädigen ist. Aus der bloßen Chance, dass das Beweismittel den erforderlichen Beweis erbringt (und nicht etwa genau das Gegenteil), kann beim Fehlen des Beweismittels gerade nicht ohne Weiteres geschlossen werden, dass die klägerische Behauptung stimmt.[595] Gerade weil man die Beweischance aber wegen des fehlenden Beweisstückes nicht messen oder würdigen kann und eine Naturalrestitution damit unmöglich ist, besteht im Nachhinein keine Möglichkeit des Ausgleichs.[596] Die bloße Beweisposition ist als solche demnach zu unbestimmt, um sie als sonstiges Recht im Sinne des § 823 Abs. 2 BGB zu charakterisieren. Deshalb gewährt das deutsche Recht keinen materiellen Schadensersatzanspruch bei der Vereitelung der Beweisführung durch die nicht beweisbelastete Partei, sondern sieht systemimmanente innerprozessuale nachteilige Folgen vor.[597]

Auch bei der Beurteilung der Ursächlichkeit treten wegen des Fehlens des Beweisstückes Probleme auf. Die Beweisvereitelung müsste für den Schaden ursächlich geworden sein, das heißt, das fehlende Beweisstück hätte die Behauptung der nicht beweisbelasteten Partei beweisen müssen.[598] Da das Beweisergebnis jedoch beim fehlenden Beweis gerade in Frage steht, kann vom Vorliegen der Kausalität kaum ausgegangen werden.

Eine Ausnahme gilt jedoch für den Prozessbetrug, der gemäß § 263 StGB unter Strafe gestellt ist. Hierbei muss jedoch im Zivilprozess auf § 823 Abs. 2 BGB abgestellt werden. Liegen die Voraussetzungen eines Prozessbetrugs bei der

---

593 Siehe statt aller MünchKomm BGB / *Wagner*, Vorbemerkungen § 823 ff., Rdnr. 1.

594 *Paulus*, Rechtsgeschichtliche und rechtsvergleichende Betrachtungen, S. 15.

595 *Baumgärtel*, Beweislastpraxis, S. 85, Rdnr. 115; *Blomeyer*, Beweislast und Beweiswürdigung, S. 11 f.; *Konzen*, S. 229; so wohl auch *Prölss*, der allerdings nicht auf das verletzte Recht eingeht, sondern einen Schaden ablehnt, weil die Vereitelung der bloßen Beweischance keinen Vermögensschaden darstellen könne, *Prölss*, S. 90; zustimmend *Baumgärtel*, in Festschrift Kralik, S. 66; *Wahrendorf*, S. 128; zustimmend wohl auch *Krautstrunk*, S. 231, der den Restitutionsgedanken für die Folgen einer Beweisvereitelung als unbrauchbar bezeichnet.

596 *Paulus*, Rechtsgeschichtliche und rechtsvergleichende Betrachtungen, S. 23; *Stürner*, Aufklärungspflicht, S. 243.

597 *Paulus*, Rechtsgeschichtliche und rechtsvergleichende Betrachtungen, S. 23.

598 *Konzen*, S. 228.

konkreten Beweisvereitelung vor, könnte es sich um die Verletzung eines Schutzgesetzes, nämlich § 263 StGB, handeln. Nur dann kommt überhaupt eine Anwendung des § 823 BGB in Betracht.

Unabhängig vom verletzten Recht oder Rechtsgut erkennt *Maassen* selbst jedoch das Problem, welches seinen vorgeschlagenen Lösungsweg im Umgang mit einer Beweisvereitelung zunichte macht: Die Partei, die sich wegen Beweisvereitelung in Beweisnot befand und deshalb den Ausgangsprozess verloren hat, muss beweisen, dass sie den Ausgangsprozess ohne die Beweisvereitelung gewonnen hätte, da sonst ein Schaden gar nicht vorliegt.[599] *Maassen* will hier zwar eine Umkehr der Beweislast im Hinblick auf die Schadenskausalität der Beweisvereitelung vornehmen; dies ist jedoch abzulehnen, da kein triftiger Grund ersichtlich ist, warum eine Beweislastumkehr bezüglich der Tatbestandsmerkmale des Anspruchs aus dem Ausgangsprozess abgelehnt, eine Beweislastumkehr hinsichtlich der Schadenskausalität der Beweisvereitelung jedoch angenommen werden sollte. Die Lösung *Maassens* stellt lediglich eine Verlagerung der Probleme der Berücksichtigung einer Beweisvereitelung vom Ausgangsprozess in den folgenden Schadensprozess dar und kann somit nicht überzeugen.

VI. Ergebnis

Als Ergebnis der Diskussion über die Rechtsfolgen einer Beweisvereitelung bleibt festzuhalten, dass die überzeugendste Lösung diejenige ist, die das Gesetz schon bereit hält, nämlich die Berücksichtigung der Beweisvereitelung im Rahmen der freien richterlichen Beweiswürdigung mit der darüber hinausgehenden Möglichkeit der Wahrunterstellung einer Tatsachenbehauptung.

---

599 *Maassen*, S. 180.

E. Sonderfall: Beweisvereitelung im Arzthaftungsprozess

In diesem Teil geht es um die Frage, ob die Formel der Rechtsprechung, die sich als Handhabe für eine Beweisvereitelung als untauglich herausgestellt hat, trotzdem einen Geltungsanspruch haben kann, weil sie in dem besonderen Fall der Arzthaftung eine brauchbare Lösung bietet.

Zunächst ist hier vorwegzunehmen, dass für die Fallgruppen der Beweisvereitelung im Arzthaftungsrecht eine Kodifizierung der von der Rechtsprechung entwickelten Beweislastumkehr stattgefunden hat. In § 630 h BGB[600] hat der Gesetzgeber die Beweislastverteilung so geregelt, wie sie von der Rechtsprechung entwickelt worden ist.[601] Im Folgenden soll die Beweislastvereitelung im Arzthaftungsrecht beim Vorliegen eines groben Behandlungsfehlers dargestellt werden, da hier eine Änderung der Rechtsprechung eingetreten ist, durch welche die Formel der Rechtsprechung – wie sie auch für die Beweisvereitelung angewendet wird – eine Einschränkung erfahren hat.

Diese Änderung besteht darin, dass anfangs für das Eingreifen von Beweiserleichterungen das Vorliegen eines Behandlungsfehlers ausreichend war. Nach der geänderten Rechtsprechung[602] war für das Eingreifen einer Beweislastumkehr hinsichtlich des Ursachenzusammenhangs zwischen Behandlungsfehler und Gesundheitsschaden ein *grober* Behandlungsfehler erforderlich.[603]

I. Darstellung der Problematik im Arzthaftungsrecht vor der Einführung der §§ 630 a ff. BGB

Mit der Einführung des § 630 h BGB wurde die Beweislastverteilung gesetzlich so festgeschrieben, wie sie in diesem Bereich von der Rechtsprechung entwickelt wurde.[604] Diese Entwicklung soll nun zunächst dargestellt werden.

---

600 Siehe hierzu auch *Schärtl*, NJW 2014, 3601.

601 RegE PatRG S. 34; *Katzenmeier*, NJW 2013, 817 (821).

602 BGH NJW 1996, 1589.

603 BGH NJW 1996, 1589 (1590); in dieser Entscheidung wird im Leitsatz ausdrücklich darauf hingewiesen, dass der BGH hier seine bisherige Rechtsprechung eingrenzt; BGH NJW 1999, 3408 (3410); zustimmend *Baumgärtel*, Beweislastpraxis, S. 276, Rdnr. 471.

604 RegE PatRG S. 34; *Katzenmeier*, NJW 2013, 817 (821).

Im Arzthaftungsprozess gilt es eine Eigentümlichkeit ärztlichen Handelns zu berücksichtigen. Weder aus einem Zwischenfall noch aus einem Misserfolg der Behandlung lässt sich regelmäßig der Schluss auf ein pflichtwidriges Verhalten des Arztes ziehen,[605] denn selbst eine lege artis durchgeführte Behandlung kann den Behandlungserfolg nicht garantieren.[606] Die Problematik bei der Pflichtverletzung durch einen Arzt bestand aber regelmäßig darin, dass gerade die Pflichtverletzung, die vom Patienten zu beweisen war,[607] den Beweis erschwerte oder sogar unmöglich machte, wenn eine Verletzung der Befunderhebungs- oder der Befundsicherungspflicht vorlag. Dann verhinderte der Verstoß selbst die Beweisführung im Hinblick auf gerade diesen. Pflichtverstoß und Beweisvereitelung fielen damit in einer Handlung zusammen. Für den Patienten ergab sich daraus eine doppelte Belastung: Zunächst stellte es für den Patienten generell eine Schwierigkeit dar, den Kausalzusammenhang zwischen Behandlungsfehler und Gesundheitsschaden darzustellen.[608] Darüber hinaus stand ihm beim Unterlassen einer Befunderhebung nicht einmal eine ausreichende Tatsachengrundlage in Form eines Befundes zur Verfügung.[609] Auch bei einer vorhandenen Dokumentation bestehen ähnliche Schwierigkeiten. Zunächst muss der Patient überhaupt an die Dokumentation herankommen. Schon dies kann ohne freiwillige Herausgabe einen Prozess erfordern. Des Weiteren kann eine vorhandene Dokumentation lückenhaft oder unverständlich und somit unbrauchbar für eine Beweisführung sein. Diese besondere Konstellation erschwerte dem Patienten die Beweisführung und rechtfertigte damit den Schutz des Patienten, den die Rechtsprechung bei Vorliegen der Voraussetzungen durch eine Beweislastumkehr zu Gunsten des Patienten erreichte.[610] Lag ein grober Behandlungsfehler vor, sollte der Patient nicht auch noch den Kausalzusammenhang beweisen müssen.[611] Der BGH sprach hier davon, dass durch eine Beweislastumkehr eine gerechte Risiko- und Rollenverteilung im Arzt-Patienten-Verhältnis

---

605 BGH NJW 1978, 1681 (1681); *Baumgärtel*, Beweislastpraxis, S. 173, Rdnr. 256; *Steffen / Pauge*, Arzthaftungsrecht, S. 53, Rdnr. 130.

606 *Graf*, S. 98.

607 BGH NJW 1973, 1688 (1688); BGH NJW 1983, 332 (332); BGH NJW 1987, 1482 (1483); BGH NJW 1988, 2949 (2949); BGH NJW 1995, 1611 (1612); *Baumgärtel*, Beweislastpraxis, S. 279, Rdnr. 478; *Bischoff*, S. 349 f.; *Dressler*, S. 382; *Gross*, S. 429; *Katzenmeier*, VersR 2002, 1066 (1069); *Krämer*, S. 445; *Lepa*, Festschrift Geiss, S. 449; *Müller*, Festschrift Geiss, S. 465; *Steffen / Pauge*, Arzthaftungsrecht, S. 234, Rdnr. 513; *Uhlenbruck*, NJW 1965, 1057 (1058).

608 BVerfG NJW 1979, 1925 (1925).

609 Laufs / Katzenmeier / Lipp / *Katzenmeier*, Arztrecht, Rdnr. 102.

610 *Gross*, S. 432; *Müller*, Festschrift Geiss, S. 465.

611 *Reinhardt*, NJW 1994, 93 (94).

für die Prozessführung geschaffen werden sollte,[612] welche auch das materielle Recht erreichen will[613]. Es sollte hingegen keine Sanktion für besonders schweres Verschulden eines Arztes durch die Beweislastumkehr erfolgen, sondern der Beweisnot des Patienten entsprochen werden.[614]

Auch beim Vorliegen eines groben Behandlungsfehlers gab es Beweisschwierigkeiten. Dem Patienten ist in der Regel nur ein begrenzter Einblick in das Tun des Arztes möglich oder häufig wegen Narkotisierung sogar gänzlich unmöglich.[615] Grundsätzlich stellt es eine große Hürde dar, den Behandlungsverlauf im Nachhinein nachzuvollziehen und für einen Prozess zu rekonstruieren, weil die Reaktionsabläufe im menschlichen Organismus unbeherrschbar und unberechenbar sind und jeder Mensch eine „medizinische Einmaligkeit" darstellt, sodass Prognosen nicht angestellt werden können.[616] Der Patient befand sich wegen des Mangels an medizinischen Kenntnissen und ohne Zugang zum Arzt- oder Krankenhausbereich in einer Beweisnot, welcher der BGH mit der Entwicklung seiner Formel abhelfen wollte.[617] Wurde das Vorliegen einer Beweisvereitelung bejaht, so griffen für den Patienten Beweiserleichterungen bis hin zur Beweislastumkehr im Bezug auf den Beweis des Ursachenzusammenhangs zwischen der Verletzung einer Handlungspflicht und dem eingetretenem Schaden.[618]

Es bleibt also zunächst festzuhalten, dass es im Arzthaftungsrecht zwei für diese Arbeit relevante und voneinander zu unterscheidende Fallgestaltungen gibt:

- Eingreifen der Formel der Rechtsprechung – wie sie für die Fälle der Beweisvereitelung entwickelt wurde – beim Vorliegen eines groben Behandlungsfehlers
- Folgen bei einer Verletzung der Dokumentationspflicht

Während es sich bei einem groben Behandlungsfehler nicht um eine Beweisvereitelung handelt, da keine schuldhafte Vernichtung oder Vorenthaltung von

612 BGH NJW 1959, 1583; BGH NJW 1995, 1611 (1612).

613 *Reinhardt*, NJW 1994, 93 (94).

614 BGH NJW 1988, 2949 (2950); BGH VersR 1996, 1535 (1536); BGH NJW 1997, 794 (795); OLG Braunschweig VersR 1998, 459 (461); *Deutsch*, NJW 1993, 1506 (1509 f.); *Krämer*, S. 448; *Steffen / Pauge*, Arzthaftungsrecht, S. 235, Rdnr. 515.

615 BGH NJW 1978, 1681 (1682).

616 *Kaufmann*, Die Beweislastproblematik im Arzthaftungsrecht, S. 11; so auch *Dressler*, S. 385.

617 *Giesen*, JZ 1982, 448 (450).

618 BGH NJW 1978, 2337 (2338); BGH NJW 1983, 332 (332); BGH NJW 1988, 2303 (2304); BGH NJW 1998, 79 (81); BGH NJW 2004, 222 (222).

Beweismitteln durch den Arzt vorliegt, ist der Fall der Verletzung der Dokumentationspflicht mit den übrigen Fällen der Beweisvereitelung vergleichbar, da hier eine Vorenthaltung von Beweismitteln durch das Unterlassen der Dokumentation stattfindet.

Der Fall des groben Behandlungsfehlers ist jedoch trotzdem näher zu erörtern, da die Rechtsprechung hier vor der Einführung der §§ 630 a BGB ihre Formel von den Beweiserleichterungen bis hin zur Beweislastumkehr angewendet hat. Die Frage, ob diese Formel im Arzthaftungsprozess Geltung beanspruchen kann, gibt Aufschluss über ihre generelle Daseinsberechtigung. Wie bereits dargestellt, kann sie keine brauchbare Handhabe für den Umgang mit einer Beweisvereitelung liefern. Verneint man eine Anwendung dieser Formel auch im Arzthaftungsprozess, muss eine völlige Loslösung von dieser Formel verlangt werden, da kein Anwendungsbereich für sie verbleibt.

II. Anforderungen an die Zulässigkeit einer Beweislastumkehr bei grobem Behandlungsfehler

Im Folgenden soll zugleich auch die Rechtslage vor Einführung der §§ 630 a ff. BGB dargestellt werden. Dies dient dem Verständnis und ist erforderlich, da erst durch die Konkretisierung der Arzthaftung durch die Rechtsprechung die Rechtsfigur der Beweislastumkehr in diesem Rechtsgebiet angewendet wurde und mit Einführung der §§ 630 a ff. BGB auch Einzug in das Bürgerliche Gesetzbuch gehalten hat.

Das Kernproblem im Arzthaftungsprozess vor der Anpassung durch die Formel der Rechtsprechung und die Regelung der Beweislastverteilung in den §§ 630 a ff. BGB bestand in der erschwerten Beweisführung und häufigen Beweisnot des Patienten.[619] Deshalb wurde für den Arzthaftungsprozess zum Teil vertreten, dass eine generelle Beweislastumkehr beim Vorliegen eines Behandlungsfehlers erfolgen müsse.[620] Dies wurde jedoch überwiegend abgelehnt, da eine generelle Beweislastumkehr in der Praxis einer Erfolgshaftung gleichstünde.[621] Insbesondere weil auch beim Vorliegen eines Behandlungsfehlers nur ausnahmsweise vom Behandlungsfehler auf den eingetretenen Schaden geschlossen werden

619 *Katzenmeier,* MedR 2011, 201 (203); *Müller,* Festschrift Geiss, S. 465.

620 *Giesen,* JZ 1982, 448 (452); *Stoll,* AcP 176 (1976), 145 (157).

621 *Baumgärtel* / Laumen / Prütting, Handbuch der Beweislast, Band 1, § 823, Rdnr. 20; *Gottwald,* Jura 1980, 303 (308); *Katzenmeier,* MedR 2011, 201 (216); *ders.,* Arzthaftung, S. 459.

könne, da jeder Organismus anders auf einen Fehler reagiere, könne es eine generelle Beweislastumkehr nicht geben.[622]

1. Anforderungen an den Behandlungsfehler

a) Erfordernis eines groben Behandlungsfehlers

aa) Definition: Grober Behandlungsfehler

Grundsätzlich ist bei der Annahme eines Behandlungsfehlers wegen der Mehrdeutigkeit von Krankheitssymptomen Rücksicht geboten.[623] Deshalb gibt es auch keine exakte Definition, unter welche sich alle Sachverhalte eindeutig subsumieren lassen.[624] Laut der Rechtsprechung des BGH ist jedoch dann von einem groben Behandlungsfehler auszugehen, wenn ein eindeutiger Verstoß gegen bewährte ärztliche Behandlungsregeln oder gesicherte medizinische Erkenntnisse vorliegt. Von einem groben Behandlungsfehler kann demnach gesprochen werden, wenn die nach dem Erkenntnisstand der medizinischen Wissenschaft und ärztlichen Praxis gebotene Sorgfalt außer Acht gelassen wird.[625] Ein Behandlungsfehler ist grob, wenn er aus objektiver Sicht nicht mehr verständlich erscheint, weil er einem Arzt schlechterdings nicht unterlaufen darf.[626] Leichtfertigkeit des Arztes ist indes für das Vorliegen eines groben Behandlungsfehlers nicht erforderlich.[627]

Ob ein Behandlungsfehler als grob einzustufen ist, beurteilt sich nach einer Gesamtbetrachtung des Behandlungsverlaufs unter Berücksichtigung der konkreten Umstände; hierzu zählen zum Beispiel erschwerte Behandlungsbedingungen.[628] Zum Wesen eines groben Behandlungsfehlers gehört es, dass er die Aufklärung des Behandlungsverlaufs besonders erschwert.[629]

Zum Teil wird bei der Frage nach der Schwere des Behandlungsfehlers darauf abgestellt, wie hoch die Wahrscheinlichkeit für einen Schadenseintritt ist,

---

622 BVerfG NJW 1979, 1925 (1925); *Steffen / Pauge,* Arzthaftungsrecht, S. 53, Rdnr. 130.

623 BGH VersR 1981, 1033 (1034); OLG Köln VersR 1989, 631 (631); OLG Köln VersR 1991, 1288 (1288); OLG Köln VersR 1999, 366 (366); *Bischoff,* S. 345 f.

624 *Katzenmeier,* Arzthaftung, S. 441 f.

625 *Giesen,* JZ 1990, 1053 (1056); *Schelling / Warntjen,* MedR 2012, 506 (507 f.).

626 BGH VersR 1995, 46 (47); BGH NJW 1995, 778 (779); BGH NJW 1997, 796 (798); BGH NJW 1998, 814 (815); BGH NJW 1998, 1780 (1781); BGH NJW 1998, 1782 (1783); BGH NJW 1999, 862 (862); BGH NJW 2012, 227 (228).

627 BGH NJW 1986, 2291 (2293); *Baumgärtel / Wittmann,* JA 1979, 113 (115).

628 BGH NJW 1988, 1511 (1512); BGH NJW 1998, 1782 (1783); BGH NJW 2001, 2792 (2793); OLG Stuttgart VersR 1990, 858 (858).

629 BGH NJW 1983, 332 (333); BGH NJW 1988, 2949 (2950); BGH NJW 1995, 778 (779).

und aus einzelnen Entscheidungen[630] des BGH, in denen das Wort „naheliegende Schadensursache" verwendet wird, geschlossen, dass auch der BGH hierauf abstellt.[631]

Die unbestimmten Rechtsbegriffe können im Einzelfall zu erheblichen Unsicherheiten bei der Feststellung des Vorliegens eines Behandlungsfehlers führen.[632]

bb) Beweislastumkehr bei grobem Behandlungsfehler

(1) Rechtsprechung

Im Hinblick auf das Erfordernis des Vorliegens eines groben Behandlungsfehlers für eine Beweislastumkehr hat sich die Rechtsprechung des BGH gewandelt. Anfangs war für das Eingreifen von Beweiserleichterungen ein Behandlungsfehler ausreichend. Mit der Frage, ob es sich um einen groben Behandlungsfehler handelt, hat sich das Gericht nicht auseinandergesetzt.[633] Seit der Entscheidung des BGH aus dem Jahre 1996[634] ist jedoch für das Eingreifen einer Beweislastumkehr hinsichtlich des Ursachenzusammenhangs zwischen Behandlungsfehler und Gesundheitsschaden erforderlich, dass es sich um einen groben Behandlungsfehler des Arztes handelt.[635] Im Hinblick auf die Befunderhebungspflicht zum Beispiel ist dies der Fall, wenn der Arzt in ungewöhnlichem Ausmaß einfache Diagnose- und Kontrollbefunde zur Behandlung nicht erhebt und sichert bzw. dokumentiert und das Behandlungsgeschehen deshalb nicht aufgeklärt werden kann.[636]

Abschließend sei jedoch noch darauf hingewiesen, dass die Haftung eines Arztes nicht generell vom Vorliegen eines groben Behandlungsfehlers abhängt. Auch beim Fehlen eines solchen können die Voraussetzungen einer Haftung vorliegen. Beweiserleichterungen bis hin zur Beweislastumkehr gewährt der BGH jedoch nur beim Vorliegen eines groben Behandlungsfehlers, wobei dann jedoch wie oben bereits erläutert nur die Beweislastumkehr in Frage kommt.

---

630 BGH NJW 1967, 1508 (1509); BGH NJW 1970, 1230 (1231).

631 *Musielak / Stadler,* Grundfragen des Beweisrechts, S. 162, Rdnr. 275.

632 *Dopheide,* VersR 2007, 1050 (1052).

633 BGH NJW 1987, 1482 (1483).

634 BGH NJW 1996, 1589.

635 BGH NJW 1996, 1589 (1590); in dieser Entscheidung wird im Leitsatz ausdrücklich darauf hingewiesen, dass der BGH hier seine bisherige Rechtsprechung eingrenzt; BGH NJW 1999, 3408 (3410); zustimmend *Baumgärtel,* Beweislastpraxis, S. 276, Rdnr. 471.

636 LG Köln 1991, 2974 (2974).

(2) Kritik aus der Literatur

Zum Teil wurden Bedenken gegen die Beweislastumkehr nur beim groben Behandlungsfehler erhoben.[637] Argumentiert wurde hier, dass auch ein einfacher Fehler des Arztes die Gefahr der Unaufklärbarkeit eines Behandlungsgeschehens berge und deshalb bei der Beweislastumkehr nicht nach dem Grad der Schwere des Behandlungsfehlers differenziert werden dürfe.[638] Auch ein einfacher Behandlungsfehler könne das Spektrum der möglichen Schadensursachen verbreitern. Hier könnten im konkreten Einzelfall noch schwerwiegendere Zweifel an der Ursächlichkeit bestehen, weil ein einfacher Behandlungsfehler nicht so augenfällig sei und eventuelle Auswirkungen noch schwieriger festzustellen sein könnten.[639] Dem ist jedoch nicht zuzustimmen. Ein Behandlungsfehler wird zwar bei der Fallgruppe des sog. „voll beherrschbaren Risikos“[640] vermutet; eine Beweislastumkehr findet jedoch nur bei einem groben Behandlungsfehler statt. Der Unterschied besteht hier darin, dass der Patient bei der Fallgruppe des sog. „voll beherrschbaren Risikos“ darzulegen und gegebenenfalls nachzuweisen hat, dass die Rechtsverletzung aus der Realisierung eines durch den Behandelnden voll beherrschbaren Behandlungsrisikos resultiert.[641]

cc) Beweislastumkehr ausnahmsweise auch bei einfachem Fehler

Grundsätzlich kann bei einer bloß lückenhaften Dokumentation oder bei einem Verstoß gegen die Befunderhebungspflicht eine Beweislastumkehr nur für das Vorliegen des ärztlichen Fehlverhaltens greifen.[642]

Ausnahmsweise kann auch bereits das Unterlassen der Befunderhebung für sich genommen einen groben ärztlichen Fehler darstellen.[643]

Bei einer unterlassenen Befunderhebung, die nicht schon für sich allein einen groben Behandlungsfehler darstellt, muss für eine Beweislastumkehr hinzukommen, dass die nach den Regeln der ärztlichen Kunst eindeutig gebotene, jedoch unterlassene Abklärung bei ihrer Vornahme mit hinreichender Wahrscheinlichkeit einen so deutlichen und gravierenden Befund ergeben hätte, dass sich

---

637 *Deutsch*, Festschrift Lange, S. 442; *Graf*, S. 123; *Schiemann*, S. 401; *Schmidt*, JuS 1975, 430 (434); *Walter*, Freie Beweiswürdigung, S. 245 f.

638 *Fleischer*, JZ 1999, 766 (773); *Schiemann*, S. 401; *Weber*, S. 235.

639 *Graf*, S. 123; *Katzenmeier*, Arzthaftung, S. 462.

640 BGH VersR 1991, 1058 (1059); BGH NJW 1995, 1618.

641 OLG Düsseldorf, Urt. v. 13.1.2005 – 8 U 18/04; *Geiß / Greiner*, B. V. 1., Rdnr. 239.

642 BGH NJW 1998, 1780 (1781).

643 BGH NJW 1998, 1780 (1781); BGH NJW 2004, 2011 (2013); *Hausch*, MedR 2012, 231 (231).

dessen Verkennung als fundamental oder[644] die Nichtreaktion auf ihn als grob fehlerhaft darstellen würde. Ist dies der Fall, muss hinzukommen, dass der Fehler grundsätzlich geeignet ist, den konkreten Gesundheitsschaden herbeizuführen. Dann greift die Beweislastumkehr auch für den Nachweis des Ursachenzusammenhangs zwischen einfachem Behandlungsfehler und Gesundheitsschaden.[645]

Diese Erweiterung des Anwendungsbereichs der Beweisvereitelung auf Fälle des einfachen Befunderhebungsfehlers blieb jedoch nicht unkritisiert. Bedenken ergeben sich im Hinblick darauf, dass es im Arzthaftungsprozess gerade keine Garantiehaftung der Ärzte geben soll.[646] Den Arzt soll keine Erfolgshaftung treffen, weil der Misserfolg berufstypisch ist.[647] Selbst bei einer optimalen Behandlung kann der Behandlungserfolg nicht garantiert werden, da jeder Organismus anders reagiert und die unterschiedlichen körperlichen Gegebenheiten biologische und medizinische Grenzen setzen.[648] Es wird dadurch die Gefahr geschaffen, dass die Haftung des Arztes unkontrollierbar ausufert und regelmäßig zu Lasten des Arztes entschieden wird.[649] Das Krankheitsrisiko soll durch die Behandlung nicht zum „Arztrisiko" werden.[650] In § 630 h Abs. 3 BGB ist nunmehr die beweisrechtliche Folge einer lückenhaften Dokumentation durch den Arzt geregelt: Werden eine medizinisch gebotene wesentliche Maßnahme und ihr Ergebnis nicht aufgezeichnet oder wurde die Patientenakte mit den Aufzeichnungen nicht aufbewahrt, so wird vermutet, dass die Maßnahme nicht getroffen wurde. Eine Beweislastumkehr findet bei einer lückenhaften Dokumentation zwar nicht statt, jedoch muss der Arzt die Vornahme der Behandlungsmaßname beweisen, wenn sie nicht aufgezeichnet oder die Patientenakte nicht aufbewahrt wurde. Hier muss jedoch im Gegensatz zur Beweislastumkehr beim groben Behandlungsfehler der

---

644 In der Entscheidung vom 7.6.2011 – VI ZR 87/10 – MedR 2012, 249 stellt der BGH nochmal ausdrücklich klar, dass für eine Beweislastumkehr nicht beide Voraussetzungen kumulativ vorliegen müssen.

645 BGH NJW 1998, 1780 (1781); BGH NJW 2004, 2011 (2013); *Hausch,* MedR 2012, 231 (231).

646 *Baumgärtel,* Festschrift Bruns, S. 93; *Giesen,* JZ 1982, 448 (449); *Kern,* LMK 2005, 6 (7); *Stürner,* NJW 1979, 1225 (1228); *Wachsmuth / Schreiber,* NJW 1981, 1985 (1987).

647 *Katzenmeier,* Arzthaftung, S. 99; Laufs / Katzenmeier / Lipp / *Lipp,* Arztrecht, Kap. III, Rdnr. 26; *Laufs / Uhlenbruck – Kern,* § 38, Rdnr. 11; *Stürner,* NJW 1979, 1225 (1226).

648 *Steffen / Pauge,* Arzthaftungsrecht, S. 53, Rdnr. 128.

649 *Baumgärtel,* Festschrift Universität zu Köln, S. 179; *Blomeyer,* AcP 158 (1959/60), 97 (106); *Prütting,* Gegenwartsprobleme der Beweislast, S. 78 f.; *ders.,* Festschrift LG Saarbrücken, S. 268; *Walter,* Freie Beweiswürdigung, S. 181 ff.

650 *Steffen / Pauge,* Arzthaftungsrecht, S. 53, Rdnr. 128.

Patient weiterhin beweisen, dass die unterlassene Maßnahme zur Rechtsverletzung geführt hat.

b) Geeignetheit

Wie inzwischen im § 630 h Abs. 5 BGB normiert, muss der Behandlungsfehler des Arztes nach dem Erkenntnisstand der medizinischen Wissenschaft geeignet sein, den eingetretenen Schaden herbeizuführen;[651] insbesondere kommt es nicht darauf an, ob ein bestimmter Kausalverlauf naheliegend oder wahrscheinlich ist.[652] Geeignet um den eingetretenen Schaden herbeizuführen ist ein Behandlungsfehler, wenn er als Ursache nicht von Anfang an ausscheidet.[653] Eine Beweislastumkehr bei einem groben Behandlungsfehler ist nur dann ausnahmsweise ausgeschlossen, wenn der Ursachenzusammenhang zwischen grobem Behandlungsfehler und eingetretenem Schaden gänzlich bzw. äußerst unwahrscheinlich ist,[654] was von der Behandlungsseite zu beweisen ist[655]. Auch im Hinblick hierauf hat es Kritik gegeben. Problematisch am Geeignetheitserfordernis ist, dass dem BGH eine Unwahrscheinlichkeit in Höhe von 90 Prozent nicht ausreicht.[656] Dann aber liegt eine totale Beweislastumkehr zu Lasten des Arztes nicht mehr fern, die ja gerade verhindert werden soll,[657] weil dem Arzt sonst eine von ihm nicht geschuldete Garantie für den Behandlungserfolg auferlegt würde.[658] Deswegen wird zum Teil vertreten, für eine Beweislastumkehr im Arzthaftungsprozess sei zumindest

651 BGHZ 85, 212 (216 f.); BGH NJW 1978, 1683 (1683); BGH NJW 1986, 1540 (1541); BGH NJW 1997, 796 (797); BGH NJW 1997, 798 (799); BGH NJW 1998, 814 (815); *Baumgärtel,* Beweislastpraxis, S. 276, Rdnr. 471; *Franzki,* Die Beweisregeln im Arzthaftungsprozeß, S. 65; *Katzenmeier,* Arzthaftung, S. 444.

652 BGH NJW 1981, 2513 (2514); BGH NJW 1983, 332 (333); BGH NJW 1988, 2303 (2304); BGH NJW 1988, 2949 (2950); BGH NJW 1997, 796 (797); BGH NJW 1998, 814 (815); BGH NJW 2005, 427 (428); BGH NJW 2011, 3441 (3441); *Baumgärtel,* Beweislastpraxis, S. 282, Rdnr. 482; *Baumgärtel / Wittmann,* JA 1979, 113 (116); *Giesen,* JZ 1982, 448 (453).

653 BGH NJW 1959, 1583 (1584).

654 BGH NJW 1983, 332 (333); BGH NJW 1988, 2949 (2950); BGH NJW 1994, 801 (803); BGH NJW 1995, 1611 (1612); BGH VersR 1996, 1535 (1536); BGH NJW 1997, 794 (795); BGH NJW 1997, 796 (797); BGH NJW 1998, 1780 (1782); BGH NJW 1998, 1782 (1784); BGH NJW 2004, 2011 (2012); BGH NJW 2005, 427 (428); BGH NJW 2011, 2508 (2508); *Katzenmeier,* Arzthaftung, S. 445; *ders.,* JZ 2004, 1030 ff.

655 BGH NJW 1988, 2949 (2950); *Katzenmeier,* Arzthaftung, S. 445.

656 BGH NJW 2004, 2011 (2012).

657 *Kern,* LMK 2005, 6 (7).

658 LG Köln 1991, 2974 (2974); *Steffen / Pauge,* Arzthaftungsrecht, S. 225, Rdnr. 492.

eine gewisse Wahrscheinlichkeit dafür erforderlich, dass das fahrlässige Verhalten des Arztes kausal für den Schaden sei.[659] Gegen diese Wahrscheinlichkeitserwägungen wird jedoch eingewandt, dass sie dem Zweck der Beweislastumkehr, den Patienten zu schützen, zuwiderlaufen, da sie die Beweisführung des Patienten erheblich erschweren,[660] und den schuldhaft handelnden Arzt zu Unrecht beweisrechtlich besser stellen.[661]

Selbst wenn der Ursachenzusammenhang zwischen Behandlungsfehler und Gesundheitsschaden unwahrscheinlich ist, so kann es trotzdem zu einer Beweislastumkehr kommen, wenn der Behandlungsfehler den Gesundheitsschaden zusammen mit anderen Ursachen herbeigeführt haben kann und eine solche Mitursächlichkeit nicht äußerst unwahrscheinlich ist.[662] Denn der Arzt hat durch den Behandlungsfehler das Spektrum der möglichen Schadensursachen erweitert und die Aufklärung des Behandlungsablaufs in besonderer Weise erschwert.[663] Auch wenn feststeht, dass es außer dem Behandlungsfehler andere Faktoren gibt, die ursächlich für den Gesundheitsschaden sind, kann es trotzdem zu einer Beweislastumkehr kommen, denn der Behandlungsfehler muss nicht „ausschließliche" oder „alleinige" Ursache für den Gesundheitsschaden sein. Es reicht sogar aus, dass er ein bloßer Auslöser für den Gesundheitsschaden war.[664] Etwas anderes gilt nur, wenn feststeht, dass die Mitursächlichkeit nur zu einem abgrenzbaren Teil des Schadens geführt hat.[665]

Abschließend ist noch festzuhalten, dass das Kriterium der Geeignetheit, das sehr allgemeiner Natur zu sein scheint, vom BGH unter Berücksichtigung der Umstände des Einzelfalles ausgelegt wird. Dabei werden insbesondere die Möglichkeiten zur Schadensverursachung betrachtet und nicht bloß die Feststellung einer abstrakten Eignung getroffen.[666]

---

659 *Musielak,* Grundlagen der Beweislast, S. 145 ff.

660 *Baumgärtel / Wittmann,* Festschrift Schäfer, S. 18 ff. *Katzenmeier,* Arzthaftung, S. 445; *Nüßgens,* S. 297 ff.

661 *Giesen,* JZ 1982, 448 (453).

662 BGH NJW 1997, 796 (797); BGH NJW 2000, 3423 (3424); *Steffen / Pauge,* Arzthaftungsrecht, S. 234, Rdnr. 513a.

663 BGH NJW 1983, 332 (333); BGH NJW 1988, 2949 (2950); BGH NJW 1994, 801 (803); BGH NJW 1997, 796 (797); BGH NJW 1995, 778 (779); *Gross,* S. 431; *Krämer,* S. 448; *Müller,* Festschrift Geiss, S. 465.

664 BGH NJW 1997, 796 (797); BGH NJW 2000, 3423 (2424).

665 BGH NJW 1997, 796 (797).

666 *Musielak / Stadler,* Grundfragen des Beweisrechts, S. 155, Rdnr. 269.

c) *Kein atypischer Geschehensablauf*

Eine Beweislastumkehr erfolgt trotz des Vorliegens eines groben Behandlungsfehlers auch dann nicht, wenn sich nicht das Risiko verwirklicht hat, dessen Nichtbeachtung den Fehler als grob erscheinen lässt, sondern ein ganz anderes, allenfalls in derselben Behandlungsentscheidung zum Ausdruck gekommenes Risiko.[667] Von einer Aufklärungsschwierigkeit, die der Arzt durch den groben Behandlungsfehler geschaffen hat, kann dann nicht mehr gesprochen werden.[668] Da durch § 630 h BGB die Beweislastverteilung normiert wurde, wie sie von der Rechtsprechung entwickelt worden ist,[669] hat dies nach wie vor Geltung.

d) *Unaufklärbarkeit im Risikobereich des Patienten*

Eine Beweislastumkehr ist auch in Fällen ausgeschlossen, in denen der Schaden auch ohne die Beweisvereitelung wegen anderer Schadensursachen eingetreten wäre.[670] So zum Beispiel, wenn der Patient durch sein Verhalten den Heilungserfolg verhindert oder gefährdet hat und dadurch in gleicher Weise wie der grobe Behandlungsfehler des Arztes dazu beigetragen hat, dass der Behandlungsverlauf nicht mehr aufgeklärt werden kann.[671] Bei einem solchen gleichwertigen Fehlverhalten der beweisbelasteten Partei besteht keine Notwendigkeit die Grundsätze über die Beweisvereitelung heranzuziehen, vielmehr muss es bei der allgemeinen Beweislastverteilung bleiben.[672] Das Vorliegen einer solchen Ausnahme ist allerdings vom Arzt zu beweisen.[673] Auch hier gilt, dass diese Anforderung durch die Einführung des § 630 h BGB nicht angetastet werden sollte.[674]

2. Umfang bzw. Reichweite der Beweislastumkehr

Sind die vorgenannten Voraussetzungen erfüllt, kommt es zu einer Beweislastumkehr im Hinblick auf den Ursachenzusammenhang zwischen grobem Behandlungsfehler des Arztes und eingetretenem Gesundheitsschaden beim

---

667 BGH NJW 1981, 2513 (2513 f.); BGH NJW 2005, 427 (428); *Giesen*, JZ 1982, 448 (454).
668 *Gross*, S. 431.
669 RegE PatRG S. 34; *Katzenmeier*, NJW 2013, 817 (821).
670 *Maassen*, S. 175.
671 KG Berlin VersR 1991, 928 (928 f.); OLG Braunschweig VersR 1998, 459 (461); BGH NJW 2005, 427 (428); *Steffen / Pauge*, Arzthaftungsrecht, S. 235, Rdnr. 516.
672 OLG Braunschweig VersR 1998, 459 (461).
673 BGH NJW 1981, 2513, BGH NJW 1988, 2949 (2950 f.); BGH NJW 2004, 2011 (1013); BGH NJW 2005, 427 (428).
674 RegE PatRG S. 34; *Katzenmeier*, NJW 2013, 817 (821).

Patienten.[675] Das bedeutet, dass der Arzt nunmehr im Prozess beweisen muss, dass sein Behandlungsfehler nicht kausal für den eingetretenen Schaden ist.

Die Beweislastumkehr erfolgt aber nur für unmittelbare Schäden.[676] Für weitere inzwischen aufgetretene Beschwerden, deren ursächlicher Zusammenhang mit dem Primärschaden zwar denkbar ist, aber keinem typischen Geschehensablauf entspricht, kann eine Beweislastumkehr nicht greifen.[677] Grund für die Beweislastumkehr beim Primärschaden sind die Beweisschwierigkeiten, die sich für den Patienten im Hinblick auf die Ursachen eines Krankheitsverlaufes ergeben. Bei den weiteren Folgen der haftungsbegründenden Primärverletzung gibt es aber keine zusätzlichen Beweisschwierigkeiten, die eine Beweislastumkehr rechtfertigen könnten.[678] Dem Geschädigten kommt in einem solchen Fall die Regelung des § 287 ZPO zu gute, nach der im Hinblick auf die haftungsausfüllende Kausalität zwischen Primär- und Sekundärschaden nicht das strenge Beweismaß des § 286 ZPO gilt.[679] Dies beinhaltet gewiss keine willkürliche Entscheidung des Gerichts; vielmehr muss die Ursächlichkeit zwischen Primär- und Sekundärschaden zumindest überwiegend wahrscheinlich sein.[680]

Dies ist die sog. Problematik des Folgeschadens, die von der noch zu behandelnden Frage zu unterscheiden ist, ob der Behandlungsfehler den eingetretenen Primärschaden wahrscheinlich machen oder nahe legen muss.

Ausnahmsweise kann der Umfang der Beweislastumkehr auf mittelbare Schäden ausgedehnt werden, wenn der sekundäre Gesundheitsschaden typisch mit dem Primärschaden verbunden ist oder wenn die als grob zu bewertende Missachtung der ärztlichen Verhaltensregel gerade auch vor einem solchen Schaden schützen soll.[681] In seiner Entscheidung aus dem Jahre 1978[682] geht der BGH noch auf einen anderen Aspekt der Erweiterung auf Sekundärschäden ein. In der Entscheidung heißt es, dass sich die Beweislastumkehr auch auf Sekundärschäden

675 Inzwischen geregelt in § 630 h Abs. 5 BGB.

676 BGH NJW 1970, 1230 (1231); BGH NJW 1978, 1683 (1683); BGH NJW 1988, 2948 (2948); BGH NJW 1994, 801 (803); *Baumgärtel*, Beweislastpraxis, S. 284, Rdnr. 485; *Baumgärtel / Wittmann*, JA 1979, 113 (116).

677 BGH NJW 1970, 1230 (1231); BGH NJW 2005, 427 (429).

678 BGH NJW 1978, 1683 (1683).

679 BGH NJW 1978, 1683 (1684); *Baumgärtel / Wittmann*, JA 1979, 113 (116); MünchKomm ZPO / *Prütting*, § 287, Rdnr. 3.

680 Baumgärtel / Wittmann, JA 1979, 113 (116).

681 BGH NJW 1970, 1230 (1231); BGH NJW 1978, 1683 (1684); BGH NJW 1988, 2948 (2948); BGH NJW 2005, 427 (429); *Baumgärtel / Wittmann*, JA 1979, 113 (117).

682 BGH NJW 1978, 1683.

erstrecken kann, wenn sie als billig erscheint, weil das besondere Beweisrisiko, welches der grobe Behandlungsfehler geschaffen habe, auch sie betrifft.[683] Das ist jedenfalls deshalb problematisch, weil hier auf einen Billigkeitsgedanken abgestellt wird, der dem zivilen Haftpflichtrecht fremd ist.[684] Als weiteres Argument für die Erstreckung der Beweislastumkehr auf Sekundärschäden wird auf die typischerweise mit dem Primärschaden bestehende Verbindung abgestellt. Hier realisiere sich das durch den Behandlungsfehler gesetzte Aufklärungsrisiko auch im Sekundärschaden.[685]

III. Beweislastumkehr bei Verletzung der Dokumentationspflicht

Während die Beweislastumkehr bei einem groben Behandlungsfehler im Arzthaftungsrecht mit der Beweislastumkehr bei schuldhafter Beweismittelvernichtung nicht im unmittelbaren Zusammenhang steht, der Arzt in der Regel keine Beweismittel schuldhaft vernichtet oder vorenthält, stellt es sich beim Verstoß gegen die Dokumentationspflicht anders dar. Diese ist mit der Beweisvereitelung vergleichbar,[686] da die Verletzung der Dokumentationspflicht, die in § 630 f. BGB geregelt ist, eine Beweisnot des Patienten wegen unterlassener Schaffung bzw. Sicherung von Beweismitteln zur Folge haben kann.

Die Gemeinsamkeit zwischen der Verletzung der Dokumentationspflicht und der Beweisvereitelung in anderen als Arzthaftungsfällen besteht darin, dass es um eine zumutbare Verteilung der Beweislast im Prozess geht.

Ein wesentlicher Unterschied besteht jedoch darin, dass bei der Dokumentationspflichtverletzung kein Verschulden des Arztes im Hinblick auf die fehlende Erhaltung von Beweismitteln vorliegen muss. So kann zum Beispiel der Arzt eine Dokumentation auch wegen Arbeitsüberlastung oder aus leichter Nachlässigkeit unterlassen haben.[687] Auch dann wird der Verstoß jedoch im Prozess berücksichtigt.[688]

---

683 BGH NJW 1978, 1683 (1683 f.).

684 *Katzenmeier*, in JZ 2004, 1032 (1032).

685 BGH NJW 1978, 1683 (1683 f.).

686 BGH NJW 1998, 79 (81); *Laumen*, NJW 2002, 3739 (3745).

687 *Musielak / Stadler*, Grundfragen des Beweisrechts, S. 152, Rdnr. 265.

688 Vgl. § 630 f. BGB.

IV. Ausdehnung der Beweislastumkehr auf Fälle außerhalb des Bereichs der ärztlichen Behandlung

In seiner Entscheidung vom 10.11.1970[689] hatte es der BGH mit einem Fehlverhalten von Krankenpflegepersonal eines Krankenhauses zu tun. Hier lag kein ärztlicher Behandlungsfehler vor, sondern ein Fehler, der aus der Sphäre des Krankenpflegepersonals stammte. Der Vorwurf, der dem behandelnden Arzt gemacht wurde, war die nicht erfolgte Aufklärung über die schlechten hygienischen Zustände. Konkret ging es darum, dass in diesem Krankenhaus eine Infektionsgefahr bestand, die aus vorhergehenden Hygieneuntersuchungen bekannt war. Trotz alledem wurde eine schwangere Patientin in dem Krankenhaus aufgenommen, obwohl der erforderliche Eingriff nicht dringlich war. Die Klägerin (das Kind der Patientin) wurde nach der Geburt mit einem Krankheitserreger infiziert, wodurch sie Dauerschäden erlitt. Hier musste nicht die Klägerin beweisen, dass der Fehler des Krankenpflegepersonals ursächlich für ihre Gesundheitsschäden war, sondern der Beklagte (Krankenhausträger) musste die Nichtursächlichkeit beweisen. Zur Begründung führt der BGH aus, dass sich ein Patient, der außerhalb des engeren Bereichs der ärztlichen Behandlung einer Infektionsgefahr ausgesetzt sei, die das Maß des Unvermeidbaren erheblich überschreite, in einer vergleichbaren Lage befinde wie bei einem groben ärztlichen Behandlungsfehler. Der Krankenhausträger habe die grundsätzlich bestehende und unvermeidliche Infektionsgefahr schuldhaft erhöht, sodass es der Klägerin unzumutbar sei, den Ursächlichkeitsbeweis zu führen.[690]

Diese Ausdehnung der Grundsätze über die Beweislastumkehr bei groben ärztlichen Behandlungsfehlern auf die sogenannten Fälle der Gefahraussetzung[691] ist jedenfalls nicht unproblematisch. Der behandelnde Arzt hat es hier versäumt, die Patientin über die schlechten hygienischen Zustände aufzuklären. Eine Beweislastumkehr in den Fällen der Verletzung von Aufklärungspflichten birgt die Gefahr der Ausuferung, da die Aufklärungspflichten eines Arztes sehr weitläufig und umfangreich sind. Diesbezüglich hat der Gesetzgeber jedoch inzwischen Klarheit geschaffen und die Pflicht zur sog. „therapeutischen Aufklärung" und zur sog. „Selbstbestimmungsaufklärung" in den §§ 630 c und 630 e BGB geregelt.

---

689 BGH NJW 1971, 241.

690 BGH NJW 1971, 241 (243).

691 Neben der hier genannten Entscheidung des BGH hat auch das OLG Köln eine Beweislastumkehr bei der Verletzung einer Aufklärungspflicht über Hygienezustände angenommen, OLG Köln NJW 1978, 1690.

V. Ergebnis zum Bereich des Arzthaftungsrechts

Durch die Einführung der §§ 630 a ff. BGB hat sich der Streit darum, ob bei groben Behandlungsfehlern des Arztes eine bis dato vom BGH ohnehin bereits aufgegebene Beweislastumkehr in Frage kommt, erledigt, denn diese Folge ordnet das Gesetz nunmehr in § 630 h Abs. 5 BGB ausdrücklich an.

Auch für das Arzthaftungsrecht hat sich damit die Formel der Rechtsprechung, es könnten bei einer Beweisvereitelung Beweiserleichterungen bis hin zu einer Beweislastumkehr eintreten, erledigt, da hier eine Beweislastumkehr vom Gesetz angeordnet wird.

F. Zusammenfassende Würdigung der möglichen Rechtsfolgen einer Beweisvereitelung

I. Auswirkung der Einführung der Beweislastumkehr in §§ 630 a ff. BGB auf die Rechtsprechungsformel

Als Konsequenz der Einführung der Beweislastumkehr bei grobem Behandlungsfehler in § 630 h Abs. 5 BGB muss die völlige Loslösung von der Formel der Rechtsprechung erfolgen, da sie zum Einen keine geeignete Handhabe für eine Berücksichtigung einer Beweisvereitelung darstellt und darüber hinaus auch im besonderen Fall der Arzthaftung keine Geltung mehr beansprucht, da eine Beweislastumkehr für diesen Bereich nunmehr im Gesetz geregelt ist. Für die Formel der Rechtsprechung verbleibt damit kein Anwendungsbereich. Die Tatsache, dass der Gesetzgeber die Formel richtigerweise auch im Fall der Arzthaftung nicht ins Gesetz aufgenommen hat, spricht für ihre Untauglichkeit, weshalb sie generell – nicht nur für die Beweisvereitelung und die Arzthaftung – abzulehnen ist.

II. Auswirkung der Einführung der Beweislastumkehr in den §§ 630 a ff. BGB auf die Rechtsfolge einer Beweisvereitelung

Wie bereits oben[692] dargestellt, ist die einzig überzeugende Lösung für den Umgang mit einer Beweisvereitelung im Prozess die vom Gesetz in den vorhandenen Regelungen zur Beweisvereitelung angeordnete Rechtsfolge der freien richterlichen Beweiswürdigung mit der darüber hinausgehenden Möglichkeit der Wahrunterstellung der Tatsachenbehauptung der beweisbelasteten Partei.

Nachdem der Gesetzgeber in den §§ 630 a ff. BGB als Rechtsfolge im Arzthaftungsprozess die Beweislastumkehr eingeführt hat, stellt sich jedoch auch für die übrigen Fälle der Beweisvereitelung die Frage, ob nicht durch die neu eingeführten Regelungen die Rechtsfolge der Beweislastumkehr die richtige Lösung für den Umgang mit jeglichen Fällen der Beweisvereitelung darstellt.

Dies ist jedoch abzulehnen. Zunächst muss berücksichtigt werden, dass die Beweislastumkehr im Falle des groben Behandlungsfehlers wie bereits erörtert[693] mit den Fällen der Beweisvereitelung nicht im Zusammenhang steht. Der Arzt

692 Siehe dazu die Ausführungen oben auf S. 110 ff.
693 Siehe dazu die Ausführungen auf S. 115 ff.

verhindert durch die Begehung eines groben Behandlungsfehlers in der Regel nicht die Beweisführung des Patienten. Dann verbietet sich jedoch schon wegen der fehlenden Vergleichbarkeit der Fallgestaltungen von Beweisvereitelung und grobem Behandlungsfehler der Schluss darauf, die Beweislastumkehr könnte auch für die Beweisvereitelung die richtige Rechtsfolge darstellen.

Der Gesetzgeber ordnet allerdings auch für die Fälle der Verletzung der Dokumentationspflicht eine Beweislastumkehr in § 630 h Abs. 3 BGB an.[694] Dies könnte wiederum dafür sprechen, die Beweislastumkehr als richtige Rechtsfolge in allen Fällen der Beweisvereitelung anzusehen.

Auch dies ist jedoch abzulehnen. Zwar ist die Verletzung der Dokumentationspflicht – anders als der Fall des groben Behandlungsfehlers – mit den Fällen der Beweisvereitelung vergleichbar, da die unterlassene Dokumentation geeignet ist, die Beweisführung des Patienten zu verhindern. Es besteht jedoch wie bereits erläutert,[695] folgender wichtiger Unterschied:

Bei der Dokumentationspflichtverletzung muss kein Verschulden des Arztes im Hinblick auf die fehlende Erhaltung von Beweismitteln vorliegen. So kann zum Beispiel der Arzt eine Dokumentation auch wegen Arbeitsüberlastung oder aus leichter Nachlässigkeit unterlassen haben.[696] Auch dann wird der Verstoß jedoch richtigerweise im Prozess berücksichtigt.[697]

Dies zeigt, dass bereits die Verletzung der Dokumentationspflicht so gravierend ist, dass ein Verschulden des Arztes für die Berücksichtigung der Verletzung zu seinen Lasten nicht erforderlich ist. Dies stellt jedoch einen wesentlichen Unterschied zur Rechtsfigur der Beweisvereitelung dar, da ein Verschulden für die Berücksichtigung beweisvereitelnden Verhaltens zwingend erforderlich ist. Dieser Wesensunterschied spricht bereits gegen die Übertragung der Rechtsfolge der Beweislastumkehr von der Dokumentationspflichtverletzung auf alle Fälle der Beweisvereitelung.

Ausschlaggebend ist jedoch, dass die Fälle einer Dokumentationspflichtverletzung immer gleich geartet sind, während sich die Fallgestaltungen der Beweisvereitelung wie oben gezeigt[698] als sehr unterschiedlich darstellen. Für eine so konkrete Fallgruppe wie der Verletzung der ärztlichen Dokumentationspflicht erscheint die konkrete Rechtsfolge der Beweislastumkehr als passend, da die Fallgestaltungen überschaubar und die Abläufe in ihren Grundzügen vorhersehbar

---

694 *Spickhoff*, in: Kommentar zum Medizinrecht, § 630 h BGB, Rdnr. 11.
695 Siehe dazu die Ausführungen oben auf S. 127 ff.
696 *Musielak / Stadler*, Grundfragen des Beweisrechts, S. 152, Rdnr. 265.
697 Vgl. § 630 f. BGB.
698 Siehe dazu die Ausführungen oben auf S. 28 ff.

sind. Für das breite Spektrum der Verhaltensweisen, die unter die Beweisvereitelung fallen, erscheint die Beweislastumkehr als nicht geeignet, da hier eine Beweislastumkehr bei Vorliegen der Tatbestandsvoraussetzungen angenommen werden *muss*, während bei der Rechtsfolge der freien richterlichen Beweiswürdigung mit der weitergehenden Möglichkeit der Wahrunterstellung die Wahrheit der behaupteten Tatsache vom Richter angenommen werden *kann*. Für die große Bandbreite der unterschiedlichen Fallgestaltungen der Beweisvereitelung stellt sich die freie richterliche Beweiswürdigung mit der Möglichkeit der Wahrunterstellung als geeignetste Handhabe dar.

G. Eigener Lösungsvorschlag: Einheitliche Regelung der Rechtsfolgen der Beweisvereitelung für alle Beweisarten der ZPO

Die einzig dogmatisch überzeugende Lösung für die Rechtsfolge einer Beweisvereitelung ist die vom Gesetz angeordnete Lösung der freien richterlichen Beweiswürdigung bis hin zu der weitergehenden Möglichkeit der Wahrunterstellung einer Tatsachenbehauptung. Dass ein Beweisvereitelungsverbot auch ohne gesetzliche Regelung im Zivilprozess über die normierten Fälle hinaus für alle Beweisarten der ZPO gilt, ist in Literatur und Rechtsprechung allgemein anerkannt.[699] Nach alledem bietet sich die Einführung einer allgemeinen Regelung für alle Beweisarten der ZPO an.

I. Kritische Bestandsaufnahme im Hinblick auf die verbleibende Rechtsunsicherheit – jedenfalls auf der Rechtsfolgenseite

Das Beweisvereitelungsverbot ist richtigerweise aus einer Gesamtanalogie zu den bestehenden Regelungen herzuleiten.[700] Daraus ergibt sich, dass das Beweisvereitelungsverbot für alle Beweismittel der ZPO gilt.[701] Die verbleibende Rechtsunsicherheit bezieht sich daher nicht auf den Umfang des Beweisvereitelungsverbotes, also nicht auf die Tatbestandsseite, sondern vielmehr auf die Auswirkungen einer Beweisvereitelung und damit auf die Rechtsfolgenseite.

Die von der Rechtsprechung entwickelte und nach wie vor verwendete Formel ist kein probates Mittel für den Umgang mit einer Beweisvereitelung. Der hieraus resultierenden Rechtsunsicherheit muss daher Abhilfe geschaffen werden.

---

699 BGHZ 72, 132 (139); BGH NJW 1986, 59 (60 f.); BGH NJW-RR 1988, 962 (964); BHG NJW - RR 1996, 1534 (1534); *Baumgärtel*, in Festschrift Kralik, S. 63 f.; *Gehrlein*, ZPO-Reform, S. 139, Rdnr. 33; *Weber*, S. 211; a. A. *Theuerkauf*, MDR 1962, 449 (450), der eine nachteilige Würdigung bei einer Weigerung des richterlichen Augenscheins am Körper des Beklagten für unzulässig hält, weil dieser im Gegensatz zum Kläger gegen seinen Willen in den Rechtsstreit hineingezogen worden sei.

700 Siehe oben S. 49 ff.

701 Siehe oben S. 52 ff.

II. Konsequenz: Vorschlag einer einheitlichen gesetzlichen Regelung der Beweisvereitelung für alle Beweisarten der ZPO

1. Allgemeines

Die Berücksichtigung einer schuldhaften Beweisvereitelung muss im Prozess möglich sein. Überzeugend führt der BGH hierzu aus: „Wer entgegen einer ihm obliegenden Rechtspflicht dem Gegner die Benutzung von zur Beweisführung benötigten Unterlagen schuldhaft unmöglich macht, darf im Rechtsstreit aus einem solchen Verhalten keine beweisrechtlichen Vorteile ziehen.“[702]

Eine gesetzliche Regelung, die den Umgang mit dem Institut der Beweisvereitelung erleichtert, muss jedoch zwei Voraussetzungen erfüllen: Sie muss dem Richter eine gewisse Freiheit in der Beweiswürdigung belassen, jedoch auch gewisse Kriterien aufstellen, die den Vorgang der Beweiswürdigung berechenbar und absehbar machen.

Das Gericht kann bei einer fehlenden Beweisführung zu Gunsten der beweisbelasteten Partei eine Beweislastumkehr annehmen, wenn die Voraussetzungen einer Beweisvereitelung vorliegen.

Gibt man in einem § 286 Abs. 2 ZPO n. F. die Möglichkeit einer Sanktion für alle Beweisarten vor, überlässt die Entscheidung darüber, ob eine Sanktion im konkreten Fall geboten und erforderlich ist jedoch der richterlichen Würdigung, stellt man die vorher fehlende Rechtssicherheit her, ohne den Richter der erforderlichen Flexibilität zu berauben.

2. Formulierungsvorschlag

§ 286 Abs. 2 ZPO n. F.

(1) Das Gericht hat unter Berücksichtigung des gesamten Inhalts der Verhandlungen und des Ergebnisses einer etwaigen Beweisaufnahme nach freier Überzeugung zu entscheiden, ob eine tatsächliche Behauptung für wahr oder für nicht wahr zu erachten sei.

(2) **Verhindert eine Partei schuldhaft die Beweisführung ihres beweisbelasteten Gegners, so kann das Gericht unter Berücksichtigung der gesamten Sachlage nach freier Überzeugung entscheiden, ob es die Behauptungen der beweisbelasteten Partei als wahr ansehen will.**

702 BGH NJW 2002, 825 (827).

(3) In dem Urteil sind die Gründe anzugeben, die für die richterliche Überzeugung leitend gewesen sind.
(4) An gesetzliche Beweisregeln ist das Gericht nur in den durch dieses Gesetz bezeichneten Fällen gebunden.

3. Streichung der bisher bestehenden Regelungen zur Beweisvereitelung

Bei der Einführung eines neuen § 286 Abs. 2 ZPO n. F. müssten die bisher bestehenden Regelungen über die Beweisvereitelung für die einzelnen Beweisarten (§§ 371, 427, 441, 444, 446, 453, 454 ZPO) gestrichen werden, da § 286 Abs. 2 ZPO n. F. für alle Beweisarten der ZPO Geltung beansprucht.

Im besonders krassen Fall der vorsätzlichen Beweisvereitelung bei kurz bevorstehendem oder bereits laufendem Prozess und Kenntnis von der Notwendigkeit des Beweismittels für die gegnerische Beweisführung ist der neu einzuführende § 286 ZPO n. F. so auszulegen, dass von der Sanktion zu Lasten der beweisvereitelnden Partei unter keinen Umständen abgesehen werden kann.[703]

III. Herleitung des Ergebnisses

1. Unterschied zwischen freier Beweiswürdigung und Beweislastumkehr

Die freie Beweiswürdigung und die Beweislastumkehr unterscheiden sich bei genauerer Betrachtung erheblich voneinander. Bei der Beweislastumkehr wird die Grundregel der Beweislastverteilung vom Gericht im konkreten Fall abgeändert.[704] Dies ist jedoch wegen des Rechtsnormcharakters der Beweislastregeln nicht zulässig.[705] Bei der Beweiswürdigung wird hingegen im Einklang mit den bereits bestehenden Regelungen zur Beweisvereitelung die Grundregel der Beweislastverteilung nicht angetastet, sondern dem Gericht die Möglichkeit gewährt, von der Wahrheit der Behauptungen der beweisbelasteten Partei auszugehen. Wegen der unterschiedlichen Anknüpfungspunkte – Beweislastverteilung bzw. Beweiswürdigung – verbietet sich eine Gleichsetzung von freier Beweiswürdigung und Beweislastumkehr. Insbesondere ist das Gericht bei der

703 So auch *Thole* für die Rechtslage ohne § 286 ZPO n. F., in JR 2011, 327 (333).

704 Siehe hierzu die Ausführungen oben auf S. 93 ff.

705 *Adloff*, S. 125 und 300; *Beckhaus*, S. 157; *Laumen*, MDR 2009, 177 (179); *Leipold*, Beweismaß und Beweislast im Zivilprozeß, S. 22; *Musielak*, Festgabe Bundesgerichtshof, S. 210; *Schneider*, MDR 1969, 4 (9).

freien Beweiswürdigung, anders als bei der Beweisregel der Beweislastumkehr, wie bereits oben ausgeführt[706] nicht an ein bestimmtes Ergebnis gebunden. Dies resultiert daraus, dass eine Beweislastumkehr angenommen werden muss, wenn die Voraussetzungen der Beweisregel erfüllt sind.

2. Gesetzliche Regelungen über Beweisvereitelung lückenhaft

Wie oben bereits gezeigt, gibt es in der ZPO nur vereinzelt Regelungen zur Beweisvereitelung. Diese sind jedoch nur ein Torso, wie schon ihre entsprechende Anwendung auf zahlreiche andere als die geregelten Fälle zeigt. *Schneider* hat dies ganz zutreffend wie folgt formuliert: „Die Fülle der Probleme erschließt sich aber nicht dem, der an diesen Vorschriften seine Auslegungskünste versucht.“[707] Es stellt sich demnach die Frage, ob eine einheitliche Regelung der Beweisvereitelung für alle Beweisarten der ZPO erforderlich ist, die in den fünften Titel der ZPO (Allgemeine Vorschriften über die Beweisaufnahme) oder als Ergänzung des § 286 ZPO aufgenommen werden könnte wie bereits von der Kommission[708] zur ZPO-Reform im Jahre 1977 erwogen.

3. Rechtsunsicherheit wegen fehlender Rechtsfortbildung und Unbestimmtheit des Begriffs der Beweiserleichterungen

Es wurde bereits festgestellt,[709] dass die mangelnde Klärung der Begrifflichkeiten in der Formel der Rechtsprechung die Voraussehbarkeit der Rechtsanwendung und die Rechtsgleichheit gefährden.[710]

Die Formulierung des BGH, bei einer Beweisvereitelung könnten „Beweiserleichterungen bis hin zur Beweislastumkehr“ greifen, ist keine geeignete Handhabe für alle Fälle der Beweisvereitelung, denn es bleibt offen, welche Arten von Beweiserleichterungen in Frage kommen und insbesondere welche Maßstäbe und Kriterien bei der Wahl der passenden Rechtsfolgen anzuwenden sind.[711] Das Prozessrisiko lässt sich aufgrund dieser Formel gerade nicht im Voraus abzuschätzen,

706 Siehe hierzu die Ausführungen oben auf S. 110 ff.
707 *Schneider,* MDR 1969, 4 (5).
708 Kommissionsbericht, S. 121.
709 Siehe hierzu die Ausführungen oben auf S. 96 f.
710 BGH MDR 2004, 1055 f.; *Baumgärtel,* in Festschrift Kralik, S. 72; *Laumen,* NJW 2002, 3739 (3741); *ders.,* MDR 2009, 177 (179); *Leipold,* Beweismaß und Beweislast im Zivilprozeß, S. 22; *Prütting,* Gegenwartsprobleme der Beweislast, § 3, S. 20, 184 ff., § 15, S. 189; *Theuerkauf,* MDR 1962, 449 (450).
711 *Musielak,* Festgabe Bundesgerichtshof, S. 211; *Thole,* JR 2011, 327 (328).

was jedoch eine sehr große Rechtsunsicherheit zur Folge hat, weil für den Rechtsanwender und für die Betroffenen nicht von vornherein eindeutig ist, wann Beweiserleichterungen greifen und wann eine Umkehr der Beweislast erfolgt.

Diese Rechtsunsicherheit könnte mit der Einführung einer allgemeinen Regelung über die Voraussetzungen und Rechtsfolgen einer Beweisvereitelung behoben werden. Durch die Aufgabe der Formel der Rechtsprechung und die Aufnahme einer allgemeinen Regelung mit der Rechtsfolge der freien Beweiswürdigung und der darüber hinausgehenden Möglichkeit der Wahrunterstellung in § 286 Abs. 2 ZPO n. F. könnten willkürliche und unterschiedliche Richtersprüche in gleich zu behandelnden Fällen vermieden werden.

4. Mangelnde Berücksichtigung der Beweisvereitelung durch den Richter im Prozess

Ein weiterer Vorteil einer gesetzlichen Regelung der Beweisvereitelung zeigt sich, wenn man die tatsächlichen Auswirkungen der oben dargestellten Unsicherheiten und Unklarheiten der Beweisvereitelung betrachtet. Angesichts dieser Unzulänglichkeiten könnte sich der Richter scheuen, mit dem Begriff der Beweisvereitelung zu arbeiten.[712]

5. Geeignetheit der Beweislastumkehr für Wahrung der Waffengleichheit

Zum Teil wird vertreten, eine Beweislastumkehr zu Lasten der nicht beweisbelasteten, jedoch die Information in den Händen haltenden Partei sei nicht erforderlich, da auch die nicht beweisbelastete Partei im Rahmen der allgemeinen Prozessförderungspflicht zur Sachverhaltsaufklärung herangezogen werden könne.[713]

Grundsätzlich fordert das Gebot der prozessualen Waffengleichheit eine gleichmäßige Belastung der Parteien mit dem Prozessrisiko.[714] In der Fallkonstellation, in der weder die beweisbelastete noch die nicht beweisbelastete Partei die Informationen in den Händen hält, sei eine Beweislastumkehr gar nicht geeignet, eine Waffengleichheit im Sinne einer gerechten Verteilung des Prozessrisikos zu schaffen, da das Risiko hierbei nur von der einen auf die andere Partei verschoben

712 *Lepa*, NZV 1992, 129 (135).

713 *Weber*, S. 238.

714 BVerfGE 52, 131 (144); BVerfGE 74, 78 (92 und 94); BVerfG NJW 1988, 2597 (2597); *Hirtz*, NJW 2012, 1686 (1687); MünchKomm ZPO / *Rauscher*, Einl., Rdnr. 238; Wieczorek / Schütze / *Prütting*, ZPO, Einl., S. 34, Rdnr. 108.

werde.[715] Insoweit begegnet die auf die Verfassung gestützte Argumentation der Erforderlichkeit einer Beweislastumkehr zur Erfüllung des Gebotes der Waffengleichheit großen Zweifeln.[716]

6. Bindende Beweislastregeln bedenklich

Bei zwei gleich geeigneten Mitteln, der Beweisnot der beweisbelasteten Partei abzuhelfen, ist grundsätzlich dasjenige zu wählen, das die Freiheit der richterlichen Überzeugung unangetastet lässt.[717] Dies entspricht dem Konzept der Zivilprozessordnung und den Erfahrungen mit Beweislastregeln in der Vergangenheit, die gezeigt haben, dass alle Versuche, den Richter durch Beweisregeln in der Wahrheitsfindung zu beschränken oder zu lenken, scheitern mussten.[718] Im Gegensatz zum gemeinen Prozess sollte der Richter unter der Geltung der ZPO nicht länger an ein legales Beweissystem gebunden sein, durch das er zu einer Entscheidung über die Sachlage gezwungen wird, die seiner Überzeugung nicht entspricht.[719] In den gesetzlich geregelten Fällen der Beweisvereitelung hat der Gesetzgeber diesem Ziel dadurch Rechnung getragen, dass er dem Richter gerade die Möglichkeit eingeräumt hat, zwischen Beweiswürdigung und Sanktionierung zu wählen.

7. Erfordernis der freien Beweiswürdigung zur Vermeidung von Missbrauch

Ein weiteres Argument für die Berücksichtigung beweisvereitelnden Verhaltens im Rahmen der freien Beweiswürdigung ergibt sich aus der Überlegung, dass die beweisbelastete Partei ihre Lage ausnutzen und völlig unkontrollierbare Angaben und Behauptungen aufstellen kann. Das Gericht muss in einem solchen Fall die Möglichkeit haben, von einer Berücksichtigung der Beweisvereitelung zu Gunsten der beweisbelasteten Partei abzusehen.[720]

Eine solche Situation lässt sich mit Hilfe der Beweislastumkehr nicht regeln. Bejaht das Gericht zunächst nur die Tatbestandsvoraussetzungen der Beweisvereitelung, so wird es wohl eine Beweislastumkehr annehmen. Erlangt das Gericht im Nachhinein Kenntnis von Umständen, die dafür sprechen, dass die beweisbelastete

---

715 *Weber*, S. 238.
716 *Weber*, S. 238.
717 *Musielak*, Grundlagen der Beweislast, S. 70 f., 139.
718 *Walter*, Freie Beweiswürdigung, S. 85.
719 *Stürner*, Aufklärungspflicht, S. 244.
720 *Stürner*, Aufklärungspflicht, S. 239.

Partei das Vorliegen der Beweisvereitelung ausnutzt und ihr günstige Tatsachen behauptet, von denen sie weiß, dass diese durch das fehlende Beweisstück nicht bewiesen worden wären, ist von einem Missbrauch durch die beweisbelastete Partei auszugehen. Es stellt sich die Frage, ob sich nunmehr die Beweislast erneut umkehren soll. Um das Argument zuzuspitzen, könnte man die Frage aufwerfen, was passiert, wenn sich die Umstände, die für einen Missbrauch sprechen, als falsch erweisen. Hiernach müsste sich die Beweislast ein drittes Mal umkehren.

An diesem Beispiel zeigt sich, dass eine Beweislastumkehr – selbst wenn sie in die Entscheidung des Richters gestellt ist – als Rechtsfolge einer Beweisvereitelung nicht überzeugen kann.

8. Widerspruch der Beweislastumkehr zur Analogie

Die Beweislastumkehr als Rechtsfolge einer Beweisvereitelung ist unzulässig, wenn man die Herleitung des Beweisvereitelungsverbotes in einer Analogie zu den gesetzlich geregelten Fällen sieht. Wie bereits erörtert, kann den übrigen Herleitungsansätzen nicht gefolgt werden, sodass die Analogie als vorzugswürdig und richtig erscheint.[721] Dann verbietet sich jedoch ein Rückgriff auf die Beweislastumkehr als Rechtsfolge einer Beweisvereitelung. Die durch das Gesetz geregelten Fälle enthalten allesamt die Rechtsfolge der freien richterlichen Beweiswürdigung und die darüber hinausgehende Möglichkeit der Wahrunterstellung auch bei Fehlen der diesbezüglichen richterlichen Überzeugung.[722] Will man diese Vorschriften analog auf die nicht im Gesetz geregelten Fälle der Beweisvereitelung ausdehnen und anwenden, so kann man keine andere Rechtsfolge wählen als die in den analog anzuwendenden Vorschriften angeordnete.[723] Geht das Gesetz von freier Beweiswürdigung bis hin zu der zusätzlichen Möglichkeit der Wahrunterstellung aus, so muss dies im Rahmen der analogen Anwendung auch für die Rechtsfolge bei den nicht gesetzlich geregelten Fällen gelten. Die Wahl einer anderen Rechtsfolge, namentlich der Beweislastumkehr, verbietet sich nach alledem.

9. Überschießende Tendenz der Beweislastumkehr

Aus den im Gesetz geregelten Fällen der Beweisvereitelung ergibt sich, dass der Gesetzgeber beweisvereitelndes Verhalten missbilligt. Deshalb wird beweisvereitelndes Verhalten zu Lasten der vereitelnden Partei berücksichtigt. Gewährt man

---

721 Siehe hierzu S. 36 ff.

722 Siehe hierzu oben S. 110 ff.; a. A. *Krapoth*, S. 75 f., der die Beweislastumkehr als von der Rechtsfolge der im Gesetz geregelten Fälle der Beweisvereitelung umfasst ansieht.

723 Palandt / *Heinrichs*, Einl, Rdnr. 48.

nun dem Gericht die Möglichkeit, eine Beweislastumkehr anzunehmen, so wird über das Ziel hinausgeschossen. Bei leicht fahrlässigem Verhalten gibt es wenige Anhaltspunkte für eine Beweiswürdigung. Dann aber ist kein Grund ersichtlich, warum dem Gericht die Möglichkeit der Beweislastumkehr verbleiben soll. Bestehen keine Anhaltspunkte dafür, dass die Beweisführung deshalb vereitelt wurde, weil das von der beweisbelasteten Partei Behauptete wohl wahr ist, so gibt es keine Rechtfertigung dafür, etwas an der ursprünglichen Beweislastverteilung zu verändern. Eine Berücksichtigung der Beweisvereitelung soll ja gerade nur dann erfolgen, wenn Anhaltspunkte dafür vorliegen, dass die Beweisführung der beweisbelasteten Partei erfolgreich gewesen wäre. Kann hiervon nicht ausgegangen werden, so muss es im Hinblick auf die ursprüngliche Konzeption des Gesetzgebers bei der ursprünglichen Beweislastverteilung verbleiben.

10. Wahrung der Vorhersehbarkeit und Transparenz der prozessualen Risikoverteilung durch § 286 Abs. 2 ZPO n. F.

Während die Vorhersehbarkeit der Beweislastverteilung und die Kalkulierbarkeit des Prozessrisikos bei der Beweislastumkehr nicht gewahrt werden können,[724] bleiben sie bei der Berücksichtigung der Beweisvereitelung im Rahmen der Beweiswürdigung des § 286 Abs. 2 ZPO n. F. erhalten, denn jede Partei kann im Voraus absehen, in welchem Umfang sie aufklären muss, um der Rechtsfolge der Wahrunterstellung des § 286 Abs. 2 ZPO n. F. zu entgehen.[725] Beispielsweise hätte der beweisvereitelnden Partei im Falle eines nicht gesicherten Beweises trotz Absehbarkeit eines eventuellen Prozesses bereits im Zeitpunkt des Unterlassens der Beweissicherung klar sein müssen, dass sie hier einen erforderlichen Aufklärungsbeitrag unterlässt und somit die Folge des § 286 Abs. 2 ZPO n. F. greifen kann.

---

724 Siehe hierzu S. 93 f.

725 So auch *Schatz*, S. 118, der von einem abstrakt feststehenden Aufklärungsbeitrag spricht.

IV. Ergebnis

1. Berücksichtigung bei freier Beweiswürdigung, Regelung in einem neuen § 286 Abs. 2 ZPO n. F.

a) *Kommissionsvorschlag aus dem Jahre 1977: § 286 a ZPO n. F.*

Die Kommission für das Zivilprozeßrecht zur Vorbereitung einer Reform der Zivilgerichtsbarkeit legte bereits in ihrem Bericht aus dem Jahre 1977 einen Vorschlag für eine Regelung der Beweisvereitelung für alle Beweisarten vor:[726]

„§ 286 a

(1) Kann eine Partei den Beweis nicht führen, weil der Gegner das Beweismittel vorenthalten, entzogen oder unbenutzbar gemacht hat, so kann das Gericht eine tatsächliche Behauptung nach freier Überzeugung unter Würdigung aller Umstände für wahr erachten. Es kann den Beweisführer als Partei vernehmen.
(2) Hat der Gegner schuldhaft eine Pflicht verletzt, das Beweismittel zur Verfügung zu stellen, zu erhalten oder sonst seine Benutzbarkeit nicht zu beeinträchtigen, so kann das Gericht auch von einer Umkehr der Beweislast ausgehen."

Dieser ursprüngliche Vorschlag wurde von der Kommission jedoch nicht angenommen. Im Ergebnis wurde eine Erweiterung des § 286 ZPO um zwei weitere Absätze vorgeschlagen, die wie folgt lautete:

„§ 286

(1) Das Gericht hat unter Berücksichtigung des gesamten Inhalts der Verhandlungen und des Ergebnisses einer etwaigen Beweisaufnahme nach freier Überzeugung zu entscheiden, ob eine tatsächliche Behauptung für wahr oder für nicht wahr zu erachten sei.
(2) Absatz 1 gilt auch, wenn eine Partei den Beweis nicht führen kann, weil der Gegner das Beweismittel vorenthalten, entzogen oder unbrauchbar gemacht hat.
(3) Hat der Gegner schuldhaft eine Pflicht verletzt, das Beweismittel zur Verfügung zu stellen, zu erhalten oder sonst seine Benutzbarkeit nicht zu beeinträchtigen, so kann das Gericht auch von einer Umkehrung der Beweislast ausgehen.
(4) In dem Urteil sind die Gründe anzugeben, die für die richterliche Überzeugung leitend gewesen sind.
(5) An gesetzliche Beweisregeln ist das Gericht nur in den durch dieses Gesetz bezeichneten Fällen gebunden."[727]

Der Vorschlag der Kommission geht demnach dahin, bei einer schuldhaften Beweisvereitelung sowohl eine freie Beweiswürdigung (§ 286 Abs. 2 ZPO des

726 Kommissionsbericht, S. 123.
727 Kommissionsbericht, S. 332.

Entwurfs) als auch eine Beweislastumkehr (§ 286 Abs. 3 ZPO des Entwurfs) zu ermöglichen.

Wie bereits gezeigt,[728] ist jedoch eine Beweislastumkehr aus den genannten Gründen abzulehnen. Für eine zufriedenstellende und effektive Lösung im Umgang mit beweisvereitelndem Verhalten in oder vor einem Prozess bedarf es keiner Beweislastumkehr, im Gegenteil, eine solche ist sogar unzulässig. Vielmehr sind die Fälle der Beweisvereitelung überzeugender über die Beweiswürdigung bis hin zu der darüber hinausgehenden Möglichkeit der Wahrunterstellung zu lösen. Insbesondere muss die Rechtsfolge die dogmatische Herleitung des Beweisvereitelungsverbotes berücksichtigen, um Systemwidrigkeiten zu vermeiden. Da vorliegend eine Herleitung aus einer Analogie zu den bestehenden gesetzlichen Regelungen über die Beweisvereitelung angenommen wird, kann eine Beweislastumkehr schwerlich vertreten werden, denn die gesetzlichen Bestimmungen sehen allesamt eine Berücksichtigung im Rahmen der freien richterlichen Beweiswürdigung vor.[729]

Die Rechtsprechung[730] und auch Teile der Literatur[731] leiten eine Beweislastumkehr unter Hinweis auf die analoge Anwendung der bereits bestehenden gesetzlichen Regelungen her. Jedoch entbehren sämtliche Entscheidungen jeglicher Ausführungen zu den Voraussetzungen und den Rechtsfolgen einer Analogie.[732] Es ist jedoch gerade Ziel der analogen Anwendung einer Vorschrift, Fälle zu erfassen, die nicht ausdrücklich unter den Tatbestand fallen, damit dann die Rechtsfolge der Norm auf diese Fälle ausgeweitet werden kann.[733] Die Herangehensweise von Rechtsprechung und Teilen der Literatur, ist jedoch systemwidrig, da die Rechtsfolge der analog anzuwenden Normen ausgedehnt und willkürlich erweitert wird, weil die vorhandenen Regelungen keine Umkehr der Beweislast vorsehen.

b) Regelung in einem neuen § 286 Abs. 2 ZPO n. F.

Bei der Beweisvereitelung ist das Beweismittel nicht rekonstruierbar, da man ansonsten gar nicht von einer Beweisvereitelung sprechen könnte. Aus diesem Grund ist der beweisbelastete Gegner so zu stellen, wie er bei erfolgreicher Beweisführung

---

728 Siehe hierzu S. 96 ff.

729 Siehe hierzu S. 110 f.

730 BGH WM 1998, 204 (206); BGH WM 1985, 138 (139), wobei hier auch auf den Grundsatz von Treu und Glauben verwiesen wird.

731 *Blomeyer*, AcP 158 (1959/60), 97 (99 f.); *Prölss*, S. 93 ff.; *Schneider*, Beweis und Beweiswürdigung, S. 37; *Schönke*, ZAkDR 1939, 193 (194); *Wahrendorf*, S. 128 f.

732 *Krapoth*, S. 74.

733 Palandt / *Heinrichs*, Einl, Rdnr. 48.

bestenfalls stehen könnte.[734] Das bedeutet jedoch, dass das von der beweisbelasteten Partei Beigebrachte als wahr zu unterstellen ist, auch wenn sie es vielleicht beim Vorliegen des Beweismittels gar nicht hätte beweisen können.

Im Unterschied zur freien Beweiswürdigung erlauben die §§ 427, 444 ZPO Behauptungen als bewiesen anzusehen bzw. anzunehmen, also Tatsachenfeststellungen zu fingieren[735]. Das bedeutet aber, dass der Richter sogar dann vom Vorliegen einer Tatsache ausgehen kann, wenn er sich von ihr nicht hat überzeugen können, insbesondere, wenn eine Beweisaufnahme gar nicht stattgefunden hat[736]. Es besteht für den Richter demnach eine über den § 286 ZPO hinausgehende Sanktionsmöglichkeit.[737] Die Beweisvereitelung sollte aber trotz der weiter gehenden Möglichkeit der freien Beweiswürdigung aus folgendem Grund im Rahmen der freien Beweiswürdigung nach § 286 ZPO berücksichtigt werden: Bei der im Vergleich zu § 286 ZPO weiter gehenden Sanktionsmöglichkeit des § 286 Abs. 2 ZPO n. F. hat der Richter die Wahl, ob er nach freier Überzeugung entscheiden kann, oder ob er die darüber hinausgehende Sanktion, die Unterstellung der nicht erreichten Überzeugung, annimmt.[738]

Weil es sich hierbei um einen einheitlichen Wertungsvorgang handelt, ist es sinnvoll, das Institut der Beweisvereitelung in einen neuen Absatz 2 des § 286 ZPO aufzunehmen, der dann für alle Beweisarten der ZPO gilt.

2. Argumente gegen eine gesetzliche Regelung der Beweisvereitelung für alle Beweisarten der ZPO

Gegen eine allgemeine gesetzliche Regelung der Beweisvereitelung könnte sprechen, dass eine solche den Grundsatz der freien Beweiswürdigung verletzen könnte.

Dieser Grundsatz stellt ausdrücklich auf die subjektive Seite der freien Überzeugung des Richters ab und schließt damit regelmäßig aus, dass dem Richter durch das Gesetz vorgegeben wird, wie er Beweise einzuschätzen und zu bewerten

734 *Weber*, S. 213.

735 *Reinhardt*, NJW 1994, 93 (94).

736 *Laumen*, NJW 2002, 3746 (3746).

737 *Prütting*, Gegenwartsprobleme der Beweislast, § 15, S. 188; *Stürner*, Aufklärungspflicht, S. 237; *Thole*, JR 2011, 327 (333); so wohl auch *Wahrendorf*, der hinter der schuldhaften Beweisvereitelung das Strafprinzip sieht, *Wahrendorf*, S. 130.

738 *Prütting*, Gegenwartsprobleme der Beweislast, § 15, S. 188 f.; so auch *Matthies*, JZ 1986, 959 (960); zu Recht sieht *Weber* in einer zwingenden Wahrunterstellung ohne Wahlmöglichkeit des Richters eine Überkompensation der Beweisvereitelung, *Weber*, S. 214 f.

hat.[739] Dieser Einwand kann jedoch gegen eine Regelung über die Beweisvereitelung nicht vorgebracht werden. Der Grundsatz der freien Beweiswürdigung durch den Richter schließt es zwar aus, dass dem Richter durch das Gesetz eine bestimmte Wertung eines Beweises vorgegeben wird. Darum geht es aber bei einer Regelung der Beweisvereitelung nicht. Es geht vielmehr darum, für alle Beweisarten der ZPO einheitlich zu regeln, welche konkreten Rechtsfolgen an ein beweisvereitelndes Verhalten geknüpft werden können. Es soll nicht darum gehen, dem Richter einen bestimmten Weg vorzugeben, ihm vorzuschreiben, welche Beweise er werten und in welche Relation er diese setzen soll, sondern vielmehr darum, die Rechtsfolgen zu regeln, zwischen denen dem Richter nach wie vor die Wahl bleibt. Insbesondere darf eine gesetzliche Regelung den Richter nicht zur Annahme einer Beweislastumkehr zwingen. Die Beweiswürdigung bleibt auch bei einer gesetzlichen Regelung der Beweisvereitelung frei, wie es der Grundsatz des § 286 ZPO erfordert; sie erweitert sogar noch seine Möglichkeiten im Hinblick auf die Reaktionsmöglichkeiten bei einer Beweisvereitelung.

Geht man davon aus, dass eine einheitliche gesetzliche Regelung der Beweisvereitelung für alle Beweisarten der ZPO einen Verstoß gegen den Grundsatz der freien Beweiswürdigung darstellt, muss man als Konsequenz auch die bereits existierenden Regelungen über die Beweisvereitelung als einen solchen Verstoß ansehen. Dies ist aber nicht der Fall, weil die vorhandenen Normen den Grundsatz der freien Beweiswürdigung nicht antasten. Sie geben dem Richter eine mögliche Würdigung an die Hand, die jedoch keineswegs zwingend gewählt werden muss, selbst dann nicht, wenn ohne Zweifel ein beweisvereitelndes Verhalten vorliegt.[740] Wie in den bereits vorhandenen Regelungen zur Beweisvereitelung wird dem Richter durch das Gesetz ein Handlungsspielraum eingeräumt,[741] der ihm die freie Entscheidung überlässt, wie er in einem Fall der Beweisvereitelung vorgehen möchte.

Steht am Ende des Prozesses der richterlichen Überzeugungsbildung hinsichtlich der Tatsachenbehauptung der beweisbelasteten Partei die Wahrunterstellung, gibt es mehrere Möglichkeiten für den weiteren Verlauf der freien richterlichen Beweiswürdigung hinsichtlich des betroffenen Tatbestandsmerkmals, die im

739 MünchKomm ZPO / *Prütting*, § 286, Rdnr. 1.

740 Auch bei unstreitigem Vorliegen einer Beweisvereitelung kann der Richter beispielsweise zu der Überzeugung kommen, dass die beweisvereitelnde Partei nicht im Hinblick auf einen bevorstehenden Prozess gehandelt hat, und somit eine Berücksichtigung der Beweisvereitelung ablehnen.

741 MünchKomm ZPO / *Prütting*, § 286, Rdnr. 92.

Wesentlichen vom Inhalt der behaupteten und als wahr unterstellten Tatsache abhängen:

Bezieht sich die als wahr unterstellte Tatsache unmittelbar auf ein Tatbestandsmerkmal der geltend gemachten Anspruchsgrundlage, so ist der Beweis für das Vorliegen dieses Tatbestandsmerkmals erbracht. Je nach dem, ob die übrigen Tatbestandsmerkmale des geltend gemachten Anspruchs erfüllt sind, ist der Anspruch zu bejahen oder zu verneinen.

Bezieht sich die als wahr unterstellte Tatsache demgegenüber nicht unmittelbar auf ein Tatbestandsmerkmal, handelt es sich um einen Indizienbeweis. Dieser zielt auf den Nachweis tatbestandsfremder Behauptungen ab, die den richterlichen Schluss auf das Vorliegen oder das Nichtvorliegen des streitigen Tatbestandsmerkmals rechtfertigen.[742] Ein gelungener Indizienbeweis setzt also voraus, dass andere Schlussfolgerungen als das vom Richter den Indizien entnommene Ergebnis ernstlich nicht in Betracht kommen.[743] In diesem Fall muss der Richter also neben der Entscheidung über die Wahrunterstellung der behaupteten Tatsache noch die Entscheidung darüber treffen, ob vom als wahr unterstellten Indiz auf das Vorliegen des in Frage stehenden Tatbestandsmerkmals geschlossen werden soll. Hierbei gelten die allgemeinen Grundsätze der freien richterlichen Beweiswürdigung.

742 MünchKomm ZPO / *Prütting*, § 284, Rdnr. 24.
743 MünchKomm ZPO / *Prütting*, § 284, Rdnr. 24.

H. Vereinbarkeit des § 286 Abs. 2 ZPO n. F. mit Verfassungsrecht

I. Einführung

Nicht jeder als unbillig oder unbefriedigend empfundene Verfahrensausgang lässt sich durch Umkehr der ursprünglichen Risikoverteilung in rechtsstaatlich unbedenklicher Weise korrigieren.[744] Deshalb soll der hier vorgeschlagene § 286 Abs. 2 ZPO n. F. im Hinblick auf verfassungsrechtlich relevante Rechtspositionen untersucht werden. Ziel dieser Betrachtung ist es jedoch nicht, eine umfassende verfassungsdogmatische Aufarbeitung des § 286 Abs. 2 ZPO n. F. zu leisten. Es sollen vielmehr nach einem Blick auf das Bestimmtheitsgebot die Grenzen der Anwendbarkeit der Norm bei grundrechtsrelevanten Fallgestaltungen aufgezeigt werden, sodass es bei Kollisionen der Berücksichtigung einer Beweisvereitelung zu Lasten der nicht beweisbelasteten Partei und deren Grundrechten durch verfassungskonforme Auslegung gar nicht erst zu einem Grundrechtseingriff kommen kann. So ist zum Beispiel zu beachten, dass die Auferlegung von prozessualen Nachteilen bei der Weigerung im Rahmen einer körperlichen Untersuchung zu einer Verletzung von Art. 2 Abs. 2 GG führen kann, wenn die Untersuchung zwar nicht erzwungen werden kann, durch die prozessualen Nachteile gleichwohl faktisch ein Zwang besteht. Das Verbot des körperlichen Zwangseingriffs kann durch die Auferlegung von prozessualen Nachteilen also ausgehebelt werden.[745]

Das Bundesverfassungsgericht hat die verfahrensbeeinflussende Wirkung der Art. 2[746], Art. 2 Abs. 2[747], Art. 3[748], Art. 6 Abs. 1[749], Art. 12 Abs. 1[750], Art. 14 Abs. 1[751] und 16 Abs. 2 GG[752] anerkannt. Allgemein gesprochen wird man davon ausgehen können, dass schon die Ausgestaltung des gerichtlichen Verfahrens, zu der auch die durch die Beweislastregeln gesteuerte prozessuale Risikoverteilung gehört, die Grundrechte der Beteiligten nicht verletzen darf, sondern diese gewährleisten

744 *Reinhardt*, NJW 1994, 93 (95 f.).
745 *Konzen*, S. 235, Fn. 362.
746 BVerfGE 63, 131 (143); 65, 1 (44).
747 BVerfGE 51, 324 (343 ff.); BVerfGE 52, 214 (219).
748 BVerfGE 51, 290 (351).
749 BVerfGE 53, 224 (252 f.).
750 BVerfGE 39, 276 (294); BVerfGE 44, 105 (119 ff.).
751 BVerfGE 37, 132 (141, 148); BVerfGE 46, 325 (334 f.).
752 BVerfGE 56, 216 (236 ff.); BVerfGE 64, 46 (65).

muss.[753] Die gleichmäßige Verteilung des Risikos am Ausgang des Verfahrens ist ein verfassungsrechtlich gebotenes Erfordernis des Gleichheitssatzes und auch des Rechtsstaatsprinzips.[754]

II. Betroffene Rechte

Im Bezug auf die Verfassungsmäßigkeit des neu vorgeschlagenen § 286 Abs. 2 ZPO n. F. ergeben sich ganz spezielle Konstellationen, die grundrechtlich und verfassungsrechtlich relevant sein könnten. So ist es den in der ZPO abschließend geregelten Beweisarten geschuldet, dass nur bestimmte Grundrechte und verfassungsrechtlich geschützte Positionen in Betracht kommen. Um den Blick für die relevanten und konkreten Kollisionsfälle zu schärfen, sollen die möglicherweise betroffenen grundrechtlich und verfassungsrechtlich geschützten Positionen zunächst dargestellt werden, um sodann eine gezielte Überprüfung der Verfassungsmäßigkeit des § 286 Abs. 2 ZPO n. F. durchführen zu können.

1. Art. 20 Abs. 3 GG iVm Art. 2 Abs. 1 GG, Justizgewährungsanspruch

Der Justizgewährungsanspruch wird aus dem Rechtsstaatsprinzip in Verbindung mit Art. 2 Abs. 1 GG hergeleitet.[755] Die Grundregel der Beweislast hat die Funktion das Gebot des fairen Verfahrens zu garantieren und stellt eine Ausgestaltung des Justizgewährungsanspruchs dar. Sie ist dagegen kein Produkt einer freien Entscheidung des Gesetzgebers, die auch anders hätte ausfallen können.[756] Durch die neu einzuführende Regelung des § 286 Abs. 2 ZPO n. F. wird die Grundregel der Beweislast zwar nicht angetastet, jedoch kann das Beigebrachte der beweisbelasteten Partei als wahr angesehen werden, sodass die nicht beweisbelastete Partei den Gegenbeweis antreten muss. Die Verfassungsmäßigkeit des § 286 Abs. 2 ZPO n. F. ist demnach im Hinblick auf den Justizgewährungsanspruch zu überprüfen.

---

753 BVerfG NJW 1979, 534 (536); BVerfG NJW 1980, 759 (763); *Krämer*, S. 441; *Pieroth / Schlink*, Grundrechte, S. 30.; *Reinhardt*, NJW 1994, 93 (98).

754 BVerfG NJW 1979, 1925 (1925).

755 BVerfGE 107, 395, 406 f.

756 *Reinhardt*, NJW 1994, 93 (97).

2. Art. 103 Abs. 1 GG, Anspruch auf rechtliches Gehör

Der Anspruch auf rechtliches Gehör könnte dadurch betroffen sein, dass das Vorbringen der nicht beweisbelasteten Partei nicht berücksichtigt wird, da trotz der fehlenden Beweislast ein Beweis eingefordert wird.

Der Anspruch auf rechtliches Gehör gemäß Art. 103 Abs. 1 GG garantiert zwar die Kenntnisnahme und Beachtung des Parteivorbringens durch das Gericht; auch muss das Gericht dieses Vorbringen bei seiner Entscheidung in Erwägung ziehen.[757] Jedoch garantiert Art. 103 Abs. 1 GG nicht, dass eine Partei mit ihrem Vorbringen auch in der Sache Erfolg hat. Das Vorbingen einer Partei kann aus Gründen des formellen oder des materiellen Rechts unberücksichtigt bleiben.[758] Ein Verstoß gegen den Gehörsgrundsatz kann sich demnach aus § 286 Abs. 2 ZPO n.F. nicht ergeben. Im Hinblick auf den Anspruch auf rechtliches Gehör bestehen damit auch keine Zweifel an der Verfassungsmäßigkeit des § 286 Abs. 2 ZPO n.F.

3. Art. 20 Abs. 3 iVm Art. 2 Abs. 1 GG, Recht auf ein faires Verfahren

Das Bundesverfassungsgericht hat ein allgemeines Prozessgrundrecht auf ein faires Verfahren entwickelt,[759] das verfassungsrechtlich aus dem Rechtsstaatsprinzip (Art. 20 Abs. 3 GG) in Verbindung mit dem Grundsatz der freien Entfaltung der Persönlichkeit (Art. 2 Abs. 1 GG) folgt.[760] Der Grundsatz des fairen Verfahrens soll verhindern, dass eine Partei im Prozess überfahren, zurückgesetzt, allein gelassen oder mit unbilligen Lasten belegt wird.[761] Das bedeutet, dass das Rechtsstaatsprinzip mit allen seinen Ausprägungen im Gerichtsverfahren auf die Erlangung und Erhaltung materieller Gerechtigkeit zielt;[762] damit dient es als inhaltlicher Maßstab für die verfassungsrechtliche Zulässigkeit einer Beweislastumkehr.[763]

---

757 BVerfGE 11, 218 (220); BVerfGE 60, 247 (249); BVerfGE 64, 135 (143 f.); BVerfGE 70, 288 (293); *Schmid - Aßmann,* in Maunz / Dürig, Art. 103, Rdnr. 94.

758 *Schmid - Aßmann,* in Maunz / Dürig, Art. 103, Rdnr. 98.

759 BVerfG NJW 1979, 534 (535); BVerfG NJW 1981, 1719 (1722); BVerfG NJW 1991, 3140 (3140); BVerfG NJW 1996, 3202 (3202); BVerfG NJW 1998, 2044.

760 MünchKomm ZPO / *Rauscher*, Einleitung, Rdnr. 219.

761 *Schmidt - Aßmann,* in Maunz / Dürig, Art. 103 Abs. 1, Rdnr. 9.

762 BVerfG NJW 1979, 1925 (1925).

763 *Reinhardt,* NJW 1994, 93 (96).

Das Verfahrensrecht soll gesetzmäßige, aber auch gerechte Entscheidungen bewirken.[764] Hier hat das Gericht insbesondere darauf zu achten, dass das Gebot des fairen Verfahrens bei der Anwendung der Beweislastregeln eingehalten wird.[765] Es wird demnach zu überprüfen sein, ob der § 286 Abs. 2 ZPO n.F. die Anforderungen des Gebots des fairen Verfahrens erfüllt.

4. Art. 2 Abs. 2 Satz 1 GG, Körperliche Unversehrtheit

Problematisch ist die Anwendung des § 286 Abs. 2 ZPO n. F. bei verweigerter ärztlicher Untersuchung oder verweigerten medizinischen Eingriffen am Körper des nicht Beweisbelasteten.[766]

Hier sind zwei Aspekte zu beachten. Einerseits sind prozessuale Nachteile bei einer bereits erfolgten Weigerung im Hinblick auf Art. 2 Abs. 2 Satz 1 GG problematisch. Wenn die körperliche Unversehrtheit grundrechtlich geschützt ist, darf dieses Recht nicht durch die „Hintertür" ausgehebelt werden, indem das zulässige Gebrauchmachen von diesem Recht durch die Verweigerung einer ärztlichen Untersuchung im Prozess nachteilig gewürdigt wird.

Andererseits kann sich die nicht beweisbelastete Partei durch die bloße Möglichkeit prozessualer Nachteile zum körperlichen Eingriff gezwungen fühlen. Die bloße Existenz der möglichen nachteiligen Berücksichtigung einer solchen Weigerung kann zur Folge haben, dass eine Partei von ihrem Recht auf körperliche Unversehrtheit keinen Gebrauch macht, sodass auch hierin eine Verletzung von Art. 2 Abs. 2 Satz 1 GG gesehen werden kann.[767] Auch diesbezüglich wird die Verfassungsmäßigkeit des § 286 Abs. 2 ZPO n.F. zu überprüfen sein.

5. Art. 13 Abs. 1 GG, Unverletzlichkeit der Wohnung

Art. 13 Abs. 1 GG schützt den räumlich gegenständlichen Bereich der Privatsphäre.[768] Grundsätzlich kann das von der beweisbelasteten Partei Beigebrachte als wahr unterstellt werden, wenn die nicht beweisbelastete Partei den von Amts wegen angeordneten Augenschein verweigert, der im grundrechtlich geschützten Bereich der Wohnung eingenommen werden soll. Etwas anderes gilt, wenn die Einnahme des Augenscheins für die vereitelnde Partei unzumutbar war, also bei

764 BVerfG NJW 1976, 1391 (1391); BVerfG NJW 1979, 534 (535); BVerfG NJW 1979, 1925 (1927).

765 BVerfG NJW 1979, 1925 (1925).

766 *Konzen*, S. 235.

767 *Gerhardt*, AcP 169 (1969), 289 (309); *Konzen*, S. 235.

768 BVerfGE 32, 54 (73).

einem triftigen und objektiv nachvollziehbaren Grund für die Weigerung. Dies ist der Fall, wenn die Schwere des mit der Augenscheinseinnahme verbundenen Eingriffs außer Verhältnis zur Bedeutung des Streitgegenstandes steht.[769] Ein triftiger Grund ist jedoch auch dann anzunehmen, wenn die Inaugenscheinnahme in der privaten Wohnung der nicht beweisbelasteten Partei durchgeführt werden muss. Wie bei der Weigerung zur körperlichen Untersuchung kann bei einer nachteiligen Würdigung der Weigerung im Prozess ein faktischer Zwang entstehen. Hierdurch könnte die Unverletzlichkeit der Wohnung gefährdet und sogar verletzt sein. Von der Verweigerung der Inaugenscheinnahme in der Wohnung ist die Verweigerung der Besichtigung eines Grundstücks zu unterscheiden. Zwar gehören auch an die Wohnung angrenzende umschlossene freie Gelände zum Schutzbereich der Wohnung.[770] Eine Inaugenscheinnahme kann hier jedoch nur verweigert werden, wenn ein triftiger Grund besteht. Dies ist der Fall, wenn die Schwere des mit dem Augenschein im Zusammenhang stehenden Eingriffs außer Verhältnis zur Bedeutung des Streitgegenstandes steht.[771] Dabei ist zu berücksichtigen, dass bei einer Inaugenscheinnahme auf einem Grundstück nicht der enge persönliche und intime Bereich der sog. „Vier Wände" berührt wird, sondern lediglich das Gelände um die Wohnung herum. Eine berechtigte Verweigerung der Inaugenscheinnahme nicht nur in der Wohnung, sondern auch auf dem Gelände um die Wohnung wird schwer zu begründen sein, insbesondere in Fällen mit bedeutendem Streitwert. Hierbei kann eine negative Würdigung gemäß § 286 Abs. 2 ZPO n. F. vorgenommen werden, ohne dass dies einen Verstoß gegen Art. 13 Abs. 1 GG darstellen würde.[772] § 286 Abs. 2 ZPO n. F. muss demnach auch im Hinblick auf Art. 13 GG auf seine Verfassungsmäßigkeit überprüft werden.

6. Art. 2 Abs. 1 GG iVm Art. 1 Abs. 1 GG, Allgemeines Persönlichkeitsrecht

Aus Art. 2 Abs. 1 GG in Verbindung mit Art. 1 Abs. 1 GG folgt das Allgemeine Persönlichkeitsrecht, das auch die informationelle Selbstbestimmung umfasst.[773]

769 MünchKomm ZPO / *Zimmermann*, § 371, Rdnr. 28.

770 *Papier*, in Maunz / Dürig, Art. 13, Rdnr. 10, 11.

771 Musielak / *Huber*, ZPO, §371, Rdnr. 20; MünchKomm ZPO / *Zimmermann*, § 371, Rdnr. 28.

772 Musielak / *Huber*, ZPO, § 371, Rdnr. 20.

773 BVerfGE 65, 1 (43); BVerfG NJW 2007, 753 (754).

Dieses Recht könnte durch eine Anwendung des § 286 Abs. 2 ZPO n. F. bei der Weigerung zur Entbindung eines Arztes von seiner Schweigepflicht tangiert sein.[774]

Beschränkungen dieses Grundrechts dürfen nur auf Grund einer gesetzlichen Grundlage erfolgen, aus der sich die Voraussetzungen und der Umfang der Beschränkungen eindeutig und für die Betroffenen erkennbar ergeben. Des Weiteren bedürfen Eingriffe einer Rechtfertigung und müssen insbesondere den Anforderungen des Verhältnismäßigkeitsprinzips genügen.[775] Es wird herauszuarbeiten sein, ob das allgemeine Persönlichkeitsrecht durch den § 286 Abs. 2 ZPO n. F. tangiert sein könnte und ob – bejahendenfalls – die Voraussetzungen für eine Einschränkung erfüllt sind.

7. Art. 3 Abs. 1 GG, Grundsatz der prozessualen Waffengleichheit

Der allgemeine Gleichheitssatz hat im gerichtlichen Verfahren insbesondere die Bedeutung der prozessualen Waffengleichheit.[776] Grundsätzliche Waffengleichheit im Prozess ist ein verfassungsrechtlich gebotenes Erfordernis des Gleichheitssatzes.[777] Eine Verletzung dieses Grundsatzes durch den § 286 Abs. 2 ZPO n. F. ist jedoch ausgeschlossen. Vereitelt die nicht beweisbelastete Partei die Beweisführung ihres Gegners, so wird die beweisbelastete Partei unzulässigerweise in ihren Möglichkeiten der Beweisführung beschnitten. Um dieses Ungleichgewicht wiederherzustellen, ordnet § 286 Abs. 2 ZPO n. F. an, dass das beweisvereitelnde Verhalten zu Lasten der nicht beweisbelasteten Partei berücksichtigt werden kann, sodass der Nachteil der gegnerischen Partei ausgeglichen wird. Da die prozessuale Waffengleichheit durch die Beweisvereitelung gefährdet wird, stellt die Rechtsfolge des § 286 Abs. 2 ZPO n. F. das Gleichgewicht wieder her. Ein Verstoß gegen die prozessuale Waffengleichheit kann im neu einzuführenden § 286 Abs. 2 ZPO n. F. demnach nicht gesehen werden.

8. Art. 20 Abs. 3 GG iVm Art. 2 Abs. 1 GG, Recht auf Beweis

Der Justizgewährungsanspruch beinhaltet die Garantie, dass im gerichtlichen Verfahren unter Berücksichtigung der Prozessmaximen der tatsächliche Lebenssachverhalt festgestellt wird. Dies erfolgt durch die Beweisführung der Parteien.[778]

---

774 *Konzen*, S. 235.

775 *Steiner*, in Kommentar zum Medizinrecht, Art. 2 GG, Rdnr. 2.

776 *Kirchhof*, in Maunz / Dürig, Art. 3 Abs. 1, Rdnr. 288.

777 BVerfG NJW 1979, 1925 (1925).

778 *Habscheid*, ZZP 96 (1983), 306 (308).

Habscheid[779] hat überzeugend dargelegt, dass es ein verfassungsrechtlich abgesichertes Recht auf Beweis geben muss, das sich aus dem Justizgewährungsanspruch (Art. 20 Abs. 3 iVm Art. 2 Abs. 1 GG) ergibt.[780] Es muss eine gerichtliche Nachprüfung in rechtlicher und tatsächlicher Hinsicht durch den Richter geben.[781] Sehr prägnant und metaphorisch formulierte *Walter:* „Die Rechtsschutzgarantie erweist sich als taube Nuß, wenn die Untermauerung des Rechtsschutzbegehrens durch Tatsachen nicht oder nur beschränkt zulässig ist."[782]

Anknüpfungspunkt hierfür ist, dass im Zivilprozessrecht der Beibringungsgrundsatz gilt.[783] Wenn aber die richterliche Entscheidung vom Vorbringen der Parteien abhängt, muss für diese auch die Möglichkeit bestehen, ihre Tatsachenbehauptungen zu beweisen.[784]

Geht man von einem solchen verfassungsrechtlich garantierten Recht auf Beweis aus, bedeutet dies, dass alle verfahrensmäßigen Einschränkungen einer Beweisführung einer besonderen Legitimation bedürfen.[785] Das Recht auf Beweis legt jedoch in keiner Weise fest, wie die Beweislast im konkreten Fall zu verteilen ist.[786]

§ 286 Abs. 2 ZPO n. F. regelt die Beweiswürdigung durch den Richter und eine weitergehende Sanktionsmöglichkeit beim Vorliegen einer Beweisvereitelung. Das Recht auf Beweis weder der beweisbelasteten Partei noch der Gegenpartei wird hierdurch eingeschränkt oder erschwert. § 286 Abs. 2 ZPO n. F. kollidiert demnach nicht mit dem Recht auf Beweis, sondern stellt vielmehr eine Stärkung dieses Rechtes dar. Die beweisbelastete Partei, deren Beweisführung durch das Verhalten der Gegenpartei vereitelt wurde, wird in ihrem Recht auf Beweis gestärkt, da die Beweisvereitelung zu ihren Lasten nicht unberücksichtigt bleibt.

---

779 *Habscheid,* ZZP 96 (1983), 306.

780 Das BVerfG leitet das Recht auf Beweis aus dem Grundsatz des fairen Verfahrens her, BVerfG NJW 2001, 2245, 2246; BVerfG NJW 2009, 1585, 1586. Für eine Herleitung aus dem Justizgewährungsanspruch siehe OLG Jena MDR 2012, 542.

781 *Dütz,* Rechtsstaatlicher Gerichtsschutz im Privatrecht, S. 120; *Stürner,* Aufklärungspflicht, S. 42 f.

782 *Walter,* Freie Beweiswürdigung, S. 301 f.

783 Siehe statt aller MünchKomm ZPO / *Prütting,* § 288, Rdnr. 1.

784 Musielek / *Foerste,* ZPO, § 284, Rdnr. 14; Zöller / *Greger,* ZPO, vor § 284, Rdnr. 2; *Habscheid,* ZZP 96 (1983), 306 (308); MünchKomm ZPO / *Prütting,* § 284, Rdnr. 18; *Rosenberg / Schwab / Gottwald,* Zivilprozessrecht, S. 792; *Störmer,* JuS 1994, 238 (240); *Walter,* Freie Beweiswürdigung, S. 301 f.

785 MünchKomm ZPO / *Prütting,* § 284, Rdnr. 18.

786 *Habscheid,* ZZP 96 (1983), 306 (311).

9. Zusammenfassung

Mit Blick auf die nunmehr folgende verfassungsrechtliche Prüfung des § 286 Abs. 2 ZPO n. F. ergeben sich damit folgende möglicherweise betroffenen Grundrechte bzw. verfassungsrechtlich geschützte Rechtspositionen, die im Folgenden näher beleuchtet werden sollen: Fraglich ist, ob § 286 Abs. 2 ZPO n. F. vereinbar ist mit dem Justizgewährungsanspruch (Art. 20 Abs. 3 iVm Art. 2 Abs. 1 GG), dem Recht auf ein faires Verfahren (Art. 20 Abs. 3 iVm Art. 2 Abs. 1 GG), dem Recht auf körperliche Unversehrtheit (Art. 2 Abs. 2 Satz 1 GG), der Unverletzlichkeit der Wohnung (Art. 13 Abs. 1 GG) und dem Allgemeinen Persönlichkeitsrecht (Art. 2 Abs. 1 iVm Art. 1 Abs. 1 GG).

III. Verfassungsmäßigkeit

1. Formelle Verfassungsmäßigkeit

Für das gerichtliche Verfahren folgt die Gesetzgebungskompetenz des Bundes aus Art. 74 Abs. 1 Nr. 1 in Verbindung mit Art. 72 Abs. 1 GG. Hiernach liegt die Gesetzgebungskompetenz bei den Ländern, solange und soweit der Bund von seiner Gesetzgebungskompetenz keinen Gebrauch gemacht hat. Der Bundesgesetzgeber hat es damit in der Hand, die Gesetzgebung über das gerichtliche Verfahren an sich zu ziehen.[787]

2. Materielle Verfassungsmäßigkeit

a) Kein Verstoß gegen Bestimmungen außerhalb des Grundrechtekatalogs

Zunächst darf eine Norm nicht gegen verfassungsrechtliche Bestimmungen außerhalb des Grundrechtskatalogs verstoßen. Vor der Prüfung der möglicherweise betroffenen Grundrechte bzw. verfassungsrechtlich geschützten Rechtspositionen muss § 286 Abs. 2 ZPO n. F. deshalb hierauf überprüft werden. Dabei ist insbesondere auf das sich aus dem Rechtsstaatsprinzip ergebende Bestimmtheitsgebot einzugehen.[788] Bestimmtheit bedeutet hierbei Bestimmbarkeit.[789] Eine Norm muss so bestimmt formuliert sein, dass die Rechtsfolgen der Regelung für den Normadressaten so vorhersehbar und berechenbar sind, dass er sein Verhalten

787 *Maunz*, in Maunz / Dürig, Art. 74, Rdnr. 79.

788 BVerfGE 49, 168 (181); BVerfGE 59, 104 (114); BVerfGE 62, 169 (183); BVerfGE 80, 103 (107 f.).

789 *Grzeszick*, in Maunz / Dürig, Art. 20, Rdnr. 65.

danach ausrichten kann.[790] Da es sich bei § 286 Abs. 2 ZPO n. F. um eine abstrakt-generelle Regelung handelt, ist dies beim Maßstab der Bestimmtheit zu berücksichtigen. Insbesondere bei abstrakt-generellen Regelungen ist im Gegensatz zu konkret-individuellen Regelungen ein gewisses Maß an Unbestimmtheit erforderlich, was im Charakter einer generell-abstrakten Regelung begründet liegt.[791] § 286 Abs. 2 ZPO n. F. regelt die Rechtsfolge bei einer Beweisvereitelung. Dass es sich bei dem Begriff der Beweisvereitelung um einen unbestimmten Rechtsbegriff handelt, ist unschädlich,[792] da dieser durch die Rechtsprechung ausgeformt und in jahrelanger Rechtsprechung fortentwickelt wurde, sodass für den Adressaten die Rechtsfolge der Wahrunterstellung des von der beweisbelasteten Partei Beigebrachten bei beweisvereitelndem Verhalten vorhersehbar ist. Das Bestimmtheitsgebot ist damit bei dem neu einzuführenden § 286 Abs. 2 ZPO n. F. eingehalten.

b) Kein Verstoß gegen Grundrechte / grundrechtsgleiche Rechte

aa) Art. 20 Abs. 3 iVm Art. 2 Abs. 1 GG, Justizgewährungsanspruch

Die Justizgewährung ist die Kehrseite des staatlichen Gewaltmonopols, der bürgerlichen Friedenspflicht und des Selbsthilfeverbotes.[793] Mit der staatlichen Justizgewährungspflicht korrespondiert der Justizgewährungsanspruch, der jedermann zusteht, grundsätzlich in gleicher Weise den Zugang zu den Gerichten gewährleisten muss und primär innerhalb des durch die Prozessgesetze vorgegebenen Rahmens zu erfüllen ist.[794]

(1) Schutzbereich

Der allgemeine Justizgewährungsanspruch verlangt einen wirkungsvollen Rechtsschutz in bürgerlich-rechtlichen Streitigkeiten.[795] Dieser umfasst sowohl das Recht auf Zugang zu den Gerichten als auch das Recht auf umfassende tatsächliche und rechtliche Prüfung des Streitgegenstandes sowie eine verbindliche Entscheidung durch den Richter durch wirksame gerichtliche Kontrolle im Rahmen des

790 *Grzeszick,* in Maunz / Dürig, Art. 20, Rdnr. 58.
791 *Grzeszick,* in Maunz / Dürig, Art. 20, Rdnr. 59.
792 *Grzeszick,* in Maunz / Dürig, Art. 20, Rdnr. 62.
793 BVerfGE 54, 277 (292); BVerfGE 81, 347 (356); *Schmidt-Aßmann,* in Maunz / Dürig, Art. 19 Abs. 4, Rdnr. 16; *Schilken,* Gerichtsverfassungsrecht, § 3, S. 17, Rdnr. 32.
794 *Schmidt-Aßmann,* in Maunz / Dürig, Art. 19 Abs. 4, Rdnr. 16.
795 BVerfGE 80, 103 (107); BVerfGE 85, 337 (345); BVerfGE 97, 169 (185).

prozessrechtlich eröffneten Instanzenzugs.[796] Er beinhaltet insbesondere, dass der Zugang zu den Gerichten nicht in unzumutbarer, aus Sachgründen nicht mehr zu rechtfertigender Weise erschwert werden darf.[797] Die Gerichte müssen sich der Klage annehmen, das Verfahren ordnungsgemäß abwickeln, die Sache tatsächlich und rechtlich überprüfen und bei Entscheidungsreife ein Urteil fällen.[798]

Der Justizgewährungsanspruch bedarf der gesetzlichen Ausgestaltung,[799] woraus sich im Einzelfall auch Begrenzungen des Rechtsschutzes ergeben können.[800] Diese Einschränkungen müssen aber mit den Belangen einer rechtsstaatlichen Verfahrensordnung vereinbar sein und dürfen den einzelnen Rechtssuchenden nicht unverhältnismäßig belasten.[801] Bei der Regelung des § 286 Abs. 2 ZPO n. F. geht es um die Wahrunterstellung des von der beweisbelasteten Partei Beigebrachten als potentielle Rechtsfolge einer schuldhaften Beweisvereitelung durch den nicht beweisbelasteten Gegner. Für die beweisvereitelnde Partei, die gerade keinen Beweis erbringen muss, könnte die Berücksichtigung der Beweisvereitelung zu ihren Lasten im Rahmen des § 286 Abs. 2 ZPO n. F. eine Verkürzung bzw. Einschränkung ihres gerichtlichen Rechtsschutzes sein. Der Schutzbereich des Justizgewährungsanspruchs ist somit betroffen.

(2) Eingriff

Ein Eingriff in den Justizgewährungsanspruch liegt vor, wenn das Gericht den Rechtsschutz verweigert oder diesen verzögert.[802] Die Regelung in § 286 Abs. 2 ZPO n. F., wonach bei einer Beweisvereitelung das von der beweisbelasteten Partei Beigebrachte als wahr unterstellt werden kann, stellt jedoch weder eine Verweigerung noch eine Verzögerung des Rechtsschutzes der nicht beweisbelasteten Partei dar. Die Rechtsfolge der Wahrunterstellung ist wie bereits dargestellt[803] die richtige und überzeugende Reaktion auf die schuldhafte Beweisvereitelung und soll die unverschuldet in Beweisnot geratene beweisbelastete Partei schützen. Die beweisvereitelnde Partei sucht Rechtsschutz vor Gericht, verhindert hierbei jedoch

---

796 BVerfG, 07.10.2003, 1 BvR 10/99; BVerfGE 108, 341 (347); BVerfGE 85, 337 (345); *Rosenberg / Schwab / Gottwald,* Zivilprozessrecht, § 3, S. 14, Rdnr. 1.

797 BVerfGE 74, 228 (234); BVerfG NJW – RR 2000, 946 (946).

798 BGH NJW 1996, 2035 (2037); *Rosenberg / Schwab / Gottwald,* Zivilprozessrecht, § 3, S. 14 f., Rdnr. 2.

799 BVerfGE 85, 337 (345 f.); BVerfGE 88, 118 (123); BVerfGE 93, 99 (107 f.).

800 BVerfG NJW 2002, 2227, Rdnr. 12.

801 BVerfGE 88, 118 (124).

802 MünchKomm ZPO / *Drescher*, Vorb § 916, Rdnr. 3.

803 Siehe hierzu die Ausführungen oben auf S. 110 ff.

schuldhaft die Beweisführung der beweisbelasteten Partei. Die Berücksichtigung dieses Verhaltens in Form der Wahrunterstellung der Tatsachenbehauptung stellt keine Verweigerung und auch keine Verzögerung des Rechtsschutzes dar, sie betrifft lediglich die konkrete Ausgestaltung der freien richterlichen Beweiswürdigung im Falle der Beweisvereitelung und kann somit nicht als unverhältnismäßige Belastung des Rechtsschutzsuchenden angesehen werden. § 286 Abs. 2 ZPO n. F. stellt damit keinen Eingriff in den Justizgewährungsanspruch dar.

bb) Art. 20 Abs. 3 iVm Art. 2 Abs. 1 GG Recht auf ein faires Verfahren

Wegen der Regelung in Art. 6 EMRK ist der Grundsatz des fairen Verfahrens unabhängig von einer verfassungsrechtlichen Herleitung anzuerkennen.[804] Umstritten ist jedoch, ob ein subjektives Recht des Bürgers gegen den Staat auf ein faires Verfahren besteht.[805] Das Bundesverfassungsgericht erkennt ein solches subjektives Recht in ständiger Rechtsprechung an und leitet dieses aus dem Rechtsstaatsprinzip in Verbindung mit Art. 2 Abs. 1 GG her.[806] Hiergegen wird eingewendet, dass insbesondere aus Art. 2 Abs. 1 GG, welcher ein Freiheitsrecht darstelle, kein spezielles Prozessgrundrecht hergeleitet werden könne.[807] Weiterhin sei es mit der Aufgabe des Grundsatzes des fairen Verfahrens, alle Interessen der Verfahrensbeteiligten umfassend in einer Gesamtbetrachtung zu berücksichtigen, nicht vereinbar, das Gebot des fairen Verfahrens als subjektives Recht zu qualifizieren.[808] Auf die Entscheidung dieser Frage kommt es jedoch letztlich nicht an, da das Recht auf ein faires Verfahren richtigerweise als Bestandteil des Justizanspruchs anzuerkennen ist.[809] Das Recht auf ein faires Verfahren wird vom Justizgewährungsanspruch und als dessen Grundlage auch vom Rechtsstaatsprinzip umfasst.[810] Die Gewährung eines Rechtsschutzes, welcher nicht auch ein faires Verfahren garantiert, wäre wenig hilfreich für den einzelnen Rechtsschutzsuchenden.

---

804 *Schilken,* Gerichtsverfassungsrecht, § 8, S. 63 f., Rdnr. 109.

805 *Schilken,* Gerichtsverfassungsrecht, § 8, S. 65, Rdnr. 111.

806 BVerfGE 38, 105 (111); BVerfGE 39, 156 (163); BVerfGE 41, 246 (249); BVerfGE 42, 64 (84 f.); BVerfGE 46, 202 (209); BVerfGE 46, 325 (333); BVerfGE 52, 380 (389); BVerfGE 57, 250 (274 f.); BVerfGE 63, 45 (60); BVerfGE 86, 288 (317); BVerfGE NJW 1995, 1277; BVerfGE NJW 1996, 1811; BVerfGE NJW 2001, 1343.

807 *Dörr*, S. 177; *Wolf,* Gerichtsverfassungsrecht, § 29 II 2.

808 *Wolf,* ebenda.

809 *Schilken,* Gerichtsverfassungsrecht, § 8, S. 65, Rdnr. 111.

810 Schilken, ebenda.

Die Grundregel der Beweislast garantiert das faire gerichtliche Verfahren.[811] Sie beinhaltet in ihrer heute allgemein anerkannten Form die Verteilung der Beweislast dahingehend, dass der Anspruchsteller die rechtsbegründenden Tatbestandsmerkmale, der Anspruchsgegner die rechtshindernden, rechtsvernichtenden und rechtshemmenden Merkmale beweisen muss.[812]

Von dieser grundsätzlichen Risikoverteilung darf nur unter engen Voraussetzungen abgewichen werden, nämlich nur dann, wenn sie zu schwerwiegenden und sozial unverträglichen Ergebnissen führt. Nur in einem solchen Fall liegt der Eingriff in die verfassungsmäßig vorgegebene prozessuale Risikoverteilung näher als die Durchsetzung der grundsätzlichen Risikoverteilung.[813] Im Hinblick auf das Recht auf ein faires Verfahren hat der Gesetzgeber jedoch einen weiten Spielraum für die Ausgestaltung des Verfahrens. Hier kann nur ein rechtsstaatliches Mindestmaß eingefordert werden.[814] Ein Erfordernis absolut gleichmäßiger Beweislastverteilung auf die Parteien lässt sich weder aus dem Gebot des fairen Verfahrens noch aus anderen verfassungsrechtlichen Bestimmungen herleiten.[815] Vielmehr stellt die ungleiche Verteilung der Beweislast den Regelfall dar.[816] *Huster* geht sogar noch einen Schritt weiter und wendet ein, ein generelles Ge- oder Verbot für die Normentheorie[817], welche die Grundregel der Beweislast darstelle, gebe es nicht. Geboten sei vielmehr die Gewährleistung eines fairen Verfahrens, für dessen Verwirklichung die Beweislastregeln Hilfsmittel seien. Dann genieße jedoch keine Art der Beweislastverteilung von sich aus verfassungsrechtlichen Vorrang. Auch *Huster* hält eine Beweislastverteilung, die den durch zivilrechtliche Vorschriften bewirkten Grundrechtsschutz aushebelt, für verfassungsrechtlich unzulässig.[818] Da es jedoch einen generellen Vorrang einer bestimmten Beweislastverteilung nicht gebe, bestehe auch die von *Reinhardt* vertretene radikale Beschränkung des

811 *Reinhardt,* NJW 1994, 93 (97); so auch *Musielak,* Grundlagen der Beweislast, S. 313 und *Baumgärtel,* Beweislastpraxis, S. 296, Rdnr. 507, die eine besondere Rechtfertigung bzw. besondere Sachgründe für das Abweichen von der allgemeinen Beweislastregel verlangen.

812 MünchKomm ZPO / *Prütting,* § 286, Rdnr. 111.

813 MünchKomm ZPO / *Prütting,* § 286, Rdnr. 111.

814 *Schilken,* Gerichtsverfassungsrecht, § 8, S. 67, Rdnr. 113.

815 *Baumgärtel,* Festschrift Matscher, S. 36; *Huster,* NJW 1995, 112 (113); *Katzenmeier,* Arzthaftung, S. 383.

816 *Stürner,* NJW 1979, 2334 (2337).

817 Grundlegend *Rosenberg,* Die Beweislast, S. 98; siehe ferner *Prütting,* Gegenwartsprobleme der Beweislast, S. 265 ff.

818 *Huster,* NJW 1995, 112 (113).

gesetzgeberischen Gestaltungsspielraums nicht.[819] Dem ist insbesondere im Hinblick auf den neu einzuführenden § 286 Abs. 2 ZPO n. F. zuzustimmen. Für die nicht beweisbelastete Partei entsteht zwar durch die Anwendung des § 286 Abs. 2 ZPO n. F. der erhebliche Nachteil, dass sie – entgegen der ursprünglichen Beweislastverteilung – einen Beweis erbringen muss, den eigentlich der Gegner hätte erbringen müssen. Dabei wird jedoch gerade dem Recht auf ein faires Verfahren Rechnung getragen, weil eine Abhilfe für die beweisbelastete Partei geschaffen wird, die durch die schuldhafte Beweisvereitelung der Gegenpartei in Beweisnot geraten ist. Ein Eingriff in das Recht auf ein faires Verfahren durch § 286 Abs. 2 ZPO n. F. ist damit zu verneinen.

cc) Art. 2 Abs. 2 Satz 1 GG Körperliche Unversehrtheit

(1) Schutzbereich

Geschützt sind zunächst die körperliche Unversehrtheit im biologisch-physischen Sinne und die körperliche Integrität. Darüber hinaus ist jedoch auch der geistig-seelische Bereich, namentlich das psychische Wohlbefinden mit in den Schutzbereich einzubeziehen, soweit die Einwirkung zu körperlichen Schmerzen oder vergleichbaren Wirkungen führt.[820]

(2) Eingriff

Zu körperlichen Schmerzen oder vergleichbaren Wirkungen kann es bei prozessualen Nachteilen gemäß § 286 Abs. 2 ZPO n. F. offensichtlich nicht kommen. Jedoch könnte ein mittelbarer Eingriff vorliegen, wenn die Untersuchung, die verweigert wurde, bei ihrer Durchführung Schmerzen bei der nicht beweisbelasteten Partei verursacht hätte und die Weigerung zu prozessualen Nachteilen im Sinne des § 286 Abs. 2 ZPO n. F. führt.

Es stellt sich nach alledem die Frage, ob durch die Anwendung des § 286 Abs. 2 ZPO n. F., wonach das von der beweisbelasteten Partei Beigebrachte als wahr unterstellt werden kann, ein mittelbarer Eingriff in die körperliche Unversehrtheit der nicht beweisbelasteten Partei vorliegt. Ein mittelbarer Eingriff ist zu bejahen, wenn für die nicht beweisbelastete Partei ein negativer Schluss daraus gezogen wird, dass sie sich weigert, eine körperliche Untersuchung durchführen zu lassen,

---

819 *Huster*, NJW 1995, 112 (112).

820 *Di Fabio*, in Maunz / Dürig, Art. 2, Rdnr. 55.

die mit Schmerzen verbunden ist, obwohl ein triftiger Grund für die Weigerung vorliegt.[821]

Grundsätzlich ist ein solches Vorgehen vom Wortlaut des § 286 Abs. 2 ZPO n. F. gedeckt. Es könnte demnach daran zu denken sein, dass dieser verfassungswidrig sein könnte. Das Bundesverfassungsgericht hat jedoch den Grundsatz aufgestellt, dass ein Gesetz nicht verfassungswidrig ist, wenn eine Auslegung möglich ist, die im Einklang mit dem Grundgesetz steht und das Gesetz bei dieser Auslegung sinnvoll bleibt.[822] Eine solche Auslegung ist bei § 286 Abs. 2 ZPO n. F. möglich und insbesondere auch naheliegend, da eine Beweisvereitelung nur dann negativ berücksichtigt werden kann, wenn sie ungerechtfertigterweise erfolgte. Bei den Tatbestandsmerkmalen einer Beweisvereitelung wurde bereits festgestellt, dass eine Beweisvereitelung im Prozess nicht zu Lasten der nicht beweisbelasteten Partei zu berücksichtigen ist, soweit diese gerechtfertigt ist.[823] Bei ärztlichen Untersuchungen zum Beispiel, die von schwerwiegender Bedeutung sind, wie etwa die Entnahme von Rückenmarksflüssigkeit, muss es sich beim Streitgegenstand um einen sehr bedeutsamen handeln.[824] Ist dies nicht der Fall, ist die Verweigerung der ärztlichen Untersuchung gerechtfertigt.

Wird eine körperliche Untersuchung, die mit Schmerzen oder Beeinträchtigungen des Wohlbefindens mit schmerzensähnlichen Wirkungen verweigert, kommt es für die Anwendung des § 286 Abs. 2 ZPO n. F. darauf an, ob die Verweigerung gerechtfertigt ist. Hierbei wird wie eben dargestellt auf die Bedeutung der Streitsache abzustellen sein. Weiterhin muss das bei der bevorstehenden Untersuchung zu erwartende Beweisergebnis mit an Sicherheit grenzender Wahrscheinlichkeit geeignet sein, den Beweis des von der beweisbelasteten Partei Beigebrachten zu beweisen. Schließlich muss es sich bei der zu beweisenden Tatsache um die für die Entscheidungsreife letzte und entscheidende Tatsache handeln, das heißt, es dürfen für die Entscheidung des Rechtsstreits keine weiteren beweisbedürftigen Tatsachen mehr vorliegen. So wird vermieden, dass der Rechtsstreit trotz der körperlichen Untersuchung letztlich doch nicht entschieden werden kann.

Nach alledem bleibt festzuhalten, dass § 286 Abs. 2 ZPO n. F. im Hinblick auf die körperliche Unversehrtheit nach den eben beschriebenen Kriterien

---

821 Einer körperliche Untersuchung, die nicht mit Schmerzen verbunden ist, fällt schon nicht in den Schutzbereich des Art. 2 Abs. 2 S. 1 GG. Hierfür muss auf das allgemeine Persönlichkeitsrecht abgestellt werden. Siehe hierzu unten S. 165 f.

822 BVerfGE 2, 266.

823 Siehe hierzu S. 74 f.

824 MünchKomm ZPO / *Zimmermann*, § 371, Rdnr. 28.

verfassungskonform auszulegen ist. Ein Eingriff in Art. 2 Abs. 2 GG ist demnach ausgeschlossen.

dd) Art. 13 Abs. 1 GG Unverletzlichkeit der Wohnung

(1) Schutzbereich

Der Schutz der Wohnung nach Art. 13 GG soll „Störungen vom privaten Leben fernhalten".[825] Geschützt ist die räumliche Sphäre, in der sich das Privatleben entfaltet. Art. 13 GG gewährleistet das Recht, in diesen Räumen in Ruhe gelassen zu werden.[826] Er enthält insbesondere das grundsätzliche Verbot gegenüber Trägern öffentlicher Gewalt, gegen den Willen des Wohnungsinhabers in die Wohnung einzudringen oder darin zu verweilen.[827] Geschützt ist dabei nicht nur, was im allgemeinen Sprachgebrauch als Wohnung bezeichnet wird, sondern ein darüber hinausgehender, dem Einzelnen zustehender privater Raum, in dem er sich bewegt. Das geschützte Rechtsgut ist dabei nicht allein der Wohnraum, sondern eine bestimmte räumliche Privatsphäre.[828]

Nach dem Wortlaut des § 286 Abs. 2 ZPO n. F. könnte die Weigerung der nicht beweisbelasteten Partei, in ihrer privaten Wohnung eine Augenscheinnahme durchzuführen oder einem Sachverständigen Zutritt zu gewähren, im Prozess zu ihren Lasten gehen, wenn der Vortrag der beweisbelasteten Partei vom Gericht als wahr unterstellt wird. Der Schutzbereich des Art. 13 GG ist damit betroffen.

(2) Eingriff

Die Augenscheinnahme muss für den Betroffenen grundsätzlich zumutbar sein.[829] Erfordert die Beweisführung ein Betreten der Wohnung des Betroffenen, darf eine Verweigerung des Betretens unter Berücksichtigung des Art. 13 GG allenfalls in absoluten Ausnahmefällen als Beweisvereitelung qualifiziert werden. Eine andere Beurteilung ist schon deshalb nicht möglich, da sonst das Recht des Art. 13 GG umgangen werden könnte. Auch wenn die übrigen Voraussetzungen einer Beweisvereitelung vorliegen, muss im Falle einer Verweigerung des für die Beweisführung erforderlichen Betretens der Wohnung eine Beweisvereitelung abgelehnt werden, da es an der Zumutbarkeit[830] der Beweisführung für die beweisvereitelnde

---

825 BVerfGE 89, 1 (12).
826 BVerfGE 32, 54 (75); BVerfGE 89, 1 (12).
827 BVerfGE 76, 83 (89 f.); BVerGE 89, 1 (12).
828 *Papier*, in Maunz / Dürig, Art. 13, Rdnr. 4.
829 Musielak / *Huber*, ZPO, § 371, Rdnr. 20.
830 Siehe zu diesem Tatbestandsmerkmal die Ausführungen oben auf S. 74 ff.

Partei fehlt. Von einer beachtlichen Beweisvereitelung kann in diesem Fall nach alledem nicht ausgegangen werden, da die Verweigerung durch Berufung auf Art. 13 GG gerechtfertigt ist.

Etwas anderes gilt jedoch, wenn die Beweisführung nicht das Betreten der Wohnung, sondern nur des Grundstücks erfordert.[831] Von der Verweigerung der Inaugenscheinnahme in der Wohnung ist die Verweigerung der Besichtigung eines Grundstücks zu unterscheiden. Zwar gehören auch an die Wohnung angrenzende umschlossene freie Gelände zum Schutzbereich der Wohnung.[832] Eine Inaugenscheinnahme kann hier jedoch nur verweigert werden, wenn ein triftiger Grund besteht. Dies ist der Fall, wenn die Schwere des mit dem Augenschein im Zusammenhang stehenden Eingriffs außer Verhältnis zur Bedeutung des Streitgegenstandes steht.[833] Dabei ist zu berücksichtigen, dass bei einer Inaugenscheinnahme auf einem Grundstück nicht der enge persönliche und intime Bereich der sog. „Vier Wände“ berührt wird, sondern lediglich das Gelände um die Wohnung herum. Eine berechtigte Verweigerung der Inaugenscheinnahme nicht nur in der Wohnung, sondern auch auf dem Gelände um die Wohnung herum wird schwer zu begründen sein, insbesondere in Fällen mit bedeutendem Streitwert.

Unzumutbar ist die Inaugenscheinnahme, wenn ein triftiger Grund zur Verweigerung des Augenscheins besteht. Dies ist der Fall, wenn die Schwere des mit dem Augenschein verbundenen Eingriffs außer Verhältnis zur Bedeutung des Streitgegenstandes steht.[834] Hier sind Fälle denkbar, in denen zum Beispiel ein Familienmitglied schwer krank ist und zu Hause gepflegt wird. Weiterhin kann die Beweisführung verweigert werden, wenn es sich um einen sehr geringen Streitwert handelt. Es kann insbesondere auch einen Unterschied machen, wie intensiv sich eine solche Beweisführung durch Inaugenscheinnahme darstellt. Das heißt, es können Faktoren für eine gerechtfertigte Verweigerung maßgeblich sein, wie zum Beispiel die Dauer der Inaugenscheinnahme und Anzahl der Personen (Sachverständige, Richter, Gegenpartei), die bei der Inaugenscheinnahme anwesend sind. Auch der Gegenstand der Inaugenscheinnahme kann eine Rolle dafür spielen, ob die Verweigerung der Beweisführung in der Wohnung gerechtfertigt ist. So müssen insbesondere bei sehr privaten und intimen Gegenständen

---

831 MünchKomm ZPO / *Zimmermann*, § 371, Rdnr. 28.

832 *Papier*, in Maunz / Dürig, Art. 13, Rdnr. 10, 11.

833 Musielak / *Huber*, ZPO, §371, Rdnr. 20; MünchKomm ZPO / *Zimmermann*, § 371, Rdnr. 28.

834 Musielak / *Huber*, ZPO, § 371, Rdnr. 20; MünchKomm ZPO / *Zimmermann*, § 371, Rdnr. 28.

sehr hohe Anforderungen an eine negative Berücksichtigung der Verweigerung gestellt werden.

Bei einer derartigen Auslegung des § 286 Abs. 2 ZPO n. F. kann es zu einem Eingriff in das Recht der nicht beweisbelasteten Partei aus Art. 13 GG nicht kommen.

ee) Art. 2 Abs. 1 in Verbindung mit Art. 1 Abs. 1 GG Allgemeines Persönlichkeitsrecht

(1) Schutzbereich

Eine abschließende Umschreibung oder Definition des Schutzbereichs gibt es bisher nicht und eine solche wird von der Rechtsprechung auch nicht erstrebt.[835] Das Bundesverfassungsgericht hebt im Gegenteil die Entwicklungsoffenheit des allgemeinen Persönlichkeitsrechts hervor.[836] Aus Art. 2 Abs. 1 in Verbindung mit Art. 1 Abs. 1 GG leitet es das Recht auf informationelle Selbstbestimmung ab.[837] Es gewährt die Befugnis des Einzelnen, grundsätzlich selbst über die Preisgabe und Verwendung seiner persönlichen Daten zu bestimmen.[838]

In Fällen der Weigerung der Entbindung zum Beispiel eines Arztes oder Steuerberaters von der Schweigepflicht kann es zu der Rechtsfolge des § 286 Abs. 2 ZPO n. F. kommen. Auch bei der Weigerung, sich einer ärztlichen Untersuchung zu unterziehen, bei welcher die beweisbelastete Partei keine Schmerzen erleidet, könnte das allgemeine Persönlichkeitsrecht tangiert sein. Der Betroffene kann zwar nicht zur Entbindung von der Schweigepflicht oder Untersuchung gezwungen werden. Durch die Würdigung einer Weigerung zu seinen Lasten ist jedoch der Schutzbereich des allgemeinen Persönlichkeitsrechts betroffen.

(2) Eingriff

Die Rechtsprechung fordert für die Annahme einer Beweisvereitelung durch die Verweigerung zur Entbindung eines Zeugen von der Schweigepflicht, dass die Weigerung unberechtigt erfolgte.[839] Dies ist zum Beispiel der Fall, wenn der Patient einen behandelnden Arzt nicht wegen der Offenbarung von privaten Informationen nicht von seiner Schweigepflicht entbindet, sondern lediglich aus dem

835 *Di Fabio*, in Maunz / Dürig, Art. 2, Rdnr. 147.
836 BVerfGE 54, 148 (153 f.); BVerfGE 72, 155 (170); BVerfGE 79, 256 (268).
837 *Steiner*, in Kommentar zum Medizinrecht, Art. 2 GG, Rdnr. 2.
838 BVerfGE 65, 1 (43); BVerfGE 117, 202.
839 BGH NJW 1967, 2012 (2012); BGH NJW 1996, 1534 (1534); OLG Frankfurt NJW 1980, 2758 (2758).

Grund, weil er nicht gehalten ist, ihm den für den Prozesssieg erforderlichen Stoff zu liefern. Das Gleiche gilt, wenn die nicht beweisbelastete Partei befürchtet, die von der Schweigepflicht betroffene Person würde nicht wahrheitsgemäß aussagen, weil sie in beruflicher Abhängigkeit zum Beklagten steht; eine solche Befürchtung reicht für das Vorliegen einer berechtigten Weigerung nicht aus, da sie der richterlichen Beweiswürdigung vorgreift.[840] Auch die unbegründete Weigerung zur Entbindung von der Schweigepflicht kann eine Beweisvereitelung darstellen, da dem Gericht in einem solchen Fall keine Tatsachengrundlage für die Entscheidung über das Vorliegen eines triftigen Weigerungsgrundes zur Verfügung steht.[841] Als triftiger Grund kann hier nicht jede „prozesstaktische Überlegung" angesehen werden.[842] Vielmehr liegt ein triftiger Grund nach der Rechtsprechung nur dann vor, wenn die nicht beweisbelastete Partei der Entbindung von der Schweigepflicht höherrangige und über den Rechtsstreit hinausgehende Interessen gegenüber stehen.[843] Zusammenfassend lässt sich feststellen, dass die Rechtsprechung bei der Entscheidung, ob in einer Weigerung zur Entbindung von einer Schweigepflicht eine Beweisvereitelung zu sehen ist, eine Abwägung trifft und nur unberechtigte Weigerungen zum Nachteil der nicht beweisbelasteten Partei berücksichtigt. Es ist davon auszugehen, dass diese Rechtsprechungspraxis auch nach der Einführung § 286 Abs. 2 ZPO n. F. bestehen bleibt, da sie von diesem nicht angetastet wird. Nach alledem ist ein Eingriff in das allgemeine Persönlichkeitsrecht durch den § 286 Abs. 2 ZPO n. F. ausgeschlossen.

3. Ergebnis

Nachdem sowohl die formelle als auch mangels Eingriffs in ein verfassungsrechtlich geschütztes Recht die materielle Verfassungsmäßigkeit des neu einzuführenden § 286 Abs. 2 ZPO n. F. untersucht und im Ergebnis bejaht wurde, bleibt festzuhalten, dass sich keine Bedenken gegen die Verfassungsmäßigkeit ergeben, sodass einer Aufnahme in die ZPO nichts im Wege steht.

Die Einführung des § 286 Abs. 2 ZPO n. F. darf jedoch nicht dazu führen, dass die nicht beweisbelastete Partei regelmäßig und kategorisch nicht in der Lage ist, ihre Rechtsposition gerichtlich durchzusetzen. Die Entscheidung über die Berücksichtigung beweisvereitelnden Verhaltens zu Lasten der nicht beweisbelasteten Partei insbesondere in der Rolle des Beklagten muss im Hinblick darauf

840 OLG Frankfurt NJW 1980, 2758 (2758).
841 BGH NJW 1967, 2012 (2012).
842 BGH NJW 1996, 1534 (1534).
843 BGH NJW 1967, 2012 (2012).

gefällt werden, dass bei regelmäßiger Berücksichtigung zu Lasten des Beklagten die Gefahr besteht, dass zu gerichtlicher Durchsetzung von Ansprüchen gegen diesen geradezu eingeladen wird.[844] Eine so gestaltete Beweislastverteilung ist geeignet, die oben[845] genannten grundrechtlich geschützten Positionen grundsätzlich auszuhebeln, damit auch auf das materielle Recht einzuwirken und stellt somit eine Verletzung der konkret betroffenen Grundrechtspositionen dar. Dies wird bei der Anwendung des neu einzuführenden § 286 Abs. 2 ZPO n. F. zu berücksichtigen sein.

844 *Reinhardt,* NJW 1994, 93 (98).
845 Siehe hierzu S. 150 ff.

I. Schlussbetrachtung und zusammenfassende Thesen

I. Schlussbetrachtung

Diese Untersuchung hat die zu Anfang aufgestellte These belegt, dass die Probleme im Umgang mit einer Beweisvereitelung nur dann befriedigend gelöst werden können, wenn die Rechtsfolge der Beweisvereitelung in einen § 286 Abs. 2 ZPO n. F. aufgenommen und damit für alle Beweisarten einheitlich geregelt wird.

Damit wären die Unsicherheiten im Zusammenhang mit der Figur der Beweisvereitelung einer zufriedenstellenden Lösung zugeführt und noch nicht aufgetretene und von der Rechtsprechung bisher noch nicht entschiedene Fallgestaltungen und Ausprägungen der Beweisvereitelung für die Zukunft erfasst.

In den Vordergrund rückt dabei die Verantwortung des Gerichts, das bei seiner Würdigung und der Entscheidung darüber, ob als weiterreichende Folge eine Wahrunterstellung erfolgt, für die Einhaltung größter Sorgfalt sorgen muss. Insbesondere darf auf die Wahrunterstellung – die in der Regel zum Verlust des Prozesses führen wird – nicht leichtfertig zurückgegriffen werden. Maßgeblich für die Entscheidung für oder gegen die Wahrunterstellung ist eine Fülle von Faktoren. Zu berücksichtigen ist hier der Grad des Verschuldens, die Art und Weise der Verhinderung der Beweisführung, das gesamte Vorbringen der Parteien sowie dessen Plausibilität und Aussagekraft, eventuelle Gründe für die Weigerung der Herausgabe zum Beispiel einer Urkunde und die Gesamtumstände des Verfahrens. Haben all diese Faktoren nicht zu einer Überzeugung des Richters von der Wahrheit bzw. der Unwahrheit führen können, so sind mit ihnen doch jedenfalls die nötigen und erforderlichen Weichen für die Entscheidung für oder gegen die Wahrunterstellung nach § 286 Abs. 2 ZPO n. F. gestellt.

In der ZPO spielt der Richter eine tragende Rolle. Die Entscheidung über die richtige und damit die gerechte Rechtsfolge bei einer Beweisvereitelung kann er jedoch nur nach § 286 Abs. 2 ZPO n. F. treffen, nicht nach einer unbrauchbaren und undurchsichtigen Formel der Beweiserleichterungen bis hin zur Beweislastumkehr.

II. Zusammenfassende Thesen

1. Begründung des Beweisvereitelungsverbotes

Die dogmatisch richtige Herleitung des Beweisvereitelungsverbotes ergibt sich aus einer Gesamtanalogie zu den im Gesetz geregelten Fällen der Beweisvereitelung. Das Gesetz selbst gibt den Weg bei beweisvereitelndem Verhalten auch für die nicht geregelten Beweisarten her, sodass eine Richtschnur besteht, die dem Rechtsanwender die notwendigen Werkzeuge an die Hand gibt, um auch mit den nicht normierten Fällen umgehen zu können. Alle anderen Herleitungen sind aus den oben genannten Gründen abzulehnen.

2. Tatbestand der Beweisvereitelung

Der Tatbestand der Beweisvereitelung ist zwar sehr weit gefasst, kann jedoch nicht eingeschränkt werden, da die Erscheinungsformen und Fallgestaltungen der Beweisvereitelung hierfür zu vielschichtig sind. Mit einer Beschränkung der Tatbestandsmerkmale liefe man Gefahr, Fälle der Beweisvereitelung im Prozess nicht berücksichtigen zu können, weil sie vom Tatbestand nicht erfasst werden. Ohne eine Beschränkung des Tatbestandes kann das entscheidende Gericht jedoch auf zukünftige Entwicklungen und Ausprägungen der Beweisvereitelung flexibel reagieren.

3. Einführung einer allgemeinen Regelung über die Beweisvereitelung für alle Beweisarten der ZPO

Es wurde gezeigt, dass eine Beweisvereitelung auch im Rahmen der Beweisführung mit den Beweisarten des Sachverständigenbeweises und der Parteivernehmung möglich ist. Durch die fehlende Regelung der Rechtsfolgen einer Beweisvereitelung für diese Beweisarten und die unklare Formel der Rechtsprechung besteht Rechtsunsicherheit im Hinblick auf die Rechtsfolgen einer Beweisvereitelung außerhalb der gesetzlich geregelten Fälle. Zur Wiederherstellung der Rechtssicherheit und für eine geeignete Handhabe möglicher neuer Fallgestaltungen und Ausprägungen der Beweisvereitelung in der Zukunft ist die Aufnahme einer allgemeinen Regelung in Form des vorgeschlagenen § 286 Abs. 2 ZPO n. F. über die Rechtsfolgen einer Beweisvereitelung notwendig.

4. § 286 Abs. 2 ZPO n. F. ist mit Verfassungsrecht vereinbar

§ 286 Abs. 2 ZPO n. F. verstößt nicht gegen Verfassungsrecht. Es stellt insbesondere keinen Eingriff in Verfassungsrecht dar, wenn nur unbegründete Weigerungen (zu Untersuchungen, Inaugenscheinnahme bei Partei zu Hause) zur Rechtsfolge des § 826 Abs. 2 ZPO n. F. führen.

5. BGH-Formel „Beweiserleichterungen bis hin zur Beweislastumkehr"

Insbesondere anhand der Entwicklungen im Bereich der Arzthaftung, namentlich die Einführung der §§ 630 a ff. BGB, wurde gezeigt, dass die Formel der Rechtsprechung bei einer Beweisvereitelung „Beweiserleichterungen bis hin zur Beweislastumkehr" zu gewähren, unbrauchbar ist. Zum einen hat der BGH selbst die in seiner Formel genannten Beweiserleichterungen für bestimmte Bereiche der Beweisvereitelung ausgeschlossen. Zum anderen hat auch der Gesetzgeber durch die Einführung der Beweislastumkehr in § 630 h BGB und den Verzicht auf die Normierung der Formel dieser eine Absage erteilt. Die Rechtsprechung sollte sich nach alledem nicht nur von den Beweiserleichterungen in bestimmten Bereichen verabschieden, sondern von dieser Formel insgesamt Abstand nehmen, weil sie nicht geeignet ist, einheitlich, angemessen und zufriedenstellend auf Fälle der Beweisvereitelung zu reagieren. Die Rechtsprechungsformel ist damit insgesamt abzulehnen.

Literaturverzeichnis

Adloff, Daniel: Vorlagepflichten und Beweisvereitelung im deutschen und französischen Zivilprozess, 2007.

Arens, Peter: Zur Aufklärungspflicht der nicht beweisbelasteten Partei im Zivilprozeß, ZZP 96 (1983), 1–24.

Balzer, Christian: Beweisaufnahme und Beweiswürdigung im Zivilprozess – Eine systematische Darstellung und Anleitung für die gerichtliche und anwaltliche Praxis, 3., neu bearbeitete Auflage, 2011.

Baumbach, Adolf / Lauterbach, Wolfgang / Albers, Jan / Hartmann, Peter: Zivilprozessordnung, 74. Auflage, 2016 (zit.:Baumbach / Lauterbach / Hartmann, ZPO).

Baumgärtel, Gottfried: Beweislastpraxis im Privatrecht – Die Schwierigkeiten der Beweislastverteilung und die Möglichkeiten ihrer Überwindung, 1995 (zit.: *Baumgärtel,* Beweislastpraxis).

–: Ausprägung der prozessualen Grundprinzipien der Waffengleichheit und der fairen Prozessführung im zivilprozessualen Beweisrecht, in: Verfahrensgarantien im nationalen und internationalen Prozeßrecht – Festschrift für Franz Matscher zum 65. Geburtstag, S. 29–37, 1993 (zit.: *Baumgärtel,* Festschrift Matscher).

–: Handbuch der Beweislast im Privatrecht, Band 1, Allgemeiner Teil und Schuldrecht BGB mit VOB, HOAI, KSCHG und ProdukthaftG, 2. Auflage 1991 (zit.: *Baumgärtel,* Handbuch der Beweislast).

–: Beweisrechtliche Studien, Beweiswürdigung – Abgrenzung zur Beweislast – Beweismaß, Festschrift der Rechtswissenschaftlichen Fakultät zur 600 – Jahr – Feier der Universität zu Köln, 1988 (zit.: *Baumgärtel,* Festschrift Universität zu Köln).

–: Diskussionsbeitrag, in: Kausalität und Zurechnung, Versicherungsrecht 1988 – Karlsruher Forum 1986, S. 47–48 (zit.: *Baumgärtel,* Diskussionsbeitrag).

–: Die Beweisvereitelung im Zivilprozeß, Festschrift für Winfried Kralik zum 65. Geburstag, Verfahrensrecht – Privatrecht, 1986, S. 63–74 (zit.: *Baumgärtel,* Festschrift Kralik).

–: Besprechung Leipold, Beweismaß und Beweislast im Zivilprozeß, JZ 1986, 229–230.

–: Das Wechselspiel der Beweislastverteilung im Arzthaftungsprozeß, Festschrift für Rudolf Bruns, 1980, S. 93–109 (zit.: *Baumgärtel,* Festschrift Bruns).

–: Buchbesprechung, AcP 169 (1969), 181–186.

–: Treu und Glauben, gute Sitten und Schikaneverbot im Erkenntnisverfahren, ZZP 69 (1956), 89–131.

Baumgärtel, Gottfried / Laumen, Hans-Willi / Prütting, Hanns: Handbuch der Beweislast (zit.: Baumgärtel / Laumen / Prütting, Handbuch der Beweislast, Band),

Band 1, Grundlagen, 3., neu bearbeitete und erweiterte Auflage, 2016,

Band 2, Bürgerliches Gesetzbuch, allgemeiner Teil, §§ 1–240, 3., neu bearbeitete und erweiterte Auflage, 2007,

Bürgerliches Gesetzbuch, Familienrecht, §§ 1297–1921, 3, neu bearbeitete und erweiterte Auflage, 2011,

Bürgerliches Gesetzbuch, Erbrecht, §§ 1922–2385, 3., neu bearbeitete und erweiterte Auflage, 2009.

Baumgärtel, Gottfried / Wittmann, Arno: Zur Beweislastverteilung im Rahmen von § 823 I BGB, S. 13–26, Festschrift für Karl Schäfer, 1979 (zit.: *Baumgärtel / Wittmann,* Festschrift Schäfer).

–: Die Beweislastverteilung im Arzthaftungsprozeß, JA 1979, 113–119.

Beckhaus, Gerrit Marian: Die Bewältigung von Informationsdefiziten bei der Sachverhaltsaufklärung – die Enforcement-Richtlinie als Ausgangspunkt für die Einführung einer allgemeinen Informationsleistungspflicht in das deutsche Zivilrecht, 2010.

Bender, Rolf: Das Beweismaß, Festschrift für Fritz Baur, 1981, S. 247–271.

Bischoff, Rolf: Die Haftung des Arztes aus Diagnosefehlern oder unterlassenen Untersuchungen, Festschrift für Karlmann Geiss zum 65. Geburtstag, 2000, S. 345–352.

Blomeyer, Arwed: Zivilprozeßrecht Erkenntnisverfahren, zweite, vollständig überarbeitete Auflage, 1985 (zit.: *Blomeyer,* Zivilprozeßrecht).

–: Beweislast und Beweiswürdigung im Zivil- und Verwaltungsprozeß, in: Verhandlungen des sechundvierzigsten Deutschen Juristentages, Band I (Gutachten), Teil 2 A, 1966 (zit.: *Blomeyer,* Beweislast und Beweiswürdigung).

–: Die Umkehr der Beweislast, AcP 158 (1959/1960), 97–106.

–: Non liquet – Anmerkung zu der Entscheidung des BGH vom 18.5.1955 – IV ZR 310/54, JZ 1955, 605–605.

Brehm, Wolfgang: Bindung des Richters an den Parteivortrag und Grenzen freier Verhandlungswürdigung, 1982.

Brinkmann, Moritz: Das Beweismaß im Zivilprozess aus rechtsvergleichender Sicht, Prozessrechtliche Abhandlungen, Heft 121, 2005.

Brüggemeier, Gert: Haftungsrecht: Struktur, Prinzipien, Schutzbereich – Ein Beitrag zur Europäisierung des Privatrechts, 2006.

Bruns, Rudolf: Zivilprozessrecht – Eine systematische Darstellung, 2. Auflage, 1979.

Bundesministerium der Justiz: Bericht der Kommission für das Zivilprozeßrecht, Bonn 1977 (zit.: Kommissionsbericht).

Canaris, Claus – Wilhelm: Die Feststellung von Lücken im Gesetz - eine methodologische Studie über Voraussetzungen und Grenzen der richterlichen Rechtsfortbildung praeter legem', 1964.

Deutsch, Erwin: Fahrlässigkeitstheorie und Behandlungsfehler, NJW 1993, 1506–1510.

Diederichsen, Uwe: Anmerkung zum Urteil des BGH vom 26.11.1968 – VI ZR 2012/66, NJW 1968, 269–276 (276).

Dörr, Dieter: Faires Verfahren – Gewährleistung im Grundgesetz der Bundesrepublik Deutschland, 1984.

Dopheide, Oliver: Der grobe Behandlungsfehler – eine Beweislastverteilung nach Kollektiven?, VersR 2007, 1050–1054.

Dressler, Wolf – Dieter: Ärztliche Leitlinien und Arzthaftung, Festschrift für Karlmann Geiss zum 65. Geburtstag, 2000, S. 379–388.

Dubischar, Roland: Grundsätze der Beweislastverteilung im Zivil- und Verwaltungsprozeß, JuS 1971, 385–394.

Dütz, Wilhelm: Rechtsstaatlicher Gerichtsschutz im Privatrecht, 1970.

Engisch, Karl: Einführung in das juristische Denken, 10. Auflage, 2005.

Fleischer, Holger: Schadensersatz für verlorene Chancen im Vertrags- und Deliktsrecht, JZ 1999, 766–775.

Foerste, Ulrich: Beweisprobleme des Unternehmers nach Vier-Augen Gesprächen, in: Recht und Wirtschaft, Gedächtnisschrift für Malte Schindhelm, S. 227–243, 2009.

Franzki, Dietmar: Die Beweisregeln im Arzthaftungsprozeß, 1982.

Freudenthal, Nina: Die sekundäre Behauptungslast, 2008.

Gaul, Hans Friedhelm: Zur Frage nach dem Zweck des Zivilprozesses, AcP 168 (1968), 27–62.

Gehrlein, Markus: Zivilprozessrecht nach der ZPO-Reform 2002, Ein Leitfaden für Ausbildung und Praxis, 2001 (zit.: *Gehrlein*, ZPO-Reform).

Geigel, Reinhart (Hrsg.): Der Haftpflichtprozess, 27. Auflage, 2015 (zit.: *Bearbeiter*, Der Haftpflichtprozess).

Geipel, Andreas: Handbuch der Beweiswürdigung, 2. Auflage, 2013.

Geiß, Karlmann / Greiner, Hans – Peter: Aktuelles Recht für die Praxis, Arzthaftpflichtrecht, 7.überarbeitete Auflage, 2014.

Gerhardt, Walter: Beweisvereitelung im Zivilprozeßrecht, AcP 169 (1969), 289–316.

Giesen, Dieter: Arzthaftungsrecht im Umbruch (III) – Beweisrechtsprobleme in der Rechtsprechung seit 1974, JZ 1982, 448–459.

Gottwald, Peter: Sonderregeln der Beweislastverteilung, Jura 1980, 303–313.

Graf, Ute: Die Beweislast bei Behandlungsfehlern im Arzthaftungsprozeß, Rechtswissenschaftliche Forschung und Entwicklung, Band 673, 2001.

Gross, Werner: Beweiserleichterungen für den Patienten bei Unterlassung medizinisch gebotener Befunderhebung, Festschrift für Karlmann Geiss zum 65. Geburtstag, 2000, S. 429–435.

Habscheid, Walther J.: Das Recht auf Beweis, ZZP 96 (1983), 306–334.

Hahn, Carl: Die gesammten Materialien zu den Reichs-Justizgesetzen. Auf Veranlassung des Kaiserlichen Reichs-Justizamts, Band 2, Materialien zur Civilprozeßordnung, Erste Abtheilung.

Hanau, Peter: Die Kausaltität der Pflichtwidrigkeit, Göttinger Rechtswissenschaftliche Studien, Band 84, 1971.

Hausch, Axel: Nur ein Diagnoseirrtum? Oder doch eine unterlassene Befunderhebung? – Zugleich eine Anmerkung zum Urteil des BGH vom 7.6.2011 – VI ZR 87/10-, MedR 2012, 231–238.

-: Die personelle Reichweite der Beweisregeln im Arzthaftungsprozess, VersR 2005, 600–607.

-: Einige kritische Anmerkung zu den Beweiserleichterungen für den Patienten bei unterlassener Befunderhebung und -sicherung, VersR 2003, 1489–1497.

Herschel, Wilhelm: Rechtssicherheit und Rechtsklarheit, JZ 1967, 727–737.

Hess, Burkhard: Zivilprozessrecht, 30., völlig neu bearbeitete Auflge, 2011 (zit.: *Jauernig / Hess,* Zivilprozessrecht).

von Hippel, Fritz: Wahrheitspflicht und Aufklärungspflicht der Parteien im Zivilprozeß, Beiträge zum natürlichen Aufbau des Prozeßrechts und zur Erforschung der Rechtstheorie des 19. Jahrhunderts, 1939.

Hirtz, Bernd: Plädoyer für den Prozess, NJW 2012, 1686–1689.

Hohloch, Gerhard: Ärztliche Dokumentation und Patientenvertrauen – Zum Streit um „Dokumentationspflicht" und „Einsichtsrecht", NJW 1982, 2577–2585.

Holzinger, Esther: Beweisverwertungsverbote bei mitbestimmungswidrig erlangten Beweisen im arbeitsgerichtlichen Verfahren, 2009.

Hopmann, Georg: Zur Beweislast bei Schadensersatzansprüchen, JW 1913, S. 70–72.

Huber, Michael: Das Beweismaß im Zivilprozeß, 1983.

Huster, Stefan: Beweislastverteilung und Verfassungsrecht, NJW 1995, 112–113.

Jauernig, Othmar: Bürgerliches Gesetzbuch, Kommentar, 16., neubearbeitete Auflage 2015 (zit.: *Bearbeiter* / Jauernig BGB).

Jauernig, Othmar / Burkhard, Hess: Zivilprozessrecht, 30, völlig neu bearbeitete Auflage, 2011 (zit.: *Jauernig / Hess,* Zivilprozessrecht).

Kapoor, Arun: Die neuen Vorlagepflichten für Urkunden und Augenscheinsgegenstände in der Zivilprozessordnung, 2009.

Katzenmeier, Christian: Der Behandlungsvertrag – Neuer Vertrgagstyp im BGB, NJW 2013, 817–824.

–: Arzthaftpflicht in der Krise – Entwicklungen, Perspektiven, Alternativen, MedR 2011, 201–216.

–: Anmerkung zum Urteil des BGH vom 27.04.2004 – VI ZR 34/04, JZ 2004, 1030–1032.

–: Schuldrechtsmodernisierung und Schadensersatzrechtsänderung – Umbruch in der Arzthaftung, VersR 2002, 1066–1074.

–: Arzthaftung, 2002.

Kaufmann, Franz Josef: Die Beweislastproblematik im Arzthaftungsprozeß, Prozeßrechtliche Abhandlungen, Heft 61, 1984.

Kern, Bernd-Rüdiger: Anmerkung zum Urteil des BGH vom 27.04.2004 – VI ZR 34/03, in: Kommentierte BGH-Rechtsprechung Lindenmaier-Möhring (zit.: LMK).

Kieninger, Jörg: Die verweigerte Mitwirkung am Abstammungsgutachten – Zwangsweise Durchsetzung und rechtliche Folgen, FPR 2011, 376–379.

Kissel, Otto Rudolf: 125 Jahre Reichsjustizgesetzte, NJW 2004, 2872–2876.

Kissel, Otto Rudolf / Mayer, Herbert: Gerichtsverfassungsgesetz, 8., neubearbeitete Auflage, 2015 (zit: *Kissel / Mayer).*

Konzen, Horst: Rechtsverhältnisse zwischen Prozeßparteien, Schriften zum Prozeßrecht, Band 44, 1976.

Krämer, Achim: Verfassungsrechtliche Fragen im Arzthaftungsprozeß, Festschrift für Karlmann Geiss zum 65. Geburtstag, 2000, S. 437–448.

Krapoth, Fabian: Die Rechtsfolgen der Beweisvereitelung im Zivilprozeß, Rechtswissenschaftliche Forschung und Entwicklung, Band 500, 1996.

Krautstrunk, Tobias: Beweisvereitelung, de amissione instrumentorum bis zur Verletzung prozessualer Mitwirkungspflichten, Studien zur Rechtswissenschaft, Band 160, 2005.

Kwaschik, Annet: Die Parteivernehmung und der Grundsatz der Waffengleichheit im Zivilprozeß, Veröffentlichungen zum Verfahrensrecht, Band 35, 2004, Zugleich ein Beitrag zur Konkretisierung von Rechtsprinzipien.

Lansnicker, Frank / Schwirtzek, Thomas: Rechtsverhinderung durch überlange Verfahrensdauer – Verletzung des Beschleunigungsgebots nach Art. 6 I 1 EMRK, NJW 2001, 1969.

Larenz, Karl / Canaris, Claus-Wilhelm: Methodenlehre der Rechtswissenschaft, 3. Auflage, 1995 (zit.: *Larenz / Canaris,* Methodenlehre).

Laufs, Adolf / Katzenmeier, Christian / Lipp, Volker: Arztrecht, 7. Auflage, 2015 (zit.: Laufs / Katzenmeier / Lipp / *Bearbeiter,* Arztrecht).

Laufs, Adolf / Kern, Bernd-Rüdiger: Handbuch des Arztrechts, 4. Auflage, 2010.

Laumen, Hans-Willi: Die „Beweiserleichterung bis zur Beweislastumkehr" – Ein beweisrechtliches Phänomen, NJW 2002, 3739–3746.

–: Voraussetzungen und Rechtsfolgen der Beweisvereitelung, MDR 2009, 177–180.

Leipold, Dieter: Beweismaß und Beweislast im Zivilprozeß – Vortrag gehalten vor der Juristischen Gesellschaft zu Berlin am 27. Juni 1984, in: Schriftenreihe der Juristischen Gesellschaft zu Berlin, Heft 93, 1985.

Lepa, Manfred: Beweisprobleme beim Schadensersatzanspruch aus Verletzung der Verpflichtung des Arztes zur Risikoaufklärung, Festschrift für Karlmann Geiss zum 65. Geburtstag, 2000, S. 449–460 (zit.: *Lepa,* Festschrift Geiss).

–: Beweiserleichterungen im Haftpflichtrecht, NZV 1992, 129–136.

Lüke, Gerhard: Der Informationsanspruch im Zivilrecht, JuS 1986, 2–7.

Maassen, Bernhard M.: Beweismaßprobleme im Schadensersatzprozeß, 1975.

Matthies, Karl-Heinz: Urteilsanmerkung zum Urteil des BGH vom 18.03.1986 – VI ZR 215/84, JZ 1986, 959–962.

–: Schiedsinstanzen im Bereich der Arzthaftung; Soll und Haben, 1984 (zit.: *Matthies,* Schiedsinstanzen).

Maunz, Theodor / Dürig, Günter: Grundgesetz – Kommentar, 75. Ergänzungslieferung, April 2015 (zit.: *Bearbeiter,* Maunz / Dürig).

Meyer, Peter: Wandel des Prozessrechtsverständnisses – vom „liberalen" zum „sozialen" Zivilprozess?, JR 2004, 1–6.

Michalski, Lutz: „Beweisvereitelung" durch beweisbelastete Partei und Nachholbarkeit in der Berufungsinstanz, NJW 1991, 2069–2070.

Mugdan, Benno: Die gesammten Materialien zum Bürgerlichen Gesetzbuch für das Deutsche Reich, 1. Band, Einführungsgesetz und Allgemeiner Theil, 1899.

Müller, Egon: Der Grundsatz der Waffengleichheit im Strafverfahren, NJW 1976, 1063–1067.

Müller, Gerda: Aufklärungsfehler als Grundlage ärztlicher Haftung, Festschrift für Karlmann Geiss zum 65. Geburtstag, 2000, S. 461–475 (zit.: *Müller,* Festschrift Geiss).

Münchener Kommentar zum Bürgerlichen Gesetzbuch

Band 2 §§ 241–432, herausgegeben von Säcker, Franz Jürgen / Rixecker, Roland, 7. Auflage 2016 (zit.: MünchKomm BGB / *Bearbeiter*).

Band 6 §§ 705–853, herausgegeben von Säcker, Franz Jürgen / Rixecker, Roland, 7. Auflage 2016 (zit.: MünchKomm BGB / *Bearbeiter*).

Münchener Kommentar zur Zivilprozessordnung

Band 1 §§ 1–354, herausgegeben von Krüger, Wolfgang und Rauscher, Thomas, 4. Auflage, 2013 (zit.: MünchKomm ZPO / *Bearbeiter*).

Musielak, Hans-Joachim: Grundkurs ZPO, 12. Auflage, 2014 (zit.: *Musielak,* Grundkurs ZPO).

–: Hilfen bei Beweisschwierigkeiten im Zivilprozeß, 50 Jahre Bundesgerichtshof, Festgabe aus der Wissenschaft, Band III, München 2000, S. 193–225 (zit.: *Musielak,* in: Festgabe Bundesgerichtshof).

–: Die Grundlagen der Beweislast im Zivilprozeß, 1975 (zit.: *Musielak,* Grundlagen der Beweislast).

Musielak, Hans-Joachim / Borth, Helmut: Familiengerichtliches Verfahren, 1. und 2. Buch FamFG, 5., neubearbeitete Auflage, 2015 (zit.: Musielak / Borth / *Bearbeiter*).

Musielak, Hans-Joachim / Stadler, Max: Grundfragen des Beweisrechts, JuS – Schriftenreihe, Heft 89, 1984 (zit.: *Musielak / Stadler,* Grundfragen des Beweisrechts).

diesn.: Grundfragen des Beweisrechts,

Teil 1 JuS 1979, 721–725; JuS 1979, 877–882; JuS 1980, 126–131;

Teil 2 JuS 1980, 279–281; JuS 1980, 427–430; JuS 1980, 583–588; JuS 1980, 739–742.

Musielak, Hans-Joachim / Voit, Wolfgang: Zivilprozessordnung mit Gerichtsverfassungsgesetz, Kommentar, 12., neu bearbeitete Auflage, 2015 (zit.: Musielak / *Bearbeiter,* ZPO).

Nikisch, Arthur: Zivilprozeßrecht, 2. Auflage, 1952.

Nolte, Steffen: Betriebliche Dokumentation und Beweismittelvernichtung in amerikanisch-deutschen Wirtschaftsprozessen, eine rechtsvergleichende und rechtstatsächliche Untersuchung betrieblicher Aktenvernichtungsprogramme im Lichte der pretrial discovery und der neuesten Entwicklung der Beweisvereitelung im Zivil- und Wirtschaftsprozeß, 1996 (zit.: *Nolte,* Betriebliche Dokumentation).

–: Die Schadensersatzhaftung wegen Beweismittelvernichtung im Zivilprozeß, General Motors Corp. v. Volkswagen AG: Ein Beitrag zur Rechtsfortbildung im US-amerikanischen common law?, RIW 1996, 361–373.

Nüßgens, Karl: Zwei Fragen zur zivilrechtlichen Haftung des Arztes, S. 287–302, Festschrift für Fritz Hauß, 1978.

Oberheim, Rainer: Beweiserleichterungen im Zivilprozeß, JuS 1997, 61–64.

Ordemann, Walter: Ist § 444 ZPO eine prozessuale Strafbestimmung?, NJW 1962, 1902–1903.

Palandt: Bürgerliches Gesetzbuch, 75., neubearbeitete Auflage, 2016 (zit.: Palandt / *Bearbeiter).*

Paulus, Christoph Georg: Die Beweisvereitelung in der Struktur des deutschen Zivilprozesses – rechtsgeschichtliche und rechtsvergleichende Betrachtungen, AcP 197 (1997), 136–160.

–: Rechtsgeschichtliche und rechtsvergleichende Betrachtungen im Zusammenhang mit der Beweisvereitelung, in: Öffentliche Vorlesungen der Humboldt – Universität, Heft 68, S. 1–39, 1996 (zit.: *Paulus,* Rechtsgeschichtliche und rechtsvergleichende Betrachtungen).

–: Discovery, Deutsches Recht und das Haager Beweisübereinkommen, ZZP 104 (1991), 397–412.

Peters, Egbert: Auf dem Weg zu einer allgemeinen Prozessförderungspflicht der Parteien?, Festschrift für Karl Heinz Schwab, 1990, S. 399 ff. (zit.: *Peters,* in: FS für Schwab).

–: Beweisvereitelung und Mitwirkungspflicht des Beweisgegners, ZZP 82 (1969), 200–224.

–: Ausforschungsbeweis im Zivilprozeß, Beiträge zum Zivilrecht und Zivilprozeß, Heft 16, 1966.

Pieroth, Bodo / Schlink, Bernhard: Grundrechte, 6. Auflage, 1990.

Preis, Ulrich / Schneider Angie: Das Patientenrechtegesetz – eine gelungene Kodifikation?, NZS 2013, 281–288.

Prölss, Jürgen: Beweiserleichterungen im Schadensersatzprozeß, 1966.

Prütting, Hanns: Beweiserleichterungen für den Geschädigten – Möglichkeiten und Grenzen, KF 1989, 3–16.

–: Grundprobleme des Beweisrechts, JA 1985, 313–315.

–: Beweisprobleme im Arzthaftungsprozeß, in: 150 Jahre Landgreicht Saarbrücken, Festschrift, 1985, S. 257–274 (zit.: *Prütting,* Festschrift LG Saarbrücken).

–: Gegenwartsprobleme der Beweislast – Eine Untersuchung moderner Beweislasttheorien und ihrer Anwendung insbesondere im Arbeitsrecht, 1983 (zit.: *Prütting,* Gegenwartsprobleme der Beweislast).

Prütting, Hanns / Gehrlein, Markus: ZPO Kommentar, 7. Auflage, 2015 (zit.: *Prütting / Gehrlein / Bearbeiter* ZPO).

Reinhardt, Michael: Die Umkehr der Beweislast aus verfassungsrechtlicher Sicht, NJW 1994, 93–99.

Rosenberg, Leo: Die Beweislast - Auf der Grundlage des Bürgerlichen Gesetzbuchs und der Zivilprozessordnung, 5. Auflage, 1965 (zit.: *Rosenberg,* Die Beweislast).

–: Lehrbuch des deutschen Zivilprozessrechts, 9. verbesserte Auflage, 1961 (zit.: *Rosenberg,* Zivilprozessrecht).

Rosenberg, Leo / Schwab, Karl Heinz / Gottwald, Peter: Zivilprozessrecht, 17. Auflage, 2010 (zit.: *Rosenberg / Schwab / Gottwald,* Zivilprozessrecht).

Saenger, Ingo: Zivilprozessordnung, FamFG, Europäisches Verfahrensrecht, Handkommentar, 6. Auflage, 2015 (zit.: Saenger / *Bearbeiter* ZPO).

Schärtl, Christoph: Die Beweislastverteilung im Arzthaftungsprozess, NJW 2014, 3601–3605.

Schatz, Stefan: Die Beweisvereitelung in der Zivilprozeßordnung, 1992.

Schellhammer, Kurt: Zivilprozess, Gesetz – Praxis – Fälle, 14., neu bearbeitete Auflage, 2012.

Schelling, Philip / Warntjen, Maximilian: Die Pflicht des Arztes zur Offenbarung von Behandlungsfehlern – Zugleich Überlegungen zum Entwurf eines Patientenrechtegesetzes, MedR 2012, 506–5012.

Schiemann, Gottfried: Wandlungen der Berufshaftung, Festschrift für Joachim Gernhuber zum 70. Geburtstag, 1993, S. 387–406.

Schilken, Eberhard: Abwägung im Verfahrensrecht, insbesondere im Zivilprozeßrecht, in: Abwägung im Recht, Symposium zur Emeritierung von Werner Hoppe, S. 55–78, 1996 (zit.: *Schilken,* Abwägung im Recht).

–: Gerichtsverfassungsrecht, 4. Auflage, 2007.

–: Der Zweck des Zivilprozesses und der kollektive Rechtsschutz, in: Kollektiver Rechtsschutz im Zivilprozess, Hallesches Symposion zum Zivilverfahrensrecht am 6. Oktober 2007 – Tagungsband, S. 21–52, 2008 (zit.: *Schilken,* Kollektiver Rechtsschutz).

–: Darlegungs- und Beweisfragen im Anlegerschutzprozess – insbesondere Anhörung und Parteivernehmung, ZZP 2013 (126), 403–426.

–: Zivilprozessrecht, 7., neu bearbeitete Auflage, 2014.

Schlosser, Peter: Wirtschaftsprüfervorbehalt und prozessuales Vertraulichkeitsinteresse der nicht primär beweis- und substantiierungsbelasteten Prozeßpartei, Festschrift für Bernhard Großfeld, 1999, S. 997–1016 (zit.: *Schlosser,* in: Festschrift Großfeld).

–: Die lange deutsche Reise in die prozessuale Moderne, JZ 1991, 599–608.

Schmidt, Joachim P.: Probleme der Beweislastumkehr – Anmerkung zu der Entscheidung des BGH vom 18.05.1972 – VII ZR 191/71, JuS 1975, 430–435.

–: Teilbarkeit und Unteilbarkeit des Geständnisses im Zivilprozeß, Neue Kölner Rechtswissenschaftliche Abhandlungen, Heft 72, 1972 (zit.: *Schmidt,* Teilbarkeit und Unteilbarkeit).

–: Teilbarkeit und Unteilbarkeit des Geständnisses im Zivilprozeß – eine rechtsvergleichende Studie zum Beweis durch Parteizeugnis im französischen, italienischen, deutschen und österreichischen Recht, 1972 (zit.: *Schmidt,* Teilbarkeit und Unteilbarkeit).

Schneider, Ann-Kristin: Die Vortrags- und Beweislast im Zivilprozess, 2011.

Schneider, Egon: Beweis und Beweiswürdigung, 5. Auflage 1994 (zit.: *Schneider,* Beweis und Beweiswürdigung).

–: Die Beweisvereitelung, MDR 1969, 4–10.

Schönke, Adolf: Beweislast, tatsächliche Vermutungen und schuldhafte Vereitelung der Beweisführung, ZAkDR 1939, 193–194.

Schrader, Klaus: Verteilung der Beweislast und Beweisvereitelung für Mängel bei Ersatzvornahme vor Abnahme der Werkleistung, Anmerkung zu BGH 7. Zivilsenat, Urteil vom 23.10.2008 – VII ZR 64/07, Juris PraxisReport extra 2009, 128–130.

Schumann, Ekkehard: Das Rechtsverweigerungsverbot, Historische und methodologische Bemerkungen zur richterlichen Pflicht, das Recht auszulegen, zu ergänzen und fortzubilden, ZZP 81 (1968), 79–102.

Schwab, Martin: Zivilprozessrecht, 4., neu bearbeitete Auflage 2013.

Sick, Joachim: Beweisrecht im Arzthaftpflichtprozeß, 1986.

Siegert, Karl: Die §§ 139, 286 und 287 ZPO in der neuesten Rechtsprechung des Bundesgerichtshofs, NJW 1958, 1025–1028.

Spickhoff, Andreas: Medizinrecht, 2. Auflage, 2014 (zit.: *Bearbeiter,* in: Kommentar zum Medizinrecht).

–: Grober Behandlungsfehler und Beweislastumkehr, NJW 2004, 2345–2347.

Steffen, Erich: Beweislasten für den Arzt und den Produzenten aus ihren Aufgaben zur Befundsicherung, Festschrift für Hans Erich Brandner zum 70. Geburtststag, 1996, S. 327–340 (zit.: *Steffen,* Festschrift Brandner).

Steffen, Erich / Pauge, Burkhard: Arzthaftungsrecht – Neue Entwicklungslinien der BGH – Rechtsprechung, 10. Auflage, 2006 (zit.: *Steffen / Pauge,* Arzthaftungsrecht).

Stein, Friedrich / Jonas, Martin: Kommentar zur Zivilprozessordnung,

Band 3, §§ 128–252, 22. Auflage 2005,
Band 5, §§ 328–510b, 22. Auflage 2006,
(zit.: Stein / Jonas / *Bearbeiter*).

Stoll, Hans: Haftungsverlagerung durch beweisrechtliche Mittel, AcP 176 (1976), 145–196.

–: Die Beweislastverteilung bei positiven Vertragsverletzungen, Festschrift für Fritz von Hippel zum 70. Geburtstag, 1967, S. 517–559 (zit.: *Stoll,* Festschrift von Hippel).

Störmer, Rainer: Beweiserhebung, Ablehnung von Beweisanträgen und Beweisverwertungsverbote im Zivilprozeß, JuS 1994, 238–243.

Stürner, Rolf: Parteipflichten bei der Sachverhaltsaufklärung im Zivilprozeß, Zugleich ein Beitrag zur Lehre von der Beweisvereitelung, ZZP 98 (1985), 237–256.

–: Die Einwirkungen der Verfassung auf das Zivilrecht und den Zivilprozeß, NJW 1979, 2334–2338.

–: Entwicklungstendenzen des zivilprozessualen Beweisrechts und Arzthaftungsprozess, NJW 1979, 1225–1230.

–: Die Aufklärungspflicht der Parteien des Zivilprozesses, 1976 (zit.: *Stürner,* Aufklärungspflicht).

Taupitz, Jochen: Prozessuale Folgen der „vorzeitigen" Vernichtung von Krankenunterlagen, ZZP 100 (1987), 287–345.

Theuerkauf, Horst: Beweislast, Beweisführungslast und Treu und Glauben, MDR 1962, 449–451.

Thole, Christoph: Die Beweisvereitelung zwischen materiellem Recht und Prozessrecht, JR 2011, 327–334.

Thole, Larissa / Schanz, Michael: Die Rechte der Patienten – transparent, verlässlich und ausgewogen, RDG 2013, 64–70.

Thomas, Heinz / Putzo, Hans: Zivilprozessordnung, 36. Auflage, 2015 (zit.: *Thomas / Putzo,* ZPO).

Uhlenbruck, Wilhelm: Beweisfragen im ärztlichen Haftungsprozeß, NJW 1965, 1057–1064.

Wachsmuth, Werner / Schreiber, Hans-Ludwig: Das Dilemma der ärztlichen Aufklärung – Neue Probleme für die Rechtsprechung, NJW 1981, 1985–1987.

Wagner, Gerhard: Kodifikation des Arzthaftungsrechts? – Zum Entwurf eines Patientenrechtegesetzes, VersR 2012, 789–802.

–: Europäisches Beweisrecht – Prozessrechtsharmonisierung durch Schiedsgerichte, ZEuP 2001, 441–514.

Wahrendorf, Volker: Die Prinzipien der Beweislast im Haftungsrecht, Prozeßrechtliche Abhandlungen, Heft 41, 1976.

Walter, Gerhard: Freie Beweiswürdigung, eine Untersuchung zu Bedeutung, Bedingungen und Grenzen der freien richterlichen Überzeugung, 1979 (zit.: *Walter,* Freie Beweiswürdigung).

–: Anmerkung zum Urteil des BGH vom 27.06.1978 – VI ZR 183/76, JZ 1978, 806–808.

Weber, Helmut: Der Kausalitätsbeweis im Zivilprozeß, Kausalität – Beweiswürdigung und Beweismaß – Beweiserleichterungen, vornehmlich im Blick auf den Schadensersatzprozeß wegen unerlaubter Handlungen, 1996.

Wieczorek, Bernhard: Zivilprozeßordnung und Gerichtsverfassungsgesetz, 1966.

Wieczorek, Bernhard / Schütze, Rolf A. (Hrsg.): Zivilprozessordnung und Nebengesetze, Großkommentar der Praxis,

Band 1/1, Einleitung; §§ 1–23, 4. Auflage, 2015,

Band 6, §§ 355–510c, 4. Auflage 2014,

(zit.: Wieczorek / Schütze / *Bearbeiter,* ZPO).

Wolf, Manfred: Zivilprozessuale Verfahrensgarantien in Art. 6 I EMRK als Grundlage eines europäischen Zivilprozessrechts, Festschrift für Alfred Söllner zum 70. Geburtstag, 2000 (zit.: *Wolf,* in FS Söllner).

–: Gerichtsverfassungsrecht aller Verfahrenszweige, 6. Auflage, 1987 (zit.: *Wolf,* Gerichtsverfassungsrecht).

Wussow, Hansjoachim: Probleme der gerichtlichen Beweissicherung in Baumängelsachen, NJW 1969, 1401–1408.

Zeiss, Walter: Die arglistige Prozesspartei, 1967.

Ziekow, Jan: Die Beschleunigungsbeschwerde im Verwaltungsprozess, DÖV 1998, 941–951.

Zöller, Richard: Zivilprozessordnung, 31., neubearbeitete Auflage, 2016 (zit.: Zöller / *Bearbeiter,* ZPO).

www.ingramcontent.com/pod-product-compliance
Ingram Content Group UK Ltd.
Pitfield, Milton Keynes, MK11 3LW, UK
UKHW021903290926
8980IPUK00015B/1024

9 783631 714973